中等职业教育智能财会融合教材出版工程

总主编：徐 俊

U0754148

税费核算
与智能申报

SHUIFEI HESUAN YU ZHINENG SHENBAO

李 辉 王 婕◎主 编

杨雅晴 蔡晓方 王子润◎副主编

立信会计出版社

LIXIN ACCOUNTING PUBLISHING HOUSE

图书在版编目(CIP)数据

税费核算与智能申报 / 李辉，王婕主编. -- 上海：
立信会计出版社，2025.5. -- ISBN 978-7-5429-7768-7

Ⅰ. F810.423；F812.42

中国国家版本馆 CIP 数据核字第 2024NY7137 号

策划编辑　　华春荣
责任编辑　　汤　晏
美术编辑　　北京任燕飞工作室

税费核算与智能申报

SHUIFEI HESUAN YU ZHINENG SHENBAO

出版发行	立信会计出版社			
地　　址	上海市中山西路 2230 号	邮政编码	200235	
电　　话	(021)64411389	传　　真	(021)64411325	
网　　址	www.lixinaph.com	电子邮箱	lixinaph2019@126.com	
网上书店	http://lixin.jd.com	http://lxkjcbs.tmall.com		
经　　销	各地新华书店			
印　　刷	浙江临安曙光印务有限公司			
开　　本	787 毫米 ×1092 毫米	1/16		
印　　张	18.5			
字　　数	405 千字			
版　　次	2025 年 5 月第 1 版			
印　　次	2025 年 5 月第 1 次			
书　　号	ISBN 978 - 7 - 5429 - 7768 - 7/F			
定　　价	49.00 元			

如有印订差错，请与本社联系调换

总序
PREFACE

随着数字经济的飞速发展,新技术层出不穷,新业态日新月异,新岗位和新规程不断涌现,为会计职业教育带来了前所未有的挑战与机遇。人工智能、大数据、云计算等新技术的广泛应用,不仅改变了企业的商业运行模式,还重塑了传统会计工作的组织和流程,逐步形成了基于数据驱动的财务全流程自动化和智能化管理服务模式。数字赋能,极大提高了会计信息质量,提高了会计工作效率,降低了会计管理成本。在这一时代背景下,中职会计事务专业也面临着转型升级的新要求。

为适应新时代中职会计人才培养的新变化,2021年,教育部发布了中职会计事务专业简介,提出了新的专业课程体系。但一直以来,相关专业教材的建设相对滞后。为此,我们组织了一批中职学校专业教师和企业会计实务专家,编写了这套"中等职业教育智能财会融合教材出版工程"系列教材,以满足学校全面推进专业转型和教学改革需要。本套教材力求体现以下特点:

一、系统规划统筹安排。本套教材依据新的中职会计事务专业简介和相关专业课程体系,基于新的课程标准,注意界定不同专业课程之间的内容边界,避免大量重复交叉。同时,总体采用项目化教材建设理念,创新人才培养模式和教学方法。

二、对接新岗位和新业态。本套教材从职业能力出发,适应公司独立财务核算、财务共享和财税代理服务不同管理服务模式要求,主动融入新技术、新方法、新规程,服务新型会计职业人才的培养。

三、体现业财融合和管理转型。本套教材将信息化工作环境下的业务处理流程融入会计核算过程,适应会计职能拓展要求,切实改变传统中职会计专业教材重会计核算、轻会计监督的倾向,将会计审核业务化、实操化。

四、建设立体化教材资源。本套教材基于教育信息化改革,同步推进教材在线服务平台、数字教学资源、标准化题库和数字仿真实训等资源的建设。

五、探索会计理论方法创新。本套教材从会计信息化管理手段出发,针对传统教材中基于手工操作的某些基本理论和基本方法,积极探索,试图在若干会计基础理论与方法上有所创新。

六、共建双师型教材编写团队。本套教材参编人员包括中职学校专业教师和企业会计实务专家,双师型教师占比超过 80%。主编老师大多具有中职学校正高级讲师职称,并全程参与国家新一轮中职会计事务专业教学标准和专业简介课题研制,熟悉会计改革方向和学校人才培养要求。

实事求是地说,开创一种新型中职会计事务专业教材体系是一项艰巨而复杂的工程,缺乏可资借鉴的现成模式和经验成果。本套教材不可避免地会存在这样或那样的问题和不足。但时代的进步、社会的发展和企业对新型人才培养的需求,促使我们无法回避作为职业教育工作者的责任和使命。我们希望通过这套教材的推出,能够为中职会计事务专业的数字化转型升级探索一条可能路径,贡献我们的一份力量,为新型教材的建设打下一定基础。

徐 俊

前 言
FOREWORD

为全面贯彻《中华人民共和国职业教育法》,加快推进《职业教育专业目录(2021年)》《职业教育专业简介(2022年修订)》的实施,满足全国各地中等职业院校财务会计类和财政税务类专业实施新版人才培养方案的教学需要,立信会计出版社组织全国中职院校和行业企业百余名专家,依据有关专业基础课和专业核心课的教学改革新要求,编写了本套"中等职业教育智能财会融合教材出版工程"系列教材。本书是该系列教材之一,是按照财务会计类专业核心课程"税费核算与智能申报"的教学需求而编写的通用教材。

大数据、RPA等新一代数字技术赋能企业财务工作后,企业对财税人员的数字化工作能力和财务综合素养提出了更高的要求。本书立足于数字化工作场景下企业纳税申报相关岗位的典型工作任务,从知识、能力和素养三个维度培养新型财务人员数字化税务管理的职业素养。本书呈现四个方面的特色及亮点。

一、有机融入党的二十大精神,落实立德树人根本任务

本书以习近平新时代中国特色社会主义思想为指导,有机融入党的二十大精神,将我国税收法律体系建设与党的二十大报告中提出的"建设现代化产业体系""增进民生福祉,提高人民生活品质"等国家战略结合起来,通过学习税法知识,深刻理解各税种在国家宏观调控中的地位和作用。本书设有"税惠为民"栏目,将立德树人根本任务融入学生的素养培养;通过完成智慧化税费申报等技能练习,培养学生精益求精的专业精神、职业精神,全面提升学生业财税融合的能力。

二、契合新目录、新专标,培育数字化时代的新型财税人才

教育部发布的《职业教育专业目录(2021年)》将财务会计类专业名称前冠以"大数据与",《职业教育专业简介(2022年修订)》将财务会计类专业的核心课程"纳税实务"调整为"税费核算与智能申报",要求财务人员不仅能够熟练使用电子税务局等平台完成企业的纳税申报等工作,而且需要掌握新技术在企业纳税申报中的应用。本书紧密契合新目录、新专标的要求,全面融入了智慧税务的相关数字化工作场景,包括应用电子税务局、电子发票服务平台、税务数字账户等完成增值税、消费税、企业所得税、个人

所得税等税种的纳税申报工作,并培养学生利用 RPA 技术实现税费申报智能化的能力。

三、编排创新,突出理论和实践相统一

本书内容编排的创新主要体现在以下三个方面:一是以各税种的纳税申报表填写逻辑为主线,进行内容编排,如增值税按照一般纳税人和小规模纳税人的不同申报要求进行编写,采用案例教学法,精选每一个任务,填写纳税申报表;二是将各税种中不同的申报和业务类型通过案例的形式呈现出来,通过任务引导学生独立思考,完成申报表的填制,培养学生智慧化税费申报的应用能力;三是将税务风险管理融入教材,使学生能够站在企业经营视角看待税务管理中的风险,实现在智慧税务征管背景下,提升企业纳税遵从的能力。

四、校企"双元"合作开发,"岗课赛证"融通

本书的编写得到了财务数智化领域头部企业广东翰智数字科技有限公司的大力支持,全面融入智慧税务相关岗位的新标准、新规范、新应用等,综合"1+X"证书中关于税费核算与申报的职业技能要求,并结合智能财税职业技能大赛内容,在教材内容的选取和编排上实现"岗课赛证"融通。

本书由苏州信息职业技术学院李辉教授担任第一主编,负责内容规划、项目六的撰写,以及全书统稿与总纂定稿;江苏联合职业技术学院徐州财经分院王婕老师担任第二主编,负责项目一、项目二的编写;江苏联合职业技术学院徐州财经分院的杨雅晴、蔡晓方、王子润老师担任副主编,分别负责项目三、项目四、项目五的编写,广东翰智数字科技有限公司的张念参与了项目六的编写。在本书编写过程中,我们得到了广东翰智数字科技有限公司、立信会计出版社等单位的大力支持,在此表示诚挚的感谢!

由于编者水平有限,书中内容可能存在疏漏,敬请读者批评指正!

编　者

2025 年 5 月

目 录
CONTENTS

项目六　税费申报智能化　**215**

项目 一
增值税核算与智能申报

知识目标

1. 理解一般纳税人销售业务、采购业务等一般业务的会计核算。
2. 理解一般纳税人差额计税、简易计税等特殊业务的会计核算。
3. 理解小规模纳税人增值税的会计核算。
4. 掌握增值税及附加税费申报表的填写与申报。

能力目标

1. 能够根据经济业务进行相应的税款计算和账务处理。
2. 能够正确填写增值税及附加税费申报表。

素养目标

1. 提升学生数字化工作能力,帮助学生养成全面系统的思维习惯和谨慎细致的工作态度。
2. 提升学生业财税融合能力,增强风险防控意识。

一般纳税人增值税核算与智能申报

任务 **一**

任务描述

增值税一般纳税人就其应税销售额计算增值税应纳税额，并实行税额抵扣制。本任务主要学习一般纳税人销售、采购以及差额计税、简易计税等特殊业务的会计核算与纳税申报。

知识准备

一、应纳税额

增值税一般纳税人就其应税销售额计算增值税应纳税额，并实行税额抵扣制。

一般纳税人增值税应纳税额计算公式如下：

$$应纳税额＝销售额×适用税率－金额×适用税率$$
$$＝销项税额－准予抵扣的进项税额$$

二、增值税发票

增值税发票分为增值税专用发票和增值税普通发票两种。增值税专用发票不仅具有商事凭证的作用，还具有完税凭证的作用，是兼具销货方纳税义务和购货方进项税额抵扣权利的证明。

增值税普通发票的价款是含税价，增值税专用发票的税款与价格分开填列。

企业在填报增值税时，需要区分是否开具发票、开具发票的种类等。如果某些业务不存在增值税发票，还要判断是否存在其他完税凭证。

三、一般纳税人增值税相关账户

企业一般在"应交增值税"明细科目下设置"销项税额""进项税额""进项税额转出""销项税额抵减""减免税款"等专栏。

四、一般纳税人增值税纳税申报

自2021年8月1日起，增值税与城市维护建设税（以下简称城建税）、教育费附加、地方教育附加申报表整合为《增值税及附加税费申报表》。一般纳税人适用的增值税及附加税费申报表由 1 张主表、5 张附表和 1 张减免税申报明细表组成。

具体如下：

（1）主表：《增值税及附加税费申报表（一般纳税人适用）》，以下简称主表。

（2）附表 1：《增值税及附加税费申报表附列资料（一）》（本期销售情况明细表），以下简称本期销售情况明细表。

（3）附表 2：《增值税及附加税费申报表附列资料（二）》（本期进项税额明细表），以下简称本期进项税额明细表。

（4）附表 3：《增值税及附加税费申报表附列资料（三）》（服务、不动产和无形资产扣除项目明细表），以下简称本期扣除项目明细表。

（5）附表 4：《增值税及附加税费申报表附列资料（四）》（税额抵减情况表），以下简称税额抵减情况表。

（6）附表 5：《增值税及附加税费申报表附列资料（五）》（附加税费情况表），以下简称附加税费情况表。

（7）《增值税减免税申报明细表》，以下简称本期减免税申报明细表。

 **任务实施**

【任务 1-1】一般销售

北京升夏股份有限公司（以下简称升夏公司，纳税人识别号：91320311MA1MP4Q98C）为增值税一般纳税人。2024 年 7 月升夏公司发生如下业务：

（1）7 月 1 日，向北京宏发股份有限公司发出 A 产品 10 件，适用税率为 13%。双方签订合同，约定不含税单价 3 000 元，开具增值税专用发票，货款已结算。

（2）7 月 4 日，向小规模纳税人霖动公司销售 A 产品 100 件，双方签订合同，约定收取价款 339 000 元，开具增值税普通发票，货款已结算。

（3）7 月 19 日，向某个体工商户销售 A 产品 2 件，未开具发票，收取价款 6 780 元。

要求：请根据以上业务描述，核算相关业务的增值税销项税额、进行账务处理，并填写本期销售情况明细表。

一、业务分析及税款计算

（1）7 月 1 日，增值税一般纳税人销售货物，开具增值税专用发票。

开具 13% 税率增值税专用发票销售额 = 数量 × 单价 = 10 × 3 000 = 30 000（元）

增值税销项税 = 不含税销售额 × 增值税税率 = 30 000 × 13% = 3 900（元）

（2）7 月 4 日，合同约定收取的全部价款为价税合计金额，需要进行价税分离。

开具 13% 税率增值税普通发票销售额 = 含税销售额 ÷（1 + 增值税税率）

$$= 339 000 ÷ (1 + 13\%) = 300 000（元）$$

增值税销项税额 = 不含税销售额 × 增值税税率 = 300 000 × 13% = 39 000（元）

（3）7 月 19 日，直接销售商品给个体工商户，属于零售行为，向个体工商户收取的全部价款为零售价,属于价税合计金额,需要进行价税分离。

$$未开具发票销售额＝含税销售额÷(1＋增值税税率)$$
$$＝6\ 780÷(1+13\%)＝6\ 000(元)$$

增值税销项税额＝不含税销售额×增值税税率＝$6\ 000×13\%＝780(元)$

二、会计核算

(1) 7月1日,账务处理:

借：银行存款	33 900
贷：主营业务收入	30 000
应交税费——应交增值税(销项税额)	3 900

(2) 7月4日,账务处理:

借：银行存款	339 000
贷：主营业务收入	300 000
应交税费——应交增值税(销项税额)	39 000

(3) 7月19日,账务处理:

借：银行存款	6 780
贷：主营业务收入	6 000
应交税费——应交增值税(销项税额)	780

三、智能申报

(一) 电子税务局操作

(1) 登录进入申报界面。以国家税务总局江苏省电子税务局为例,操作人员进入国家税务总局江苏省电子税务局网站(https://etax.jiangsu.chinatax.gov.cn/sso/login),点击【登录】按钮,选择企业采取【企业业务办理】,在账号、CA、电子证照、移动端扫码登录中选择登录方式;登录后,点击【我要办税】—【税费申报及缴纳】,进入【增值税及附加税(费)申报】界面,如图1-1所示。

图1-1 税费申报界面

（2）点击【纳税申报】—【增值税及附加税费申报表】进入报表填写界面，如图 1 – 2 所示。

图 1 – 2　增值税及附加税费申报界面

（二）申报表填列

填表说明。

（1）第 1 行为适用 13％税率的货物及加工修理修配劳务；

（2）第 1 列开具增值税专用发票的销售额为 30 000.00 元、第 2 列销项税额为 3 900.00 元；

（3）第 3 列开具其他发票的销售额为 300 000.00 元、第 4 列销项税额为 39 000.00 元；

（4）第 5 列未开具发票的销售额为 6 000.00 元、第 6 列销项税额为 780.00 元。

升夏公司本期销售情况明细表的填写如表 1 – 1 所示。

表1-1 增值税及附加税费申报表附列资料（一）

（本期销售情况明细表）

税款所属时间：2024年7月1日至2024年7月31日

纳税人名称：（公章）　　　　　　　　　　　　　　　　　　　　　　　　　　　　　　　　　　　　　金额单位：元（列至角分）

项目及栏次			开具增值税专用发票		开具其他发票		未开具发票		纳税检查调整		合计			服务、不动产和无形资产扣除项目本期实际扣除金额	扣除后	
			销售额	销项（应纳）税额	销售额	销项（应纳）税额	销售额	销项（应纳）税额	销售额	销项（应纳）税额	销售额	销项（应纳）税额	价税合计		含税（免税）销售额	销项（应纳）税额
			1	2	3	4	5	6	7	8	9=1+3+5+7	10=2+4+6+8	11=9+10	12	13=11-12	14=13÷(100%+税率或征收率)×税率或征收率
一、一般计税方法计税	全部征税项目	13%税率的货物及加工修理修配劳务	1	30 000.00	3 900.00	300 000.00	39 000.00	6 000.00	780.00			336 000.00	43 680.00	—	—	—	—
		13%税率的服务、不动产和无形资产	2	—	—					—	—				—	—	—
		9%税率的货物及加工修理修配劳务	3														
		9%税率的服务、不动产和无形资产	4														
		6%税率	5	—	—	—	—	—	—	—	—	—	—	—	—	—	—
	其中：即征即退项目	即征即退货物及加工修理修配劳务	6	—	—	—	—	—	—	—	—	—	—	—	—	—	—
		即征即退服务、不动产和无形资产	7	—	—	—	—	—	—	—	—	—	—	—	—	—	—
二、简易计税方法计税	全部征税项目	6%征收率	8	—	—	—	—	—	—	—	—	—	—	—	—	—	—
		5%征收率的货物及加工修理修配劳务	9a	—	—	—	—	—	—	—	—	—	—	—	—	—	—
		5%征收率的服务、不动产和无形资产	9b	—	—	—	—	—	—	—	—	—	—	—	—	—	—
		4%征收率	10	—	—	—	—	—	—	—	—	—	—	—	—	—	—
		3%征收率的货物及加工修理修配劳务	11	—	—	—	—	—	—	—	—	—	—	—	—	—	—
		3%征收率的服务、不动产和无形资产	12	—	—	—	—	—	—	—	—	—	—	—	—	—	—
		预征率　%	13a	—	—	—	—	—	—	—	—	—	—	—	—	—	—
		预征率　%	13b	—	—	—	—	—	—	—	—	—	—	—	—	—	—
		预征率　%	13c	—	—	—	—	—	—	—	—	—	—	—	—	—	—
	其中：即征即退项目	即征即退货物及加工修理修配劳务	14	—	—	—	—	—	—	—	—	—	—	—	—	—	—
		即征即退服务、不动产和无形资产	15	—	—	—	—	—	—	—	—	—	—	—	—	—	—
三、免抵退税		货物及加工修理修配劳务	16	—	—	—	—	—	—	—	—	—	—	—	—	—	—
		服务、不动产和无形资产	17	—	—	—	—	—	—	—	—	—	—	—	—	—	—
四、免税		货物及加工修理修配劳务	18	—	—	—	—	—	—	—	—	—	—	—	—	—	—
		服务、不动产和无形资产	19	—	—	—	—	—	—	—	—	—	—	—	—	—	—

 **任务实施**

【任务 1-2】视同销售

北京石霞股份有限公司(以下简称石霞公司,纳税人识别号:91320311MA1MP4Y94W)为增值税一般纳税人。2024 年 7 月石霞公司发生如下业务:

(1)7 月 9 日,将自产的 10 件 A 产品无偿赠送给某社区服务机构,成本 25 000 元,市场公允价 30 000 元,按照规定开具增值税专用发票。

(2)7 月 11 日,领用新研发的 N 产品,发放给财务部门员工作为福利,生产成本 20 000 元,无同类产品售价,成本利润率 10%,未开具发票。

(3)7 月 15 日,收到某商场的委托代销清单,代销清单显示商场代销 C 产品 100 件,约定每件不含税代销价 2 000 元,C 产品每件成本价 1 600 元。石霞公司按照规定开具增值税专用发票,代销款尚未收到。

(4)7 月 19 日,将上月外购的一批生产用材料对外投资,账面价值 300 000 元,公允价值 360 000 元,开具增值税专用发票。

要求:请根据以上业务描述,核算相应增值税销项税额、进行账务处理,并填写本期销售情况明细表。

一、业务分析及税款计算

(1)7 月 9 日,自产货物用于无偿赠送,属于增值税视同销售行为。按照市场公允价计算增值税销项税额。

未开具发票销售额=(　　　　　　　　　　　　)

销项税额=(　　　　　　　　　　)

任务实施
详解 1-2

(2)7 月 11 日,自产货物用于集体福利,属于增值税视同销售行为。石霞公司向职工发放的福利是本公司自产货物,且该产品属于新研制产品,不存在市场价格,所以需要计算组成计税价格作为销售额。

组成计税价格=(　　　　　　　　　　　　)。未开具发票销售额=(　　　　　　)

销项税额=(　　　　　　　　　　)

(3)7 月 15 日,委托代销行为,属于增值税视同销售行为。委托其他纳税人代销货物的,增值税纳税义务时间为收到代销单位开出的代销清单的当天。

开具增值税专用发票销售额=(　　　　　　　　　　)

销项税额=(　　　　　　　　　　)

(4)7 月 19 日,外购货物用于对外投资,属于视同销售行为。按照市场公允价计算增值税销项税额。

开具增值税专用发票销售额=(　　　　　　　　　　)

销项税额=(　　　　　　　　　　)

二、会计核算

(1) 7 月 9 日,账务处理:

（框框）

(2) 7 月 11 日,账务处理:

（框框）

(3) 7 月 15 日,账务处理:

（框框）

(4) 7 月 19 日,账务处理:

（框框）

三、智能申报

填表说明。

(1) 第 1 行为适用 13% 税率的货物及加工修理修配劳务:

(2) 第 1 列,开具增值税专用发票,销售额为(　　　　　);

(3) 第 2 列,销项税额为(　　　　　);

(4) 第 5 列,未开具发票,销售额为(　　　　　);

(5) 第 6 列,销项税额为(　　　　　)。

石霞公司本期销售情况明细表如表 1-2 所示。

表1-2 增值税及附加税费申报表附列资料（一）

（本期销售情况明细表）

税款所属时间：　　年　　月　　日至　　年　　月　　日

纳税人名称：（公章）

金额单位：元（列至角分）

项目及栏次			开具增值税专用发票		开具其他发票		未开具发票		纳税检查调整		合计		价税合计	服务、不动产和无形项目本期扣除金额	扣除后	
			销售额	销项（应纳）税额	销售额	销项（应纳）税额	销售额	销项（应纳）税额	销售额	销项（应纳）税额	销售额	销项（应纳）税额	价税合计		含税（免税）销售额	销项（应纳）税额
			1	2	3	4	5	6	7	8	$9=1+3+5+7$	$10=2+4+6+8$	$11=9+10$	12	$13=11-12$	$14=13\div(100\%+$税率或征收率$)\times$税率或征收率
一、一般计税方法计税	全部征税项目	13%税率的货物及加工修理修配劳务	1													
		13%税率的服务、不动产和无形资产	2													
		9%税率的货物及加工修理修配劳务	3													
		9%税率的服务、不动产和无形资产	4													
		6%税率	5													
	其中：即征即退项目	即征即退货物及加工修理修配劳务	6		—	—	—	—	—						—		
		即征即退服务、不动产和无形资产	7		—	—	—	—	—								
二、简易计税方法计税	全部征税项目	6%征收率	8												—		
		5%征收率的货物及加工修理修配劳务	9a												—		
		5%征收率的服务、不动产和无形资产	9b														
		4%征收率	10												—		
		3%征收率的货物及加工修理修配劳务	11												—		
		3%征收率的服务、不动产和无形资产	12														
		预征率　%	13a												—		
		预征率　%	13b												—		
		预征率　%	13c												—		
	其中：即征即退项目	即征即退货物及加工修理修配劳务	14		—	—	—	—	—						—		
		即征即退服务、不动产和无形资产	15		—	—	—	—	—								
三、免抵退税		货物及加工修理修配劳务	16	—	—	—	—	—	—	—	—		—	—	—	—	—
		服务、不动产和无形资产	17	—	—	—	—	—	—	—	—		—	—		—	—
四、免税		货物及加工修理修配劳务	18	—	—	—	—	—	—	—	—		—	—	—	—	—
		服务、不动产和无形资产	19	—	—	—	—	—	—	—	—		—	—		—	—

任务实施

【任务1-3】特殊销售方式

北京白景股份有限公司(以下简称白景公司,纳税人识别号:91320311MA1MP4B87J)为增值税一般纳税人。2024年7月白景公司发生如下业务:

(1)7月4日,销售A产品100件给甲公司,成本2 500元/件,报价单上注明的不含税单价为3 000元,因购买数量较大,白景公司给予10%的折扣,开具增值税专用发票且折扣额在金额栏上标注。

(2)7月8日,白景公司为扩大销售采取以旧换新政策,以每件零售价3 390元的价格销售A产品,旧货的收购价格为300元,当日以旧换新销售A产品20件。未开具发票,全部货款已收到。

(3)7月13日,销售A产品10件给乙公司,开具增值税专用发票,注明金额30 000元、增值税税额为3 900元。7月15日,由于质量原因,双方协商折让40%,白景公司财务人员据此开具了红字专用发票,该笔销货款尚未收到。

要求:请根据以上业务描述,核算相应增值税销项税额、进行账务处理,并填写本期销售情况明细表。

一、业务分析及税款计算

(1)7月4日,采取折扣销售方式销售货物,开具增值税专用发票,销售额和折扣额在同一张发票"金额"栏分别注明,可按折扣后的余额作为销售额征收增值税。

开具增值税专用发票销售额=(   )

销项税额=(   )

(2)7月8日,采取以旧换新方式销售货物,对于非金银首饰的一般货物,应当按新货物同期销售价格确定销售额,不得扣减旧货物的收购价格。

未开具发票销售额=(   )

销项税额=(   )

(3)7月13日,开具增值税专用发票销售额=(   )

销项税额=(   )

7月15日,发生销售折让时,可以从销售额中减除折让额,销售折让可以通过开具红字专用发票从销售额中减除,未按规定开具红字专用发票的,不得扣减销项税额或销售额。

开具增值税专用发票销售额=(   )

销项税额=(   )

二、会计核算

(1)7月4日,账务处理:

（2）7月8日,账务处理：

（3）7月13日,账务处理：

7月15日,账务处理：

三、智能申报

填表说明。

（1）第1行为适用13%税率的货物及加工修理修配劳务；

（2）第1列,开具增值税专用发票销售额为（　　　　　）；

（3）第2列,销项税额为（　　　　　）；

（4）第5列,未开具发票销售额为（　　　　　）；

（5）第6列,销项税额为（　　　　　）。

白景公司本期销售情况明细表如表1-3所示。

表1-3 增值税及附加税费申报表附列资料（一）

（本期销售情况明细表）

税款所属时间：　　年　月　日至　　年　月　日

纳税人名称：（公章）　　　　　　　　　　　　　　　　　　　　　　　　　　　　　　　　　　　金额单位：元（列至角分）

项目及栏次			开具增值税专用发票		开具其他发票		未开具发票		纳税检查调整		合计			服务、不动产和无形资产扣除项目本期实际扣除金额	扣除后	
			销售额	销项（应纳）税额	销售额	销项（应纳）税额	销售额	销项（应纳）税额	销售额	销项（应纳）税额	销售额	销项（应纳）税额	价税合计		含税（免税）销售额	销项（应纳）税额
			1	2	3	4	5	6	7	8	$9=1+3+5+7$	$10=2+4+6+8$	$11=9+10$	12	$13=11-12$	$14=13÷(100\%+$税率或征收率$)×$税率或征收率
一、一般计税方法计税	全部征税项目	13%税率的货物及加工修理修配劳务												—	—	—
		13%税率的服务、不动产和无形资产														
		9%税率的货物及加工修理修配劳务												—	—	—
		9%税率的服务、不动产和无形资产														
		6%税率														
	其中：即征即退项目	即征即退货物及加工修理修配劳务												—	—	—
		即征即退服务、不动产和无形资产														
二、简易计税方法计税	全部征税项目	6%征收率														
		5%征收率的货物及加工修理修配劳务												—	—	—
		5%征收率的服务、不动产和无形资产														
		4%征收率												—	—	—
		3%征收率的货物及加工修理修配劳务												—	—	—
		3%征收率的服务、不动产和无形资产														
		预征率　％														
		预征率　％														
		预征率　％														
	其中：即征即退项目	即征即退货物及加工修理修配劳务	—	—										—	—	—
		即征即退服务、不动产和无形资产	—	—												
三、免抵退税		货物及加工修理修配劳务		—		—		—		—		—	—	—	—	—
		服务、不动产和无形资产		—		—		—		—		—	—	—	—	—
四、免税		货物及加工修理修配劳务		—		—		—		—		—	—	—		—
		服务、不动产和无形资产		—		—		—		—		—	—	—		—

任务实施

【任务 1-4】包装物及其押金

北京山木股份有限公司(以下简称山木公司,纳税人识别号:91320311MA1MP4B87J)为增值税一般纳税人。2024 年 7 月山木公司发生如下业务:

(1)7 月 4 日,销售 A 产品 100 件给甲公司,成本 2 500 元/件,开具增值税专用发票,发票上注明的产品销售价款 300 000 元。另外,收取包装物租金 11 300 元,货款已收到。

(2)7 月 6 日,销售 A 产品 20 件给乙公司,开具增值税专用发票,注明金额 60 000元,货款已收到。收取包装物押金 2 000 元(期限 20 天),包装物成本价为 80 元/件,货款已收到。

(3)7 月 9 日,销售 A 产品 15 件给丙公司,开具增值税专用发票,注明金额 45 000元,货款已收到。收取包装物押金 1 500 元(期限 10 天),包装物成本价为 80 元/件,货款已收到。

(4)7 月 19 日,乙公司退回包装物,山木公司退还乙公司包装物押金 2 000 元。丙公司仍未退回包装物,山木公司没收丙公司 1 500 元包装物押金。

要求:请根据以上业务描述,核算相应增值税销项税额、进行账务处理,并填写本期销售情况明细表。

一、业务分析及税款计算

任务实施
详解 1-4

(1)7 月 4 日,开具增值税专用发票销售额=(   )

销项税额=(   )

包装物租金属于价外费用,应缴纳增值税。直接收取的包装物租金是价税合计金额。未开具发票销售额=(   )

销项税额=(   )

(2)7 月 6 日,对于啤酒、黄酒,以及除酒类产品以外的其他产品收取的包装物押金,在收取押金时不计入销售额征收增值税。

开具增值税专用发票销售额=(   )

销项税额=(   )

(3)7 月 9 日,对于啤酒、黄酒,以及除酒类产品以外的其他产品收取的包装物押金,在收取押金时不计入销售额征收增值税。

开具增值税专用发票销售额=(   )

销项税额=(   )

(4)7 月 19 日,对于啤酒、黄酒,以及除酒类产品以外的其他产品收取的包装物押金,在包装物逾期未退或者超过 1 年时计入销售额征收增值税。

收取的丙公司包装押金已经逾期,应当计入销售额征收增值税。

未开具发票销售额=(   )

销项税额=(   )

二、会计核算

(1) 7 月 4 日,账务处理:

(2) 7 月 6 日,账务处理:

(3) 7 月 9 日,账务处理:

(4) 7 月 19 日,账务处理:

三、智能申报

填表说明。

(1) 第 1 行为适用 13% 税率的货物及加工修理修配劳务;

(2) 第 1 列,开具增值税专用发票销售额为(　　　　　　);

(3) 第 2 列,销项税额为(　　　　　);

(4) 第 5 列,未开具发票销售额为(　　　　　);

(5) 第 6 列,销项税额为(　　　　　)。

山木公司本期销售情况明细表如表 1-4 所示。

表 1 - 4 增值税及附加税费申报表附列资料(一)

(本期销售情况明细表)

纳税人名称:(公章)

税款所属时间: 年 月 日 至 年 月 日

金额单位:元(列至角分)

项目及栏次				开具增值税专用发票		开具其他发票		未开具发票		纳税检查调整		合计			服务、不动产和无形资产扣除项目本期实际扣除金额	扣除后	
				销售额	销项(应纳)税额	销售额	销项(应纳)税额	销售额	销项(应纳)税额	销售额	销项(应纳)税额	销售额	销项(应纳)税额	价税合计		含税(免税)销售额	销项(应纳)税额
				1	2	3	4	5	6	7	8	9=1+3+5+7	10=2+4+6+8	11=9+10	12	13=11-12	14=13÷(100%+税率或征收率)×税率或征收率
一、一般计税方法计税	全部征税项目	13%税率的货物及加工修理修配劳务	1													—	
		13%税率的服务、不动产和无形资产	2													—	
		9%税率的货物及加工修理修配劳务	3													—	
		9%税率的服务、不动产和无形资产	4														
		6%税率	5														
	其中:即征即退项目	即征即退货物及加工修理修配劳务	6													—	—
		即征即退服务、不动产和无形资产	7														—
二、简易计税方法计税	全部征税项目	6%征收率	8	—	—											—	—
		5%征收率的货物及加工修理修配劳务	9a	—	—												
		5%征收率的服务、不动产和无形资产	9b														
		4%征收率	10													—	—
		3%征收率的货物及加工修理修配劳务	11													—	—
		3%征收率的服务、不动产和无形资产	12														
		预征率 %	13a														
		预征率 %	13b														
		预征率 %	13c														
	其中:即征即退项目	即征即退货物及加工修理修配劳务	14													—	—
		即征即退服务、不动产和无形资产	15	—	—												—
三、免抵退税		货物及加工修理修配劳务	16												—	—	—	—
		服务、不动产和无形资产	17												—		—	—
四、免税		货物及加工修理修配劳务	18												—	—	—	—
		服务、不动产和无形资产	19	—	—										—		—	—

任务实施

【任务1-5】购进一般货物

北京天信有限责任公司(以下简称天信公司,纳税人识别号:91320311MA1MP4T64X)为增值税一般纳税人。2024年7月天信公司发生如下业务:

(1)7月3日,从供应商甲处购入原材料,取得增值税专用发票1张,注明金额10 000元,税率13%,货款已支付。

(2)7月17日,为满足生产运输需要,购入一辆小货车,取得机动车销售统一发票1张,发票注明金额200 000元。

(3)7月20日,从境外采购一批生产工具,取得海关进口增值税专用缴款书1张,缴款书注明金额400 000元。

要求:请根据以上业务描述,核算相应增值税进项税额、进行账务处理,并填写本期进项税额明细表。

一、业务分析及税款计算

(1)7月3日,采购原材料取得增值税专用发票,可以凭票抵扣。

金额=(　　　　　),税额=(　　　　　　　)。

(2)7月17日,采购小货车取得机动车销售统一发票,可以凭票抵扣。

金额=(　　　　　),税额=(　　　　　　　)。

(3)7月20日,从境外采购生产工具取得海关进口增值税专用缴款书,可以凭票抵扣。

金额=(　　　　　),税额=(　　　　　　　)。

二、会计核算

(1)7月3日,账务处理:

(2)7月17日,账务处理:

任务实施
详解1-5

（3）7月20日，账务处理：

三、智能申报

填表说明。

（1）从销售方取得的增值税专用发票［含税控（机动车销售统一发票）］上注明的增值税额准予从销项税额中抵扣；

（2）第2栏次，本期认证相符且本期申报抵扣的增值税专用发票（含税控《机动车销售统一发票》），份数=（　　　　　　），金额=（　　　　　　），税额=（　　　　　　）；

（3）第5栏次，海关进口增值税专用缴款书，份数=（　　　　　　），金额=（　　　　　　），税额=（　　　　　　）。

天信公司本期进项税额明细表如表1-5所示。

表 1-5　增值税及附加税费申报表附列资料（二）

（本期进项税额明细表）

税款所属时间：　年　　月　　日至　　年　　月　　日

纳税人名称：（公章）　　　　　　　　　　　　　　　　　　　金额单位：元（列至角分）

一、申报抵扣的进项税额				
项目	栏次	份数	金额	税额
（一）认证相符的增值税专用发票	1=2+3			
其中：本期认证相符且本期申报抵扣	2			
前期认证相符且本期申报抵扣	3			
（二）其他扣税凭证	4=5+6+7+8a+8b			
其中：海关进口增值税专用缴款书	5			
农产品收购发票或者销售发票	6			
代扣代缴税收缴款凭证	7		—	
加计扣除农产品进项税额	8a	—	—	
其他	8b			

续　表

项目	栏次	份数	金额	税额
（三）本期用于购建不动产的扣税凭证	9			
（四）本期用于抵扣的旅客运输服务扣税凭证	10			
（五）外贸企业进项税额抵扣证明	11	—	—	
当期申报抵扣进项税额合计	12＝1＋4＋11			
二、进项税额转出额				

项目	栏次	税额
本期进项税额转出额	13＝14 至 23 之和	
其中：免税项目用	14	
集体福利、个人消费	15	
非正常损失	16	
简易计税方法征税项目用	17	
免抵退税办法不得抵扣的进项税额	18	
纳税检查调减进项税额	19	
红字专用发票信息表注明的进项税额	20	
上期留抵税额抵减欠税	21	
上期留抵税额退税	22	
异常凭证转出进项税额	23a	
其他应作进项税额转出的情形	23b	
三、待抵扣进项税额		

项目	栏次	份数	金额	税额
（一）认证相符的增值税专用发票	24	—	—	—
期初已认证相符但未申报抵扣	25			
本期认证相符且本期未申报抵扣	26			
期末已认证相符但未申报抵扣	27			
其中：按照税法规定不允许抵扣	28			

续　表

项目	栏次	份数	金额	税额
（二）其他扣税凭证	29＝30 至 33 之和			
其中：海关进口增值税专用缴款书	30			
农产品收购发票或者销售发票	31			
代扣代缴税收缴款凭证	32	—		
其他	33			
	34			
四、其他				
项目	栏次	份数	金额	税额
本期认证相符的增值税专用发票	35			
代扣代缴税额	36	—	—	

 **任务实施**

【任务 1-6】购进一般服务或不动产

北京汇林有限责任公司（以下简称汇林公司，纳税人识别号：91320311MA1MP4H43L）为增值税一般纳税人。2024 年 7 月汇林公司发生如下业务：

（1）7 月 13 日，收到电力公司开来的电力增值税专用发票 1 张，发票注明价款 2 000 元。其中，工厂生产用电 1 800 元，办公楼用电 200 元，当日款项均已结算。

（2）7 月 15 日，从某企业采购需要安装的生产线，取得增值税专用发票 1 张，注明价款 200 000 元；支付运输费用，取得增值税专用发票 1 张，注明价款 5 000 元。当日款项均已结算。

（3）7 月 25 日，汇林公司为建造自用办公楼，购进一批原材料，取得增值税专用发票 2 张，发票注明金额 50 000 元。当日款项均已结算。

要求：请根据以上业务描述，核算相应增值税进项税额，进行账务处理，并填写本期进项税额明细表。

一、业务分析及税款计算

（1）7 月 13 日，电力属于普通货物，适用 13% 增值税税率，取得增值税专用发票 1 张，可以凭票抵扣进项税额。

金额＝（　　　　　　），税额＝（　　　　　　）。

任务实施
详解 1-6

（2）7月15日，采购生产线，税率13％，取得增值税专用发票1张，可以凭票抵扣进项税额。

金额＝（　　　　　　），税额＝（　　　　　　）。

支付运输费用，税率9％，取得增值税专用发票1张，可以凭票抵扣进项税额。

金额＝（　　　　　　），税额＝（　　　　　　）。

（3）7月25日，采购工程物资，税率13％，取得增值税专用发票2张，可以凭票抵扣进项税额。

金额＝（　　　　　　），税额＝（　　　　　　）。

二、会计核算

（1）7月13日，账务处理：

（2）7月15日，账务处理：

（3）7月25日，账务处理：

三、智能申报

填表说明。

（1）第2栏次，本期认证相符且本期申报抵扣的增值税专用发票［含税控（机动车销售统一发票）］，份数为（　　　　　　），金额为（　　　　　　），税额为（　　　　　　）；

（2）第9栏次,本期用于购建不动产的扣税凭证,份数为(   ),金额为( ),税额为(   )。

汇林公司本期进项税额明细表如表1-6所示。

表1-6 增值税及附加税费申报表附列资料(二)

(本期进项税额明细表)

税款所属时间:年   月   日至   年   月   日

纳税人名称:(公章)   金额单位:元(列至角分)

一、申报抵扣的进项税额				
项目	栏次	份数	金额	税额
(一)认证相符的增值税专用发票	1=2+3			
其中:本期认证相符且本期申报抵扣	2			
前期认证相符且本期申报抵扣	3			
(二)其他扣税凭证	4=5+6+7+8a+8b			
其中:海关进口增值税专用缴款书	5			
农产品收购发票或者销售发票	6			
代扣代缴税收缴款凭证	7		—	
加计扣除农产品进项税额	8a	—	—	
其他	8b			
(三)本期用于购建不动产的扣税凭证	9			
(四)本期用于抵扣的旅客运输服务扣税凭证	10			
(五)外贸企业进项税额抵扣证明	11	—	—	
当期申报抵扣进项税额合计	12=1+4+11			
二、进项税额转出额				
项目	栏次		税额	
本期进项税额转出额	13=14至23之和			
其中:免税项目用	14			
集体福利、个人消费	15			
非正常损失	16			

项目	栏次	税额
简易计税方法征税项目用	17	
免抵退税办法不得抵扣的进项税额	18	
纳税检查调减进项税额	19	
红字专用发票信息表注明的进项税额	20	
上期留抵税额抵减欠税	21	
上期留抵税额退税	22	
异常凭证转出进项税额	23a	
其他应作进项税额转出的情形	23b	

三、待抵扣进项税额

项目	栏次	份数	金额	税额
（一）认证相符的增值税专用发票	24	—	—	—
期初已认证相符但未申报抵扣	25			
本期认证相符且本期未申报抵扣	26			
期末已认证相符但未申报抵扣	27			
其中：按照税法规定不允许抵扣	28			
（二）其他扣税凭证	29＝30至33之和			
其中：海关进口增值税专用缴款书	30			
农产品收购发票或者销售发票	31			
代扣代缴税收缴款凭证	32	—		
其他	33			
	34			

四、其他

项目	栏次	份数	金额	税额
本期认证相符的增值税专用发票	35			
代扣代缴税额	36	—	—	

 **任务实施**

【任务 1-7】购进农产品

北京芜巷食品加工有限责任公司(以下简称芜巷公司,纳税人识别号:91320311MA1MP4D67X)为增值税一般纳税人。2024年7月芜巷公司发生如下业务:

(1) 7月5日,从某农业生产者手中购入自产苹果,开具1张收购发票,注明买价30 000元。支付运输费用,取得增值税专用发票1张,注明价款1 000元。当日款项均已结算。

(2) 7月9日,从一般纳税人甲公司处采购一批橙子,取得1张增值税专用发票,注明金额40 000元。当日款项均已结算。

(3) 7月13日,领用本月采购60%的苹果,用于生产复合果汁。

要求:请根据以上业务描述,核算相应增值税进项税额、进行账务处理,并填写本期进项税额明细表。

一、业务分析及税款计算

(1) 7月5日,从农业生产者手中采购免税农产品,取得农产品收购发票1张,属于其他扣税凭证,不能凭票抵扣进项税额,需要进行进项税额的计算抵扣,扣除率9%。

任务实施
详解1-7

金额=(　　　　　),税额=(　　　　　)。

支付运输费用,税率9%,取得增值税专用发票1张,可以凭票抵扣进项税额。

金额=(　　　　　),税额=(　　　　　)。

(2) 7月9日,从一般纳税人处采购农产品,取得增值税专用发票1张,税率9%,可以凭票抵扣进项税额。

金额=(　　　　　),税额=(　　　　　)。

(3) 7月13日,复合果汁的增值税税率为13%,将购进的免税农产品用于生产加工13%税率的产品,准予加计扣除1%进项税额。

加计扣除农产品进项税额=(　　　　　)。

二、会计核算

(1) 7月5日,账务处理:

(2) 7 月 9 日,账务处理:

(3) 7 月 13 日,账务处理:

三、智能申报

填表说明。

(1) 第 2 栏次,本期认证相符且本期申报抵扣的增值税专用发票,份数＝1＋1＝2 份,金额为(　　　　　),税额为(　　　　　);

(2) 第 6 栏次,农产品收购发票或者销售发票,份数为(　　　　　),金额为(　　　　　),税额为(　　　　　);

(3) 第 8a 栏次,加计扣除农产品进项税额,金额为(　　　　　)。

芜巷公司本期进项税额明细表如表 1-7 所示。

表 1-7　增值税及附加税费申报表附列资料(二)

(本期进项税额明细表)

税款所属时间:　年　　月　　日至　　年　　月　　日

纳税人名称:(公章)　　　　　　　　　　　　　　　　金额单位:元(列至角分)

一、申报抵扣的进项税额				
项目	栏次	份数	金额	税额
(一)认证相符的增值税专用发票	1＝2＋3			
其中:本期认证相符且本期申报抵扣	2			
前期认证相符且本期申报抵扣	3			
(二)其他扣税凭证	4＝5＋6＋7＋8a＋8b			

项目	栏次	份数	金额	税额
其中：海关进口增值税专用缴款书	5			
农产品收购发票或者销售发票	6			
代扣代缴税收缴款凭证	7		—	
加计扣除农产品进项税额	8a	—	—	
其他	8b			
（三）本期用于购建不动产的扣税凭证	9			
（四）本期用于抵扣的旅客运输服务扣税凭证	10			
（五）外贸企业进项税额抵扣证明	11	—		
当期申报抵扣进项税额合计	12＝1＋4＋11			

二、进项税额转出额

项目	栏次	税额
本期进项税额转出额	13＝14至23之和	
其中：免税项目用	14	
集体福利、个人消费	15	
非正常损失	16	
简易计税方法征税项目用	17	
免抵退税办法不得抵扣的进项税额	18	
纳税检查调减进项税额	19	
红字专用发票信息表注明的进项税额	20	
上期留抵税额抵减欠税	21	
上期留抵税额退税	22	
异常凭证转出进项税额	23a	
其他应作进项税额转出的情形	23b	

三、待抵扣进项税额

项目	栏次	份数	金额	税额
（一）认证相符的增值税专用发票	24	—		—
期初已认证相符但未申报抵扣	25			

续　表

项目	栏次	份数	金额	税额
本期认证相符且本期未申报抵扣	26			
期末已认证相符但未申报抵扣	27			
其中：按照税法规定不允许抵扣	28			
（二）其他扣税凭证	29＝30 至 33 之和			
其中：海关进口增值税专用缴款书	30			
农产品收购发票或者销售发票	31			
代扣代缴税收缴款凭证	32	—		
其他	33			
	34			

四、其他

项目	栏次	份数	金额	税额
本期认证相符的增值税专用发票	35			
代扣代缴税额	36	—	—	

 任务实施

【任务 1－8】购进旅客运输服务

北京鑫山有限责任公司（以下简称鑫山公司，纳税人识别号：91320311MA1MP4X49S）为增值税一般纳税人。2024 年 7 月 15 日，管理部门张华进行差旅费报销：

（1）取得 1 张注明旅客身份信息的航空运输电子客票行程单，票价 1 040 元，民航发展基金 90 元，燃油附加费 50 元。

（2）取得 2 张注明旅客身份信息的铁路车票，每张票面金额 327 元。

（3）取得 3 张注明旅客身份信息的公路、水路等其他客票，每张票面金额 206 元。

（4）取得 1 张增值税电子普通发票，发票注明金额 300 元，税额 27 元。

要求：请根据以上业务描述，核算相应增值税进项税额、进行账务处理，并填写本期进项税额明细表。

任务实施
详解 1-8

一、业务分析及税款计算

纳税人购进国内旅客运输服务,允许抵扣进项税额的国内旅客运输服务凭证,除增值税专用发票外,只限于增值税电子普通发票和注明旅客身份信息的航空运输电子客票行程单、铁路车票以及公路、水路等其他客票。

(1)取得注明旅客身份信息的航空运输电子客票行程单 1 张,准予计算抵扣进项税额,税率 9%。

税额=( ),金额=( )。

(2)取得注明旅客身份信息的铁路车票 2 张,准予计算抵扣进项税额,税率 9%。

税额=( ),金额=( )。

(3)取得注明旅客身份信息的公路、水路等其他客票 3 张,准予计算抵扣进项税额,税率 3%。

税额=( ),金额=( )。

(4)取得旅客运输的增值税电子普通发票 1 张,可以抵扣的进项税额为发票上注明的税额。

金额=( ),税额=( )。

二、会计核算

7 月 15 日,账务处理:

三、智能申报

填表说明。

(1)第 8b 栏次,其他扣税凭证—其他,份数为( ),金额为( ),税额为( );

(2)第 10 栏次,本期用于抵扣的旅客运输服务扣税凭证,份数为( ),金额为( ),税额为( )。

鑫山公司本期进项税额明细表如表 1-8 所示。

表 1-8 增值税及附加税费申报表附列资料(二)

(本期进项税额明细表)

税款所属时间：年 月 日至 年 月 日

纳税人名称：(公章) 金额单位：元(列至角分)

一、申报抵扣的进项税额				
项目	栏次	份数	金额	税额
(一)认证相符的增值税专用发票	1=2+3			
其中：本期认证相符且本期申报抵扣	2			
前期认证相符且本期申报抵扣	3			
(二)其他扣税凭证	4=5+6+7+8a+8b			
其中：海关进口增值税专用缴款书	5			
农产品收购发票或者销售发票	6			
代扣代缴税收缴款凭证	7		—	
加计扣除农产品进项税额	8a	—	—	
其他	8b			
(三)本期用于购建不动产的扣税凭证	9			
(四)本期用于抵扣的旅客运输服务扣税凭证	10			
(五)外贸企业进项税额抵扣证明	11	—	—	
当期申报抵扣进项税额合计	12=1+4+11			

二、进项税额转出额		
项目	栏次	税额
本期进项税额转出额	13=14至23之和	
其中：免税项目用	14	
集体福利、个人消费	15	
非正常损失	16	
简易计税方法征税项目用	17	

项目	栏次	份数	金额	税额
免抵退税办法不得抵扣的进项税额	18			
纳税检查调减进项税额	19			
红字专用发票信息表注明的进项税额	20			
上期留抵税额抵减欠税	21			
上期留抵税额退税	22			
异常凭证转出进项税额	23a			
其他应作进项税额转出的情形	23b			
三、待抵扣进项税额				
项目	栏次	份数	金额	税额
（一）认证相符的增值税专用发票	24	—	—	—
期初已认证相符但未申报抵扣	25			
本期认证相符且本期未申报抵扣	26			
期末已认证相符但未申报抵扣	27			
其中：按照税法规定不允许抵扣	28			
（二）其他扣税凭证	29＝30 至 33 之和			
其中：海关进口增值税专用缴款书	30			
农产品收购发票或者销售发票	31			
代扣代缴税收缴款凭证	32		—	
其他	33			
	34			
四、其他				
项目	栏次	份数	金额	税额
本期认证相符的增值税专用发票	35			
代扣代缴税额	36	—	—	

任务实施

【任务1-9】不得抵扣的进项税额转出业务

北京涛彦有限责任公司(以下简称涛彦公司,纳税人识别号：91320311MA1MP4T86Y)为增值税一般纳税人。2024年7月涛彦公司发生业务如下：

(1)7月3日,从供应商处购入A原材料,取得增值税专用发票1张,发票注明金额30 000元,税率13%。当日款项均已结算。

(2)7月20日,因管理不善,本月采购的A原材料30%出现霉烂变质,进项税已认证抵扣。报批后,由仓库管理人员承担全部损失。

(3)7月26日,将上月外购的部分B产品,发放给员工作为集体福利,账面成本10 300元(其中分摊运费300元),进项税额已认证抵扣。

要求：请根据以上业务描述,核算相应增值税进项税额转出额,进行账务处理,并填写本期进项税额明细表。

任务实施
详解1-9

一、业务分析及税款计算

(1)7月3日,采购原材料取得增值税专用发票1张,可以凭票抵扣进项税额。

金额=(　　　　　),税额=(　　　　　)。

(2)7月20日,非正常损失的购进货物及相关的应税劳务的进项税额不得从销项税额中抵扣。非正常损失,是指因管理不善造成被盗、丢失、霉烂变质的损失。

进项税额转出金额=(　　　　　)元。

(3)7月26日,用于集体福利的购进货物、加工修理修配劳务、服务、无形资产和不动产,进项税额不得从销项税额中抵扣。

货物账面成本中,包含两部分,一部分为B产品,增值税税率13%,另一部分为运费,增值税税率9%。进项税转出金额=(　　　　　)。

二、会计核算

(1)7月3日,账务处理：

（2）7 月 20 日,账务处理：

（3）7 月 26 日,账务处理：

三、智能申报

填表说明。

（1）第 2 栏次,本期认证相符且本期申报抵扣的增值税专用发票,份数为（　　　　），金额为（　　　　　　）,税额为（　　　　　　）；

（2）第 15 栏次,本期进项税额转出额——集体福利、个人消费,税额为（　　　　　　）；

（3）第 16 栏次,本期进项税额转出额——非正常损失,税额为（　　　　　　）。

涛彦公司本期进项税额明细表如表 1-9 所示。

表 1 - 9　增值税及附加税费申报表附列资料(二)

(本期进项税额明细表)

税款所属时间：年　　月　　日至　　年　　月　　日

纳税人名称：(公章)　　　　　　　　　　　　　　　　　　金额单位：元(列至角分)

一、申报抵扣的进项税额				
项目	栏次	份数	金额	税额
(一)认证相符的增值税专用发票	1＝2＋3			
其中：本期认证相符且本期申报抵扣	2			
前期认证相符且本期申报抵扣	3			
(二)其他扣税凭证	4＝5＋6＋7 ＋8a＋8b			
其中：海关进口增值税专用缴款书	5			
农产品收购发票或者销售发票	6			
代扣代缴税收缴款凭证	7		—	
加计扣除农产品进项税额	8a	—	—	
其他	8b			
(三)本期用于购建不动产的扣税凭证	9			
(四)本期用于抵扣的旅客运输服务扣税凭证	10			
(五)外贸企业进项税额抵扣证明	11	—	—	
当期申报抵扣进项税额合计	12＝1＋4＋11			

二、进项税额转出额		
项目	栏次	税额
本期进项税额转出额	13＝14至 23之和	
其中：免税项目用	14	
集体福利、个人消费	15	
非正常损失	16	
简易计税方法征税项目用	17	
免抵退税办法不得抵扣的进项税额	18	
纳税检查调减进项税额	19	

续　表

项目	栏次	税额
红字专用发票信息表注明的进项税额	20	
上期留抵税额抵减欠税	21	
上期留抵税额退税	22	
异常凭证转出进项税额	23a	
其他应作进项税额转出的情形	23b	

三、待抵扣进项税额				
项目	栏次	份数	金额	税额
(一)认证相符的增值税专用发票	24	—	—	—
期初已认证相符但未申报抵扣	25			
本期认证相符且本期未申报抵扣	26			
期末已认证相符但未申报抵扣	27			
其中:按照税法规定不允许抵扣	28			
(二)其他扣税凭证	29＝30至33之和			
其中:海关进口增值税专用缴款书	30			
农产品收购发票或者销售发票	31			
代扣代缴税收缴款凭证	32	—		
其他	33			
	34			

四、其他				
项目	栏次	份数	金额	税额
本期认证相符的增值税专用发票	35			
代扣代缴税额	36	—	—	

任务实施

【任务 1-10】特殊增值税业务

北京杜特有限责任公司(以下简称杜特公司,纳税人识别号:91320311MA1MP4D19T)为增值税一般纳税人。2024 年 7 月杜特公司发生如下业务:

(1)7 月 6 日,销售当年 5 月 1 日购入的甲公司债券,卖出价 212 000 元,买入价 148 400 元。

(2)7 月 8 日,支付全年技术维护服务费 280 元,取得一份增值税普通发票。

(3)7 月 11 日,出售一台已经使用过的生产设备,含税价为 1 130 000 元,已计提折旧 800 000 元,但未计提资产减值准备。该固定资产取得时,其进项税额未抵扣,出售时收到价款 400 000 元,采用简易计税方法,开具增值税普通发票。

(4)7 月 16 日,接受乙公司委托,为乙公司提供经纪代理服务,合计收取服务费 7 420 元,其中代理费 5 830 元,行政事业性收费 1 590 元,开具增值税普通发票。

要求:请根据以上业务描述,核算相应增值税应纳税额,进行账务处理,并填写本期销售情况明细表、本期扣除项目明细表、本期税额抵减情况表、本期减免税申报明细表。

任务实施
详解 1-10

一、业务分析及税款计算

(1)7 月 6 日,金融商品转让,按照卖出价扣除买入价后的余额为销售额。买入价和卖出价均不含相关税费。

未开具发票销售额=(   )

转让金融商品应交增值税=(   )

(2)7 月 8 日,增值税纳税人可凭技术维护服务单位开具的技术维护费发票,在增值税应纳税额中全额抵减,不足抵减的可结转下期继续抵减。

增值税税控系统专用设备技术维护费价税合计金额=(   )

应纳税额减征额=(   )

(3)7 月 11 日,一般纳税人销售自己使用过不得抵扣且未抵扣进项税额的固定资产,按照简易办法依照 3% 征收率减按 2% 征收增值税,实际减免 1%。

开具增值税普通发票销售额=(   )

按照 3% 征收率计算本期已纳税额=(   )

应纳税额减征额=(   )

(4)7 月 16 日,提供经纪代理服务,选择简易计税方法,以收取的全部价款和价外费用,扣除向委托方收取并代为支付的政府性基金或者行政性收费后的余额为销售额。

开具其他发票销售额=(   )

销项税额=(   )

6% 税率的项目价税合计额=(   )

本期发生的扣除项目=(   )

销项税额抵减＝（　　　　　　　）

扣除后准予扣除项目后含税销售额＝（　　　　　　　）

最终应纳税额＝（　　　　　　　）元

二、会计核算

(1) 7 月 6 日,账务处理:

(2) 7 月 8 日,账务处理:

(3) 7 月 11 日,账务处理:

(4) 7 月 16 日,账务处理:

三、智能申报

填表说明。

1.《增值税及附加税费申报表附列资料(一)》(本期销售情况明细表)

(1) 第 5 行,适用 6% 税率:

(2) 第 3 列,开具其他发票销售额为(　　　　);

(3) 第 4 列,销项税额为(　　　　);

(4) 第 5 列,未开具发票销售额为(　　　　);

(5) 第 6 列,销项税额为(　　　　);

(6) 第 12 列,服务、不动产和无形资产扣除项目本期实际扣除金额为(　　　　)。

(7) 第 11 行,适用 3% 征收率的货物及加工修理修配劳务:

(8) 第 3 列,开具其他发票销售额为(　　　　);

(9) 第 4 列,销项税额为(　　　　)。

杜特公司本期销售情况明细表如表 1-10 所示。

2.《增值税及附加税费申报表附列资料(三)》(服务、不动产和无形资产扣除项目明细)

提供经纪代理服务:

(1) 第 3 行,适用 6% 税率的项目(不含金融商品转让):

(2) 第 1 列,本期服务、不动产和无形资产价税合计额(免税销售额)为(　　　　);

(3) 第 3 列,服务、不动产和无形资产扣除项目——本期发生额为(　　　　);

金融商品转让:

(1) 第 4 行,适用 6% 税率的金融商品转让项目:

(2) 第 1 列,本期服务、不动产和无形资产价税合计额(免税销售额)为(　　　　);

(3) 第 3 列,服务、不动产和无形资产扣除项目——本期发生额为(　　　　)。

杜特公司服务、不动产和无形资产扣除项目明细表如表 1-11 所示。

3.《增值税及附加税费申报表附列资料(四)》(税额抵减情况表)

增值税税控系统专用设备费及技术维护费,第 2 列,本期发生额为(　　　　)。

杜特公司服务、不动产和无形资产扣除项目明细表如表 1-12 所示。

4.《增值税减免税申报明细表》

(1) 第 2 栏次,增值税税控系统专用设备和技术维护费用抵减增值税税额:

(2) 第 2 列,本期发生额为(　　　　);

(3) 第 3 栏次,已使用固定资产减征增值税(　　　　);

(4) 第 2 列,本期发生额为(　　　　)。

杜特公司本期销售情况明细表如表 1-13 所示。

表1-10 增值税及附加税费申报表附列资料(一)

(本期销售情况明细表)

税款所属时间：年 月 日至 年 月 日

纳税人名称：(公章)

金额单位：元(列至角分)

项目及栏次			开具增值税专用发票		开具其他发票		未开具发票		纳税检查调整		合计			服务、不动产和无形资产扣除项目本期实际扣除金额	扣除后	
			销售额	销项(应纳)税额	销售额	销项(应纳)税额	销售额	销项(应纳)税额	销售额	销项(应纳)税额	销售额	销项(应纳)税额	价税合计		含税(免税)销售额	销项(应纳)税额
			1	2	3	4	5	6	7	8	9=1+3+5+7	10=2+4+6+8	11=9+10	12	13=11−12	14=13÷(100%+税率或征收率)×税率或征收率
一、一般计税方法计税	全部征税项目	13%税率的货物及加工修理修配劳务	1													—	—
		13%税率的服务、不动产和无形资产	2												—	—	—
		9%税率的货物及加工修理修配劳务	3					—			—				—	—	—
		9%税率的服务、不动产和无形资产	4					—			—				—	—	—
		6%税率	5	—		—		—	—		—				—	—	—
	其中：即征即退项目	即征即退货物及加工修理修配劳务	6	—		—		—	—	—	—			—	—	—	—
		即征即退服务、不动产和无形资产	7	—		—		—	—	—	—			—	—	—	—
二、简易计税方法计税	全部征税项目	6%征收率	8					—			—				—	—	—
		5%征收率的货物及加工修理修配劳务	9a					—			—				—	—	—
		5%征收率的服务、不动产和无形资产	9b					—			—				—	—	—
		4%征收率	10					—			—				—	—	—
		3%征收率的货物及加工修理修配劳务	11					—			—				—	—	—
		3%征收率的服务、不动产和无形资产	12					—			—				—	—	—
		预征率　%	13a	—	—	—	—	—	—	—	—				—	—	—
		预征率　%	13b	—	—	—	—	—	—	—	—				—	—	—
		预征率　%	13c	—	—	—	—	—	—	—	—				—	—	—
	其中：即征即退项目	即征即退货物及加工修理修配劳务	14	—		—		—	—	—	—			—	—	—	—
		即征即退服务、不动产和无形资产	15	—		—		—	—	—	—			—	—	—	—
三、免抵退税		货物及加工修理修配劳务	16					—			—			—	—	—	—
		服务、不动产和无形资产	17					—			—			—	—	—	—
四、免税		货物及加工修理修配劳务	18					—			—			—	—	—	—
		服务、不动产和无形资产	19					—			—			—	—	—	—

表1-11 增值税及附加税费申报表附列资料(三)

(服务、不动产和无形资产扣除项目明细表)

税款所属时间: 年 月 日至 年 月 日

纳税人名称: (公章)

金额单位: 元(列至角分)

项目及栏次		本期服务、不动产和无形资产价税合计额(免税销售额)	服务、不动产和无形资产扣除项目				
			期初余额	本期发生额	本期应扣除金额	本期实际扣除金额	期末余额
		1	2	3	4=2+3	5(5≤1且5≤4)	6=4-5
13%税率的项目	1						
9%税率的项目	2						
6%税率的项目(不含金融商品转让)	3						
6%税率的金融商品转让项目	4						
5%征收率的项目	5						
3%征收率的项目	6						
免抵退税的项目	7						
免税项目	8						

表1-12 增值税及附加税费申报表附列资料(四)

(税额抵减情况表)

税款所属时间：年 月 日至 年 月 日

纳税人名称：(公章)　　　　　　　　　　　　　　　　　　　　　　　　　　金额单位：元(列至角分)

一、税额抵减情况

序号	抵减项目	期初余额 1	本期发生额 2	本期应抵减税额 3=1+2	本期实际抵减税额 4≤3	期末余额 5=3-4
1	增值税税控系统专用设备费及技术维护费					
2	分支机构预征缴纳税款					
3	建筑服务预征缴纳税款					
4	销售不动产预征缴纳税款					
5	出租不动产预征缴纳税款					

二、加计抵减情况

序号	加计抵减项目	期初余额 1	本期发生额 2	本期调减额 3	本期可抵减额 4=1+2-3	本期实际抵减额 5	期末余额 6=4-5
6	一般项目加计抵减额计算						
7	即征即退项目加计抵减额计算						
8	合计						

纳税人名称：（公章）

税款所属时间：自　　年　　月　　日至　　年　　月　　日

表1－13　增值税减免税申报明细表

金额单位：元（列至角分）

一、减税项目

减税性质代码及名称	栏次	期初余额	本期发生额	本期应抵减税额	本期实际抵减税额	期末余额
		1	2	3＝1＋2	4≤3	5＝3－4
合计	1					
	2					

二、免税项目

免税性质代码及名称	栏次	免征增值税项目销售额	免税销售额扣除项目本期实际扣除金额	扣除后免税销售额	免税销售额对应的进项税额	免税额
		1	2	3＝1－2	4	5
合　计	7					
出口免税	8		—	—	—	—
其中：跨境服务	9		—	—	—	—
	10					

【任务 1－11】综合案例

北京盛大日用品生产公司(以下简称盛大公司,纳税人识别号:91320311MA1MP3W99D)为增值税一般纳税人,城市维护建设税的税率为 7%,教育费附加的税率为 3%,地方教育附加的税率为 2%。2024 年 7 月盛大公司发生如下业务:

(1) 7 月 4 日,向康泰公司销售一批洗护用品并开具增值税专用发票,发票注明金额为 100 万元;向小规模纳税人多力公司销售一批洗护用品并开具增值税普通发票,发票注明价税合计金额为 113 万元;直接向个人销售洗护用品,其中开具增值税普通发票,发票注明价税合计销售额 3 390 元,未开票部分的收入为 2 260 元。

(2) 7 月 5 日,采用商业折扣方式销售一批洗护用品,开具增值税专用发票,金额栏注明销售额 300 万元,折扣为 30 万元。另外,当日收取包装物押金 3 000 元,期限为 15 天,当月 20 日,仍未收到归还的包装物。

(3) 7 月 6 日,将自产的洗护用品捐赠给某养老机构,成本为 12 万元,市场公允价为 15 万元,企业按照规定开具增值税专用发票。领用新研发的一批洗发水,作为福利发放给职工,生产成本 20 万元,无同类产品售价,成本利润率为 10%,未开具发票。

(4) 7 月 8 日,销售当年 5 月 1 日购入的 A 公司股票 10 万股,购入时该股票的公允价为 100.7 万元。本次出售所有股票,处置价款 116.6 万元。

(5) 7 月 10 日,从农业生产者手中购入芦荟用于生产护肤品,开具收购发票上注明金额 50 万元,当月 13 日,领用当月采购的全部芦荟用于生产护肤品;从供应商处购入普通原料,取得 5 张增值税专用发票,合计金额 100 万元,进项税额 13 万元。

(6) 7 月 15 日,办公室张华进行出差报销,取得 1 张注明旅客身份信息的航空运输电子客票行程单,票价 2 130 元,民航发展基金 120 元,燃油附加费 50 元;取得 4 张注明旅客身份信息的铁路车票,每张票面金额 436 元;取得 5 张注明旅客身份信息的公路、水路等其他客票,每张票面金额 515 元。

(7) 7 月 20 日,因管理不善霉烂变质一批普通原料,已抵扣过进项税额,账面成本为 10 万元;因管理不善霉烂变质一批自产护肤品,账面成本为 30 万元,外购免税农产品成本占比 60%,已抵扣过进项税额。报经批准后均作为损失处理。

(8) 7 月 21 日,支付全年税控设备技术维护服务费 280 元,取得 1 张增值税普通发票。

(9) 7 月 23 日,处置研发设备一台,该设备在购进时未抵扣过进项税额,设备原值 200 万元,已计提折旧 180 万元,销售收入 50 万元。企业选择简易计税方法,未开具发票。

(10) 7 月 25 日,接受 A 公司委托,为 A 公司提供经纪代理服务,合计收取服务费 5 300 元,其中,代理费 4 399 元,行政事业性收费 901 元,开具增值税普通发票。

要求:以上款项均已结算,取得的增值税专用发票均已认定抵扣,期末统一结转销售成本。请根据以上业务描述,核算相应增值税应纳税额、城建税、教育费附加、地方教育附加,进行账务处理,并填写《增值税及附加税费申报表》主表及其附列资料。

任务实施
详解 1－11

一、业务分析及税款计算

（1）7月4日。

开具增值税专用发票销售额＝（　　　　　　　）

销项税额＝（　　　　　　　　　　　）

开具增值税普通发票销售额＝（　　　　　）

销项税额＝（　　　　　　　　　　　　　　　　　　）

未开具发票销售额＝（　　　　　　）

销项税额＝（　　　　　　　　　　　　　　　　　　）

（2）7月5日，采取折扣销售方式销售货物，开具增值税专用发票，销售额和折扣额在同一张发票"金额"栏上分别注明，可按折扣后的余额作为销售额征收增值税。

开具增值税专用发票销售额＝（　　　　　　）

销项税额＝（　　　　　　　　　　　　　　　　　　）

当日，对于啤酒、黄酒，以及除酒类产品以外的其他产品收取的包装物押金，在收取押金时不计入销售额征收增值税。

当月20日，包装物逾期，应当计入销售额征收增值税。

未开具发票销售额＝（　　　　　　）

销项税额＝（　　　　　　）

（3）7月6日，自产货物用于无偿赠送，属于增值税视同销售行为。按照市场公允价计算增值税销项税额。

开具增值税专用发票销售额＝（　　　　　　）

销项税额＝（　　　　　　　　　　　　　　　　　　）

自产货物用于集体福利，属于增值税视同销售行为。由于自产货物属于新研制产品，不存在市场价格，需要计算组成计税价格作为销售额。

组成计税价格＝（　　　　　　）

未开具发票销售额＝（　　　　　　）

销项税额＝（　　　　　　　　　　　　　　　　　　）

（4）7月8日，金融商品转让，按照卖出价扣除买入价后的余额为销售额。买入价和卖出价均不含相关税费。

未开具发票销售额＝（　　　　　　）

转让金融商品应交增值税＝（　　　　　　　　　　　　　　）

（5）7月10日，从农业生产者手中采购免税农产品，取得农产品收购发票1张，属于其他扣税凭证，不能凭票抵扣，需要进行计算抵扣，税率9％。

金额＝（　　　　　　）

税额＝（　　　　　　　　　　　　　　　　　　）

当月13日，领用当月采购的全部芦荟，用于生产护肤品，护肤品税率13％。将购进的免税农产品用于生产加工13％税率的产品，准予加计抵扣1％进项税额。

加计扣除农产品进项税额＝（　　　　　　　　　　　　　　　　　　）

从供应商处购入普通原料,取得增值税专用发票 5 张。

金额＝(　　　　　　)

进项税额＝(　　　　　　　　　　　　　)

(6) 7 月 15 日,纳税人购进国内旅客运输服务,允许抵扣进项税额的国内旅客运输服务凭证,除增值税专用发票外,只限于增值税电子普通发票,和注明旅客身份信息的航空运输电子客票行程单、铁路车票以及公路、水路等其他客票。

取得注明旅客身份信息的航空运输电子客票行程单 1 张,准予计算抵扣进项税额,税率 9%。

金额＝(　　　　　　)

税额＝(　　　　　　　　　　　　　　　)

取得注明旅客身份信息的铁路车票 4 张,准予计算抵扣进项税额,税率 9%。

金额＝(　　　　　　)

税额＝(　　　　　　　　　　　　　　　)

取得注明旅客身份信息的公路、水路等其他客票 5 张,准予计算抵扣进项税额,税率 3%。

金额＝(　　　　　　)

税额＝(　　　　　　　　　　　　　　　)

(7) 7 月 20 日,非正常损失的购进货物及相关的应税劳务的进项税额不得从销项税额中抵扣。非正常损失,是指因管理不善造成被盗、丢失、霉烂变质的损失。

普通原料进项税额转出金额＝(　　　　　　　　　　)

自产护肤品进项税额转出金额＝(　　　　　　　　　　)

(8) 7 月 21 日,增值税纳税人可凭技术维护服务单位开具的技术维护费发票,在增值税应纳税额中全额抵减,不足抵减的可结转下期继续抵减。

增值税税控系统专用设备技术维护费价税合计金额＝(　　　　　　)

应纳税额减征额＝(　　　　　　　　)

(9) 7 月 23 日,一般纳税人销售自己使用过不得抵扣且未抵扣进项税额的固定资产,按照简易办法依照 3% 征收率减按 2% 征收增值税,实际减免 1%。

开具增值税普通发票销售额＝(　　　　　　)

按照 3% 征收率计算本期已纳税额＝(　　　　　　　　)

应纳税额减征额＝(　　　　　　　　)

(10) 7 月 25 日,提供经纪代理服务,以收取的全部价款和价外费用,扣除向委托方收取并代为支付的政府性基金或者行政性收费后的余额为销售额。

开具普通发票销售额＝(　　　　　　)

销项税额＝(　　　　　　　　　　　　)

6% 税率的项目价税合计额＝(　　　　　　)

本期发生的扣除项目＝(　　　　　　)

销项税额抵减＝(　　　　　　)

扣除后准予扣除项目后含税销售额＝(　　　　　　)

最终应纳税额＝（ ）

二、会计核算

（1）7 月 4 日，账务处理：

（2）7 月 5 日，账务处理：

7 月 20 日，账务处理：

（3）7 月 6 日，账务处理：

（4）7 月 8 日，账务处理：

（5）7 月 10 日,账务处理:

（6）7 月 15 日,账务处理:

（7）7 月 20 日,账务处理:

（8）7 月 21 日,账务处理:

（9）7 月 23 日,账务处理:

（10）7 月 25 日,账务处理:

三、智能申报

填表说明。

1.《增值税及附加税费申报表附列资料(一)》(本期销售情况明细表)

(1) 第1行,适用13%税率的货物及加工修理修配劳务:

(2) 第1列,开具增值税专用发票销售额为(　　　　　　);

(3) 第2列,销项税额为(　　　　　　);

(4) 第3列,开具其他发票销售额为(　　　　　　);

(5) 第4列,销项税额为(　　　　　　);

(6) 第5列,未开具发票销售额为(　　　　　　);

(7) 第6列,销项税额为(　　　　　　)。

(8) 第5行,适用6%税率:

(9) 第3列,开具其他发票销售额为(　　　　　　);

(10) 第4列,销项税额为(　　　　　　);

(11) 第5列,未开具发票销售额为(　　　　　　);

(12) 第6列,销项税额为(　　　　　　);

(13) 第12列,服务、不动产和无形资产扣除项目本期实际扣除金额为(　　　　　　),引自《增值税及附加税费申报表附列资料(三)》(服务、不动产和无形资产扣除项目明细);

(14) 第11行,适用3%征收率的货物及加工修理修配劳务:

(15) 第3列,开具其他发票销售额为(　　　　　　);

(16) 第4列,应纳税额为(　　　　　　)。

盛大公司本期销售情况明细表如表1-14所示。

2.《增值税及附加税费申报表附列资料(三)》(服务、不动产和无形资产扣除项目明细)

(1) 第3行,适用6%税率的项目(不含金融商品转让):

(2) 第1列,本期服务、不动产和无形资产价税合计额(免税销售额)为(　　　　　　);

(3) 第3列,服务、不动产和无形资产扣除项目——本期发生额为(　　　　　　);

(4) 第4行,适用6%税率的金融商品转让项目:

(5) 第1列,本期服务、不动产和无形资产价税合计额(免税销售额)为(　　　　　　);

(6) 第3列,服务、不动产和无形资产扣除项目——本期发生额为(　　　　　　)。

盛大公司服务、不动产和无形资产扣除项目明细表如表1-15所示。

3.《增值税及附加税费申报表附列资料(四)》(税额抵减情况表)

(1) 第1行,增值税税控系统专用设备费及技术维护费:

(2) 第2列,本期发生额为(　　　　　　)。

盛大公司税额抵减情况表如表1-16所示。

4.《增值税减免税申报明细表》

(1) 第2栏次,增值税税控系统专用设备和技术维护费用抵减增值税税额:

(2) 第2行,本期发生额为(　　　　　　),引自《增值税及附加税费申报表附列资

料(四)》(税额抵减情况表);

(3) 第3栏次,已使用固定资产减征增值税:

(4) 第2行,本期发生额为( ),引自《增值税及附加税费申报表附列资料(一)》(本期销售情况明细)。

盛大公司增值税减免税申报明细表如表1-17所示。

5.《增值税及附加税费申报表附列资料(二)》(本期进项税额明细)

(1) 第2栏次,本期认证相符且本期申报抵扣的增值税专用发票:份数为( ),金额为( ),税额为( );

(2) 第5栏次,农产品收购发票或者销售发票:份数为( ),金额为( ),税额为( );

(3) 第8a栏次,加计扣除农产品进项税额:税额为( );

(4) 第8b栏次,其他扣税凭证——其他:份数为( ),金额为( ),税额为( );

(5) 第16栏次,本期进项税额转出额——非正常损失,税额为( )。

盛大公司本期进项税额明细表如表1-18所示。

6.《增值税及附加税费申报表》(一般纳税人适用)

(1) 第1栏次,(一)按适用税率计税销售额为( ),引自附列资料一;

(2) 第2栏次,其中:应税货物销售额为( ),引自附列资料一;

(3) 第5栏次,(二)按简易办法计税销售额为( ),引自附列资料一;

(4) 第11栏次,销项税额为( ),引自附列资料一;

(5) 第12栏次,进项税额为( ),引自附列资料二;

(6) 第14栏次,进项税额转出为( ),引自附列资料二;

(7) 第21栏次,简易计税办法计算的应纳税额为( ),引自附列资料一;

(8) 第23栏次,应纳税额减征额为( ),引自增值税减免税申报明细表;

(9) 第39—41栏次,引自增值税及附加税费申报表附列资料(五)(附加税费情况表);

(10) 第39栏次,城市维护建设税本期应补(退)税额为( );

(11) 第40栏次,教育费附加本期应补(退)费额为( );

(12) 第41栏次,地方教育附加本期应补(退)费额为( )。

盛大公司增值税及附加税费申报表(一般纳税人适用)如表1-19所示。

7.《增值税及附加税费申报表附列资料(五)》(附加税费情况表)

第1列,第1行=第2行=第3行=( ),引自《增值税及附加税费申报表》(一般纳税人适用)。

盛大公司附加税费情况表如表1-20所示。

表 1-14　增值税及附加税费申报表附列资料（一）

（本期销售情况明细表）

税款所属时间：　年　月　日至　年　月　日

纳税人名称：（公章）

金额单位：元（列至角分）

项目及栏次		栏次	开具增值税专用发票		开具其他发票		未开具发票		纳税检查调整		合计		价税合计	服务、不动产扣除项目本期实际扣除金额	扣除后	
			销售额	销项（应纳）税额	销售额	销项（应纳）税额	销售额	销项（应纳）税额	销售额	销项（应纳）税额	销售额	销项（应纳）税额	价税合计		含税（免税）销售额	销项（应纳）税额
			1	2	3	4	5	6	7	8	$9=1+3+5+7$	$10=2+4+6+8$	$11=9+10$	12	$13=11-12$	$14=13\div(100\%+税率或征收率)\times税率或征收率$
一、一般计税方法计税	全部征税项目	13%税率的货物及加工修理修配劳务	1												—	—	—
		13%税率的服务、不动产和无形资产	2														
		9%税率的货物及加工修理修配劳务	3												—	—	—
		9%税率的服务、不动产和无形资产	4														
		6%税率	5														
	其中：即征即退项目	即征即退货物及加工修理修配劳务	6												—	—	—
		即征即退服务、不动产和无形资产	7														
二、简易计税方法计税	全部征税项目	6%征收率	8												—	—	—
		5%征收率的货物及加工修理修配劳务	9a												—	—	—
		5%征收率的服务、不动产和无形资产	9b														
		4%征收率	10												—	—	—
		3%征收率的货物及加工修理修配劳务	11												—	—	—
		3%征收率的服务、不动产和无形资产	12														
		预征率　%	13a												—	—	—
		预征率　%	13b												—	—	—
		预征率　%	13c												—	—	—
	其中：即征即退项目	即征即退货物及加工修理修配劳务	14												—	—	—
		即征即退服务、不动产和无形资产	15														
三、免抵退税		货物及加工修理修配劳务	16		—		—		—		—		—	—	—	—	—
		服务、不动产和无形资产	17		—		—		—		—		—	—	—	—	—
四、免税		货物及加工修理修配劳务	18		—		—		—		—		—	—	—	—	—
		服务、不动产和无形资产	19		—		—		—		—		—	—	—	—	—

表 1－15 增值税及附加税费申报表附列资料（三）

（服务、不动产和无形资产扣除项目明细表）

税款所属时间：年　月　日至　年　月　日

纳税人名称：（公章）

金额单位：元（列至角分）

项目及栏次		本期服务、不动产和无形资产价税合计额（免税销售额）	服务、不动产和无形资产扣除项目				
		1	期初余额 2	本期发生额 3	本期应扣除金额 4＝2＋3	本期实际扣除金额 5（5≤1且5≤4）	期末余额 6＝4－5
13%税率的项目	1						
9%税率的项目	2						
6%税率的项目（不含金融商品转让）	3						
6%税率的金融商品转让项目	4						
5%征收率的项目	5						
3%征收率的项目	6						
免抵退税的项目	7						
免税的项目	8						

表1-16 增值税及附加税费申报表附列资料（四）

（税额抵减情况表）

税款所属时间：年 月 日至 年 月 日

纳税人名称：（公章）

金额单位：元（列至角分）

一、税额抵减情况

序号	抵减项目	期初余额 1	本期发生额 2	本期应抵减税额 3=1+2	本期实际抵减税额 4≤3	期末余额 5=3-4
1	增值税税控系统专用设备费及技术维护费					
2	分支机构预征缴纳税款					
3	建筑服务预征缴纳税款					
4	销售不动产预征缴纳税款					
5	出租不动产预征缴纳税款					

二、加计抵减情况

序号	加计抵减项目	期初余额 1	本期发生额 2	本期调减额 3	本期可抵减额 4=1+2-3	本期实际抵减额 5	期末余额 6=4-5
6	一般项目加计抵减额计算						
7	即征即退项目加计抵减额计算						
8	合计						

纳税人名称（公章）：

表 1 - 17　增值税减免税申报明细表

税款所属时间：自　　年　　月　　日至　　年　　月　　日

金额单位：元（列至角分）

一、减税项目

减税性质代码及名称	栏次	期初余额 1	本期发生额 2	本期应抵减税额 3＝1＋2	本期实际抵减税额 4≤3	期末余额 5＝3－4
	1					
合　计	2					

二、免税项目

免税性质代码及名称	栏次	免征增值税项目 销售额 1	免税销售额扣除项目 本期实际扣除金额 2	扣除后免税销售额 3＝1－2	免税销售额 对应的进项税额 4	免税额 5
合　计	7					
出口免税	8		—	—	—	—
其中：跨境服务	9		—	—	—	—
	10					
	11					

表 1 - 18 增值税及附加税费申报表附列资料(二)

(本期进项税额明细表)

税款所属时间：　年　　月　　日至　　年　　月　　日

纳税人名称：(公章)　　　　　　　　　　　　　　　　金额单位：元(列至角分)

一、申报抵扣的进项税额				
项目	栏次	份数	金额	税额
(一)认证相符的增值税专用发票	1＝2＋3			
其中：本期认证相符且本期申报抵扣	2			
前期认证相符且本期申报抵扣	3			
(二)其他扣税凭证	4＝5＋6＋7＋8a＋8b			
其中：海关进口增值税专用缴款书	5			
农产品收购发票或者销售发票	6			
代扣代缴税收缴款凭证	7		——	
加计扣除农产品进项税额	8a	——	——	
其他	8b			
(三)本期用于购建不动产的扣税凭证	9			
(四)本期用于抵扣的旅客运输服务扣税凭证	10			
(五)外贸企业进项税额抵扣证明	11	——	——	
当期申报抵扣进项税额合计	12＝1＋4＋11			
二、进项税额转出额				
项目	栏次		税额	
本期进项税额转出额	13＝14 至 23 之和			
其中：免税项目用	14			
集体福利、个人消费	15			
非正常损失	16			
简易计税方法征税项目用	17			
免抵退税办法不得抵扣的进项税额	18			

续　表

项目	栏次	税额
纳税检查调减进项税额	19	
红字专用发票信息表注明的进项税额	20	
上期留抵税额抵减欠税	21	
上期留抵税额退税	22	
异常凭证转出进项税额	23a	
其他应作进项税额转出的情形	23b	

三、待抵扣进项税额

项目	栏次	份数	金额	税额
（一）认证相符的增值税专用发票	24	—	—	—
期初已认证相符但未申报抵扣	25			
本期认证相符且本期未申报抵扣	26			
期末已认证相符但未申报抵扣	27			
其中：按照税法规定不允许抵扣	28			
（二）其他扣税凭证	29＝30 至 33 之和			
其中：海关进口增值税专用缴款书	30			
农产品收购发票或者销售发票	31			
代扣代缴税收缴款凭证	32		—	
其他	33			
	34			

四、其他

项目	栏次	份数	金额	税额
本期认证相符的增值税专用发票	35			
代扣代缴税额	36	—	—	

表 1 - 19　增值税及附加税费申报表

（一般纳税人适用）

根据国家税收法律法规及增值税相关规定制定本表。纳税人不论有无销售额，均应按税务机关核定的纳税期限填写本表，并向当地税务机关申报。

税款所属时间：自　　年　　月　　日至　　年　　月　　日　　　填表日期：　　年　　月　　日　　　金额单位：元（列至角分）

纳税人识别号（统一社会信用代码）：□□□□□□□□□□□□□□□□□□　　　所属行业：

纳税人名称：		法定代表人姓名		注册地址		生产经营地址	
开户银行及账号		登记注册类型				电话号码	

项目	栏次	一般项目		即征即退项目	
		本月数	本年累计	本月数	本年累计
销售额 （一）按适用税率计税销售额	1				
其中：应税货物销售额	2				
应税劳务销售额	3				
纳税检查调整的销售额	4				
（二）按简易办法计税销售额	5				
其中：纳税检查调整的销售额	6				
（三）免、抵、退办法出口销售额	7			—	—
（四）免税销售额	8			—	—
其中：免税货物销售额	9			—	—
免税劳务销售额	10			—	—

续 表

项目		栏次	一般项目		即征即退项目	
			本月数	本年累计	本月数	本年累计
税款计算	销项税额	11				—
	进项税额	12				—
	上期留抵税额	13		—		—
	进项税额转出	14			—	—
	免、抵、退应退税额	15			—	—
	按适用税率计算的纳税检查应补缴税额	16		—	—	—
	应抵扣税额合计	17＝12＋13＋14－15＋16		—		
	实际抵扣税额	18（如 17＜11，则为 17，否则为 11）				
	应纳税额	19＝11－18				
	期末留抵税额	20＝17－18				
	简易计税办法计算的应纳税额	21				—
	按简易计税办法计算的纳税检查应补缴税额	22				
	应纳税额减征额	23				
	应纳税额合计	24＝19＋21－23				—

续　表

项目	栏次	一般项目		即征即退项目	
		本月数	本年累计	本月数	本年累计
期初未缴税额（多缴为负数）	25				
实收出口开具专用缴款书退税额	26				—
本期已缴税额	27＝28＋29＋30＋31				
①分次预缴税额	28		—		—
②出口开具专用缴款书预缴税额	29		—		—
③本期缴纳上期应纳税额	30		—		
④本期缴纳欠缴税额	31				
期末未缴税额（多缴为负数）	32＝24＋25＋26－27				—
其中：欠缴税额（≥0）	33＝25＋26－27		—	—	—
本期应补（退）税额	34＝24－28－29	—		—	—
即征即退实际退税额	35	—			
期初未缴查补税额	36				—
本期入库查补税额	37			—	—
期末未缴查补税额	38＝16＋22＋36－37			—	—

税款缴纳

续　表

项目		栏次	一般项目		即征即退项目	
			本月数	本年累计	本月数	本年累计
附加税费	城市维护建设税本期应补（退）税额	39			—	—
	教育费附加本期应补（退）费额	40			—	—
	地方教育附加本期应补（退）费额	41			—	—

声明：此表是根据国家税收法律法规及相关规定填写的，本人（单位）对填报内容（及附带资料）的真实性、可靠性、完整性负责。

纳税人（签章）：　　　　　　　　　　　　　　　　年　　月　　日

经办人：
经办人身份证号：
代理机构签章：　　　　　　　　　　　　　　　　　受理人：
代理机构统一社会信用代码：　　　　　　　　　　　受理税务机关（章）：
　　　　　　　　　　　　　　　　　　　　　　　　受理日期：　　年　　月　　日

表 1－20 增值税及附加税费申报表附列资料（五）

（附加税费情况表）

纳税人名称：（公章）

税（费）款所属时间： 年 月 日至 年 月 日

金额单位：元（列至角分）

税（费）种		计税（费）依据			税（费）率（%）	本期应纳税（费）额	本期减免税（费）额		试点建设培育产教融合型企业		本期已缴税（费）额	本期应补（退）税（费）额
		增值税税额	增值税免抵税额	留抵退税本期扣除额			减免性质代码	减免税（费）额	减免性质代码	本期抵免金额		
		1	2	3	4	5=(1+2-3)×4	6	7	8	9	10	11=5-7-9-10
城市维护建设税	1											
教育费附加	2											
地方教育附加	3											
合计	4	—	—	—	—	5	—	6	—	7	8	9

本期是否适用试点建设培育产教融合型企业抵免政策 □是 □否

当期新增投资额		5
上期留抵可抵免金额		6
结转下期可抵免金额		7

可用于扣除的增值税留抵退税额使用情况

当期新增可用于扣除的留抵退税额		8
上期结存可用于扣除的留抵退税额		9
结转下期可用于扣除的留抵退税额		10

任务二　小规模纳税人增值税核算与智能申报

 任务描述

　　小规模纳税人不实行税款抵扣办法,应以不含税销售额乘以征收率计算应交增值税,因此,只需通过"应交税费——应交增值税"账户反映增值税会计处理。本任务主要学习小规模纳税人一般业务以及特殊业务的会计核算与纳税申报。

 知识准备

一、小规模纳税人应纳税额

　　小规模纳税人应纳税额的计算公式为:

$$应纳税额＝销售额×征收率$$

二、小规模纳税人增值税税收优惠政策

　　根据《财政部 税务总局关于明确增值税小规模纳税人减免增值税等政策的公告》(2023 年第 1 号)(以下简称 1 号公告)的规定,增值税小规模纳税人(以下简称小规模纳税人)发生增值税应税销售行为,合计月销售额未超过 10 万元(以 1 个季度为 1 个纳税期的,季度销售额未超过 30 万元,下同)的,免征增值税。

　　2023 年 8 月 1 日,为进一步支持小微企业和个体工商户发展,财政部、税务总局延续了 1 号公告中的小规模纳税人减免政策,继续对月销售额 10 万元以下(含本数)的增值税小规模纳税人,免征增值税。增值税小规模纳税人适用 3% 征收率的应税销售收入,减按 1% 征收率征收增值税;适用 3% 预征率的预缴增值税项目,减按 1% 预征率预缴增值税。公告执行至 2027 年 12 月 31 日。

三、小规模纳税人增值税纳税申报

　　自 2021 年 8 月 1 日起,增值税与城建税、教育费附加、地方教育附加申报表整合为增值税及附加税费申报表。小规模纳税人适用的增值税及附加税费申报表由 1 张主表、2 张附表和 1 张减免税申报明细表组成。

　　具体如下:

国家税务总局关于增值税小规模纳税人减免增值税等政策有关征管事项的公告(国家税务总局公告 2023 年第 1 号)

（1）主表：《增值税及附加税费申报表（小规模纳税人适用）》，以下简称小规模主表。

（2）附表1：《增值税及附加税费申报表（小规模纳税人适用）附列资料（一）》（服务、不动产和无形资产扣除项目明细），以下简称小规模本期扣除项目明细表。

（3）附表2：《增值税及附加税费申报表（小规模纳税人适用）附列资料（二）》（附加税费情况表），以下简称小规模附加税费情况表。

（4）《增值税减免税申报明细表》，以下简称小规模本期减免税申报明细表。

 **任务实施**

【例1-12】小规模纳税人一般业务

江苏合力文印广告服务有限公司系增值税小规模纳税人（以下简称合力公司，纳税人识别号：91320311MA1MP3H11L）。2024年7月合力公司发生如下业务：

（1）7月1日，从某小规模纳税人手中采购打印纸一批，取得3%征收率的增值税专用发票1张，注明价款30 000元，以银行存款支付。

（2）7月3日，购入不需要安装的设备一台，取得增值税普通发票，价税合计金额50 000元，货款尚未支付。

（3）7月5日，提供广告服务，收取服务款154 500元，开具3%征收率的增值税专用发票1张，款项已收到。

（4）7月6日，销售一批打印纸，收取货款10 300元，开具3%征收率的增值税专用发票1张，款项已收到。

要求：请根据以上业务描述，核算相关业务的增值税应纳税额，进行账务处理，并填写小规模主表。

一、业务分析及税款计算

本月没有销售不动产的情况，且其月销售额＝150 000＋10 000＝160 000（元）＞100 000（元），因此不符合免税政策。具体业务分析及税款计算如下：

（1）7月1日，小规模纳税人不实行税款抵扣制，采购时取得增值税专用发票，应按发票注明的税额计入采购成本。

增值税专用发票注明价款30 000元，税额＝30 000×3%＝900（元），发票价税合计金额30 000＋900＝30 900（元），打印纸成本30 900元。

（2）7月3日，小规模纳税人不实行税款抵扣制，采购时取得增值税普通发票，应按发票注明的价款全额计入采购成本。

增值税普通发票注明价款50 000元，发票价税合计金额为50 000元，设备成本50 000元。

（3）7月5日，小规模纳税人提供广告服务，增值税征收率3%，对应销售额属于服务、不动产和无形资产应征增值税不含税销售额（3%征收率）。

增值税专用发票不含税销售额＝154 500÷（1＋3%）＝150 000（元），应纳税税额＝

150 000×3％＝4 500(元)。

(4) 7月6日,小规模纳税人销售货物,增值税征收率3％,对应销售额属于货物及劳务应征增值税不含税销售额(3％征收率)。

增值税普通发票不含税销售额＝10 300÷(1＋3％)＝10 000(元),应纳税税额＝10 000×3％＝300(元)。

二、会计核算

(1) 7月1日,账务处理:

借:原材料	30 900
贷:银行存款	30 900

(2) 7月3日,账务处理:

借:固定资产	50 000
贷:应付账款	50 000

(3) 7月5日,账务处理:

借:银行存款	154 500
贷:主营业务收入	150 000
应交税费——应交增值税	4 500

(4) 7月6日,账务处理:

借:银行存款	10 300
贷:其他业务收入	10 000
应交税费——应交增值税	300

三、智能申报

(一) 电子税务局操作

(1) 登录进入申报界面。以国家税务总局江苏省电子税务局为例,操作人员进入国家税务总局江苏省电子税务局网站(https://etax.jiangsu.chinatax.gov.cn/sso/login),点击【登录】按钮,选择企业采取【企业业务办理】,在账号、CA、电子证照、移动端扫码登录中选择登录方式;登录后,点击【我要办税】—【税费申报及缴纳】,进入【增值税及附加税(费)申报】界面,如图1-3所示。

(2) 点击【纳税申报】—【增值税及附加税费申报表】进入报表填写界面,如图1-4所示。

(二) 申报表填列

填表说明。

(1) 第3栏次,本期货物及劳务,其他增值税发票不含税销售额为10 000元;

(2) 第1栏次,本期货物及劳务,应征增值税不含税销售额(3％征收率)为10 000元;

(3) 第2栏次,本期服务、不动产和无形资产,增值税专用发票注明不含税销售额为150 000元;

(4) 第1栏次,本期服务、不动产和无形资产,应征增值税不含税销售额(3％征收

图1-3 税费申报界面

图1-4 增值税及附加税费申报界面

率)为150 000元;

(5)第15栏次,本期货物及劳务,本期应纳税税额为300元;

(6)第15栏次,本期服务、不动产和无形资产,本期应纳税税额为4 500元。

合力公司小规模主表如表1-21所示。

表 1‑21　增值税及附加税费申报表

（小规模纳税人适用）

（小规模主表）

纳税人识别号（统一社会信用代码）：91320311MA1MP3H11L

纳税人名称：江苏合力文印广告服务有限公司　　　　　　　金额单位：元（列至角分）

税款所属期：2024 年 7 月 1 日至 2024 年 7 月 31 日　　　　填表日期：　　年　　月　　日

项目		栏次	本期数		本年累计	
			货物及劳务	服务、不动产和无形资产	货物及劳务	服务、不动产和无形资产
一、计税依据	（一）应征增值税不含税销售额（3％征收率）	1	10 000.00	150 000.00		
	增值税专用发票不含税销售额	2		150 000.00		
	其他增值税发票不含税销售额	3	10 000.00			
	（二）应征增值税不含税销售额（5％征收率）	4	—	—		
	增值税专用发票不含税销售额	5				
	其他增值税发票不含税销售额	6	—	—		
	（三）销售使用过的固定资产不含税销售额	7(7≥8)		—		—
	其中：其他增值税发票不含税销售额	8		—		—
	（四）免税销售额	9＝10＋11＋12				
	其中：小微企业免税销售额	10				
	未达起征点销售额	11				
	其他免税销售额	12				
	（五）出口免税销售额	13(13≥14)				
	其中：其他增值税发票不含税销售额	14				

续　表

项目	栏次	本期数		本年累计	
		货物及劳务	服务、不动产和无形资产	货物及劳务	服务、不动产和无形资产
二、税款计算 本期应纳税额	15	300.00	4 500.00		
本期应纳税额减征额	16				
本期免税额	17				
其中：小微企业免税额	18				
未达起征点免税额	19				
应纳税额合计	20＝15－16	300.00	4 500.00		
本期预缴税额	21			—	—
本期应补(退)税额	22＝20－21	300.00	4 500.00	—	—
三、附加税费 城市维护建设税本期应补(退)税额	23				
教育费附加本期应补(退)费额	24				
地方教育附加本期应补(退)费额	25				

声明：此表是根据国家税收法律法规及相关规定填写的,本人(单位)对填报内容(及附带资料)的真实性、可靠性、完整性负责。

纳税人(签章)：　　　　　年　月　日

经办人： 经办人身份证号： 代理机构签章： 代理机构统一社会信用代码：	受理人： 受理税务机关(章)： 受理日期：　　　年　月　日

 **任务实施**

【任务 1－13】小规模纳税人特殊业务

江苏汇景旅行服务有限公司系增值税小规模纳税人(以下简称汇景公司,纳税人识别号：91320311MA1MP3H36J)。2024 年 7 月汇景公司发生如下业务：

(1) 7 月 6 日,提供旅游服务,取得含税收入 43 260 元,全额开具 3% 征收率的增值税普通发票 1 张。其中,门票费、住宿餐饮、交通费支出共计 11 330 元,取得增值税普通发票。

（2）7月9日,出租店铺,取得含税租金收入6 300元,开具5%征收率增值税的普通发票1张。

（3）7月23日,支付税控专用设备技术维护费280元,取得增值税普通发票。

要求：请根据以上业务描述,核算相应的增值税应纳税额,进行账务处理,并填写小规模本期扣除项目明细表和小规模本期减免税申报明细表。

一、业务分析及税款计算

任务实施
详解1-13

本月没有销售不动产的情况,且其月销售额＝（　　　　　）,符合免税政策。具体业务分析及税款计算如下：

（1）7月6日,旅游服务在计算增值税销售额时,以取得的全部价款和价外费用,扣除向旅游服务购买方收取并支付给其他单位或者个人的住宿费、餐饮费、交通费、签证费、门票费和支付给其他接团旅游企业的旅游费用后的余额为销售额。

应税行为（3%征收率）计税销售额＝（　　　　　）

应纳增值税税额＝（　　　　　　　　　）

（2）7月9日,小规模纳税人出租不动产（非住房）,按照5%的征收率计算应纳税税额。

开具的普通发票不含税销售额（5%征收率）＝（　　　　　）

应纳税税额＝（　　　　　　　　　）

（3）7月23日,增值税税控系统专用设备技术维护费价税合计金额＝（　　　　）。

应纳税额减征额＝（　　　　　　）

二、会计核算

（1）7月6日,账务处理：

（2）7月9日,账务处理：

（3）7月23日,账务处理:

（4）减免税政策适用,账务处理:

三、智能申报

填表说明。

1.《增值税及附加税费申报表(小规模纳税人适用)附列资料(一)》(服务、不动产和无形资产扣除项目明细表)

（1）第2栏次,应税行为(3％征收率)扣除额计算,本期发生额为(　　　　　),取自旅游服务扣除额;

（2）第5栏次,应税行为(3％征收率)计税销售额计算为(　　　　　),取自旅游服务销售额;

（3）第13栏次,应税行为(5％征收率)计税销售额计算为(　　　　　),取自出租不动产销售额。

汇景公司小规模本期扣除项目明细表如表1－22所示。

2.《增值税减免税申报明细表》

（1）第2栏次,增值税税控系统专用设备和技术维护费用抵减增值税税额:

（2）第2列,本期发生额为(　　　　　),取自增值税税控系统专用设备技术维护费价税合计金额。

汇景公司小规模本期减免税申报明细表如表1－23所示。

表 1–22 增值税及附加税费申报表(小规模纳税人适用)附列资料(一)

(服务、不动产和无形资产扣除项目明细表)

税款所属期: 年 月 日至 年 月 日 填表日期: 年 月 日

纳税人名称(公章): 金额单位:元(列至角分)

应税行为(3%征收率)扣除额计算			
期初余额	本期发生额	本期扣除额	期末余额
1	2	3(3≤1+2之和,且3≤5)	4=1+2-3

应税行为(3%征收率)计税销售额计算			
全部含税收入(适用3%征收率)	本期扣除额	含税销售额	不含税销售额
5	6=3	7=5-6	8=7÷1.03

应税行为(5%征收率)扣除额计算			
期初余额	本期发生额	本期扣除额	期末余额
9	10	11(11≤9+10之和,且11≤13)	12=9+10-11

应税行为(5%征收率)计税销售额计算			
全部含税收入(适用5%征收率)	本期扣除额	含税销售额	不含税销售额
13	14=11	15=13-14	16=15÷1.05

表 1–23 增值税减免税申报明细表

税款所属时间:自 年 月 日至 年 月 日

纳税人名称(公章): 金额单位:元(列至角分)

一、减税项目						
减税性质代码及名称	栏次	期初余额	本期发生额	本期应抵减税额	本期实际抵减税额	期末余额
		1	2	3=1+2	4≤3	5=3-4
合计	1					
	2					
	3					

续　表

二、免税项目					
免税性质代码及名称	栏次	免征增值税项目销售额	免税销售额扣除项目本期实际扣除金额	扣除后免税销售额	免税销售额对应的进项税额	免税额
		1	2	3=1-2	4	5
合　计	7					
出口免税	8		—	—	—	
其中：跨境服务	9			—	—	
	10				—	
	11				—	
	12				—	

任务实施

【任务1-14】综合案例

江苏乐游旅行服务有限公司系增值税小规模纳税人(以下简称乐游公司,纳税人识别号：91320311MA1KP3L59Y)。2024年7月乐游公司发生如下业务：

(1)7月1日,提供旅游服务,取得含税收入15 000元,全额开具3%征收率增值税普通发票。其中门票费、住宿餐饮、交通费支出共计9 747元,取得增值税普通发票。

(2)7月3日,提供旅客运输服务,取得不含税收入50 000元,开具3%征收率的增值税专用发票1张。

(3)7月5日,出租店铺,取得含税租金收入31 500万元,开具5%征收率的增值税专用发票1张。

(4)7月6日,购进矿泉水120箱,取得增值税专用发票,注明金额为20 000元,增值税税额600元。

(5)7月19日,销售矿泉水60箱,每箱不含税售价200元,开具3%征收率的增值税专用发票1张。

(6)7月28日,支付税控专用设备技术维护费280元,取得增值税普通发票。

以上业务款项均已结算,假定城建税、教育费附加、地方教育附加适用的税率分别为7%、3%、2%。

要求：请根据以上业务描述,核算相应的增值税应纳税额,进行账务处理,并填写小规模主表及其附列资料。

任务实施
详解 1- 14

一、业务分析及税款计算

本月没有销售不动产的情况,且其月销售额=(　　　　　　　),符合免税政策。但是其中出租店铺开具增值税专用发票,承租人取得增值税专用发票可以抵扣,所以乐游公司需要缴纳这一部分的增值税。具体业务分析及税款计算如下:

(1) 7月1日,旅游服务在计算增值税销售额时,以取得的全部价款和价外费用,扣除向旅游服务购买方收取并支付给其他单位或者个人的住宿费、餐饮费、交通费、签证费、门票费和支付给其他接团旅游企业的旅游费用后的余额为销售额。

免税销售额=(　　　　　　)

免税额=(　　　　　　)

(2) 7月3日,小规模纳税人提供交通运输服务,开具1%征收率增值税专用发票。

免税额=(　　　　　　)

(3) 7月5日,小规模纳税人出租不动产(非住房),按照5%的征收率计算应纳税额。

开具的专用发票不含税销售额(5%征收率)=(　　　　　　　)

应纳税额=(　　　　　　　　　)

(4) 7月6日,增值税普通发票注明价款(　　　　　　)。

增值税税额=(　　　　　　)

发票价税合计金额=(　　　　　　)

小规模纳税人,不实行税款抵扣制,采购时取得增值税普通发票上注明价款,应当全额计入采购成本。

(5) 7月19日,小规模纳税人销售货物,开具1%征收率增值税专用发票。

免税额=(　　　　　　)

(6) 7月28日,增值税税控系统专用设备技术维护费价税合计金额=(　　　　　　)。

应纳税额减征额=(　　　　　　　　　　)。

二、会计核算

(1) 7月1日,账务处理:

(2) 7月3日,账务处理:

（3）7月5日，账务处理：

（4）7月6日，账务处理：

（5）7月19日，账务处理：

（6）7月28日，账务处理：

（7）减免税政策适用，账务处理：

三、智能申报

填表说明。

1.《增值税及附加税费申报表(小规模纳税人适用)附列资料(一)》(服务、不动产和无形资产扣除项目明细)

(1)第2栏次,应税行为(3%征收率)扣除额计算,本期发生额为(　　　　　　),取自旅游服务扣除额;

(2)第5栏次,应税行为(3%征收率)计税销售额计算为(　　　　　　),取自旅游服务销售额;

(3)第13栏次,应税行为(5%征收率)计税销售额计算,全部含税收入(适用5%征收率)为(　　　　　),取自出租不动产含税销售额。

汇景公司服务、不动产和无形资产扣除项目明细表如表1-24所示。

2.《增值税减免税申报明细表》

(1)第2栏次,增值税税控系统专用设备和技术维护费用抵减增值税税额;

(2)第2列,本期发生额为(　　　　　),取自增值税税控系统专用设备技术维护费价税合计金额。

汇景公司增值税减免税申报明细表如表1-25所示。

3.《增值税及附加税费申报表》(小规模纳税人适用)

(1)第5栏次,本期服务、不动产和无形资产列,增值税专用发票不含税销售额为(　　　　　),取自出租不动产不含税销售额;

(2)第10栏次,本期服务、不动产和无形资产列,小微企业免税销售额为(　　　　　),取自旅游服务扣除本期准予扣除项目后销售额和提供旅客运输服务销售额;

(3)第10栏次,本期货物及劳务列,小微企业免税销售额为(　　　　　),取自销售矿泉水销售额;

(4)第15栏次,本期服务、不动产和无形资产列,应纳税额为(　　　　　);

(5)第16栏次,本期服务、不动产和无形资产列,本期应纳税额减征额=(　　　　　),取自小规模本期减免税申报明细表;

(6)第18栏次,本期货物及劳务列,小微企业免税额为(　　　　　);

(7)第18栏次,本期服务、不动产和无形资产列,小微企业免税额为(　　　　　);

(8)第23—25栏次,引自《小规模附加税费情况表》;

(9)第23栏次,城市维护建设税本期应补(退)税额为(　　　　　);

(10)第24栏次,教育费附加本期应补(退)费额为(　　　　　);

(11)第25栏次,地方教育附加本期应补(退)费额为(　　　　　)。

汇景公司小规模主表如表1-26所示。

4.《增值税及附加税费申报表(小规模纳税人适用)附列资料(二)》(附加税费情况表)

第1列,第1行=第2行=第3行=(　　　　　),引自小规模主表。

汇景公司小规模附加税费情况表如表1-27所示。

表 1‐24　增值税及附加税费申报表(小规模纳税人适用)附列资料(一)

(服务、不动产和无形资产扣除项目明细表)

税款所属期：　年　月　日至　年　月　日　　　　填表日期：　年　月　日

纳税人名称(公章)：　　　　　　　　　　　　　　　　金额单位:元(列至角分)

应税行为(3%征收率)扣除额计算			
期初余额	本期发生额	本期扣除额	期末余额
1	2	3(3≤1+2 之和,且 3≤5)	4=1+2-3
应税行为(3%征收率)计税销售额计算			
全部含税收入(适用 3%征收率)	本期扣除额	含税销售额	不含税销售额
5	6=3	7=5-6	8=7÷1.03
应税行为(5%征收率)扣除额计算			
期初余额	本期发生额	本期扣除额	期末余额
9	10	11(11≤9+10 之和,且 11≤13)	12=9+10-11
应税行为(5%征收率)计税销售额计算			
全部含税收入(适用 5%征收率)	本期扣除额	含税销售额	不含税销售额
13	14=11	15=13-14	16=15÷1.05

表 1‐25　增值税减免税申报明细表

税款所属时间：自　年　月　日至　年　月　日

纳税人名称(公章)：　　　　　　　　　　　　　　　　金额单位:元(列至角分)

一、减税项目						
减税性质代码及名称	栏次	期初余额	本期发生额	本期应抵减税额	本期实际抵减税额	期末余额
		1	2	3=1+2	4≤3	5=3-4
合计	1					
	2					
	3					

二、免税项目						
免税性质代码及名称	栏次	免征增值税项目销售额	免税销售额扣除项目本期实际扣除金额	扣除后免税销售额	免税销售额对应的进项税额	免税额
		1	2	3＝1－2	4	5
合计	7					
出口免税	8		—	—	—	
其中：跨境服务	9		—	—	—	
	10					
	11					

表 1–26　增值税及附加税费申报表

（小规模纳税人适用）

（小规模主表）

纳税人识别号（统一社会信用代码）：□□□□□□□□□□□□□□□□□□□□

纳税人名称：　　　　　　　　　　　　　　　　　金额单位：元（列至角分）

税款所属期：　　年　　月　　日至　　年　　月　　日　　　　填表日期：　　年　　月　　日

	项目	栏次	本期数		本年累计	
			货物及劳务	服务、不动产和无形资产	货物及劳务	服务、不动产和无形资产
一、计税依据	（一）应征增值税不含税销售额（3％征收率）	1				
	增值税专用发票不含税销售额	2				
	其他增值税发票不含税销售额	3				
	（二）应征增值税不含税销售额（5％征收率）	4		—		—
	增值税专用发票不含税销售额	5		—		—
	其他增值税发票不含税销售额	6		—		—
	（三）销售使用过的固定资产不含税销售额	7(7≥8)		—		—

续　表

项目	栏次	本期数		本年累计	
		货物及劳务	服务、不动产和无形资产	货物及劳务	服务、不动产和无形资产
一、计税依据 其中：其他增值税发票不含税销售额	8		—		—
（四）免税销售额	9＝10＋11＋12				
其中：小微企业免税销售额	10				
未达起征点销售额	11				
其他免税销售额	12				
（五）出口免税销售额	13（13≥14）				
其中：其他增值税发票不含税销售额	14				
二、税款计算 本期应纳税额	15				
本期应纳税额减征额	16				
本期免税额	17				
其中：小微企业免税额	18				
未达起征点免税额	19				
应纳税额合计	20＝15－16				
本期预缴税额	21			—	—
本期应补（退）税额	22＝20－21			—	—
三、附加税费 城市维护建设税本期应补（退）税额	23				
教育费附加本期应补（退）费额	24				
地方教育附加本期应补（退）费额	25				

声明：此表是根据国家税收法律法规及相关规定填写的，本人（单位）对填报内容（及附带资料）的真实性、可靠性、完整性负责。

纳税人（签章）：　　　　　年　月　日

经办人：
经办人身份证号：
代理机构签章：
代理机构统一社会信用代码：

受理人：
受理税务机关（章）：
受理日期：　　　年　月　日

表 1–27　增值税及附加税费申报表(小规模纳税人适用)附列资料(二)

(小规模附加税费情况表)

税(费)款所属时间：　　年　月　日至　　年　月　日

纳税人名称：(公章)　　　　　　　　　　　　　　　　　　金额单位：元(列至角分)

税(费)种	计税(费)依据	税(费)率	本期应纳税(费)额	本期减免税(费)额		增值税小规模纳税人"六税两费"减征政策		本期已缴税(费)额	本期应补(退)税(费)额
	增值税税额			减免性质代码	减免税(费)额	减征比例	减征额		
	1	2	3=1×2	4	5	6	7=(3-5)×6	8	9=3-5-7-8
城市维护建设税									
教育费附加									
地方教育附加									
合计	—	—					—		

 【税惠为民】

温暖创业路

　　近年来,国家出台系列税费优惠政策,助力创业就业。各地税务部门认真落实相关优惠政策,推出服务举措精准辅导重点群体,持续激发创业活力和创新动力。

　　创业前期需要投入的资金较多,根据政策规定:月销售额 10 万元以下的增值税小规模纳税人免征增值税。对于诸多创业者来说,压力小了,信心也就来了。

　　重点群体创业者还可以享受更多的增值税税收优惠政策。

　　(一)重点群体创业税费减免政策

　　自 2023 年 1 月 1 日至 2027 年 12 月 31 日,脱贫人口(含防止返贫监测对象)、持《就业创业证》(注明"自主创业税收政策"或"毕业年度内自主创业税收政策")或《就业失业登记证》(注明"自主创业税收政策")的人员,从事个体经营的,自办理个体工商户登记当月起,在 3 年(36 个月)内按每户每年 20 000 元为限额依次扣减其当年实际应缴纳的增值税、城建税、教育费附加、地方教育附加和个人所得税。限额标准最高可上浮 20%,各省、自治区、直辖市人民政府可根据本地区实际情况在此幅度内确定具体限额标准。

　　(二)退役士兵创业税费减免政策

　　自 2023 年 1 月 1 日至 2027 年 12 月 31 日,自主就业退役士兵从事个体经营的,自办理个体工商户登记当月起,在3年(36个月)内按每户每年20 000元为限额依次扣减其当年实际应缴纳的增值税、城建税、教育费附加、地方教育附加和个人所得税。限额标准最高可上浮20%,各省、自治区、直辖市人民政府可根据本地区实际情况在此幅度内确定具体限额标准。

（三）随军家属创业免征增值税政策

随军家属从事个体经营的,自办理税务登记事项之日起,其提供的应税服务3年内免征增值税。

（四）军队转业干部创业免征增值税政策

从事个体经营的军队转业干部,自领取税务登记证之日起,其提供的应税服务3年内免征增值税。

（五）残疾人创业免征增值税政策

残疾人个人提供的加工、修理修配劳务,为社会提供的应税服务,免征增值税。

政策的实施离不开税务部门的辅导与服务,各地方税务局持续优化服务举措,精准对接返乡创业人才涉税诉求,努力打破企业与创业就业者的政策壁垒,温暖创业就业者的创业之路。

资料来源:国家税务总局。

项目二
消费税核算与智能申报

 知识目标

1. 理解生产销售应税消费品消费税的会计核算。
2. 理解委托加工应税消费品的会计核算。
3. 掌握消费税及附加税费申报表的填写与申报。

 能力目标

1. 能够根据经济业务进行相应的会计核算和账务处理。
2. 能够正确填写消费税及附加税费申报表。

 素养目标

1. 帮助学生树立正确的消费观、价值观,培养依法纳税的法律意识。
2. 提升学生数字化工作能力,帮助学生养成全面系统的思维习惯和谨慎细致的工作态度。
3. 提升学生全面业财税融合的能力,增强风险防控的意识。

任务 一 生产环节消费税核算与智能申报

任务描述

消费税仅在特定环节征收,其中生产环节、委托加工环节、进口环节为消费税征收的基本环节。纳税人生产应税消费品后,既可以用于直接对外销售,也可以自产自用。本任务主要讲解企业在生产环节的消费税会计核算与智慧申报。

知识准备

一、消费税应纳税额

消费税是对在中华人民共和国境内生产、委托加工和进口特定应税消费品的单位和个人征收的一种流转税。

消费税实行从价定率、从量定额,或者从价定率和从量定额复合计税(以下简称复合计税)的办法计算应纳税额,如表2-1所示。

表2-1 消费税应纳税额计算

计税方法	计算公式
从量定额计征	应纳税额=销售数量×定额税率
复合计征 (从价定率+从量定额)	应纳税额=销售额×比例税率+销售数量×定额税率
从价定率计征	应纳税额=销售额×比例税率

二、消费税会计账户

纳税人在核算消费税时,应在"应交税费"账户下设置"应交消费税"明细账户,用以核算消费税额的计提和缴纳。企业计提应缴纳的消费税额时,记入该账户贷方;缴纳消费税额或发生待抵扣消费税额时,记入该账户借方;该账户期末余额在贷方,表示尚未缴纳的消费税额。

企业发生待抵扣消费税时,可以设置"待抵扣税金"账户反映其发生和抵扣过程。

三、消费税纳税申报

自 2021 年 8 月 1 日起,消费税与城市维护建设税、教育费附加、地方教育附加申报表整合为《消费税及附加税费申报表》,包括主表 1 张,附表 7 张。具体如下:

(1)《消费税及附加税费申报表》(主表)。

(2) 附表 1-1《本期准予扣除税额计算表》。

(3) 附表 1-2《本期准予扣除税额计算表(成品油消费税纳税人适用)》。

(4) 附表 2《本期减(免)税额明细表》。

(5) 附表 3《本期委托加工收回情况报告表》。

(6) 附表 4《卷烟批发企业月份销售明细清单(卷烟批发环节消费税纳税人适用)》。

(7) 附表 5《卷烟生产企业合作生产卷烟消费税情况报告表(卷烟生产环节消费税纳税人适用)》。

(8) 附表 6《消费税附加税费计算表》。

纳税人登记消费税征收品目信息后,系统将自动带出申报表主表中的"应税消费品名称""适用税率"等内容以及该纳税人需要填报的附表,方便纳税人填报。

 **任务实施**

【任务 2-1】一般销售

北京欧琳集团股份有限公司(以下简称欧琳公司,纳税人识别号:91320311MA1MP4Q63L)为增值税一般纳税人,主要生产销售黄酒、白酒以及葡萄酒等各种酒水。2024 年 7 月欧琳公司发生如下业务:

(1) 7 月 1 日,向甲公司销售自产黄酒 300 吨,双方签订合同,约定不含税单价 2 000 元,开具增值税专用发票,货款已结算。

(2) 7 月 11 日,向乙公司销售自产白酒 50 吨,双方签订合同,约定每吨不含税售价 190 000 元,开具增值税专用发票,另外收取品牌使用费 11 300 元,货款已结算。

(3) 7 月 19 日,向丙公司销售自产葡萄酒 10 箱,每箱 6 瓶,每瓶 500 毫升,每箱 1 140 元,开具增值税专用发票,货款已结算。

要求:请根据[任务 2-1]中的业务描述,核算相应的消费税应纳税额、进行账务处理,并填写《消费税及附加税费申报表》(主表)。

一、业务分析及税款计算

(1) 7 月 1 日,销售黄酒 300 吨,黄酒属于从量计征的应税消费品,以销售数量为计税依据,即计税依据为 300 吨,黄酒消费税税率为 240 元/吨。

应纳消费税=销售数量×定额税率=300×240=72 000(元)

(2) 7 月 11 日,销售白酒 50 吨,白酒属于符合计税的应税消费品,白酒消费税税率为 20%+0.5 元/500 克。白酒的销售量单位换算情况如下:

500 克=1 斤,1 吨=1 000 千克=2 000 斤,50 吨=50×2 000=100 000(斤)

白酒的品牌使用费属于价外费用，应该计入消费税的计税销售额。

销售额＝190 000×50＋11 300÷(1＋13％)＝9 510 000(元)

应纳消费税＝100 000×0.5＋9 510 000×20％＝100 000×0.5＋9 510 000×0.2
＝1 952 000(元)

(3) 7月19日，葡萄酒属于其他酒，税率10％。

销售量＝10×6÷2 000＝0.03(吨)

销售额＝1 140×6＝6 840(元)

应纳消费税＝6 840×10％＝684(元)

二、会计核算

(1) 7月1日，账务处理：

借：银行存款	678 000
贷：主营业务收入	600 000
应交税费——应交增值税(销项税额)	78 000
借：税金及附加	72 000
贷：应交税费——应交消费税	72 000

(2) 7月11日，账务处理：

借：银行存款	10 745 000
贷：主营业务收入	9 500 000
其他业务收入	10 000
应交税费——应交增值税(销项税额)	1 235 000
借：税金及附加	1 952 000
贷：应交税费——应交消费税	1 952 000

(3) 7月19日，账务处理：

借：银行存款	7 729
贷：主营业务收入	6 840
应交税费——应交增值税(销项税额)	889
借：税金及附加	684
贷：应交税费——应交消费税	684

三、智能申报

(一) 电子税务局操作

(1) 登录进入申报界面。以国家税务总局江苏省电子税务局为例，操作人员进入国家税务总局江苏省电子税务局网站(https://etax.jiangsu.chinatax.gov.cn/sso/login)，点击【登录】按钮，选择企业采取【企业业务办理】，在账号、CA、电子证照、移动端扫码登录中选择登录方式；登录后，点击【我要办税】—【税费申报及缴纳】，进入【消费税及附加税(费)申报】界面，如图2-1所示。

(2) 点击【纳税申报】—【消费税及附加税费申报表】进入报表填写界面，如图2-2所示。

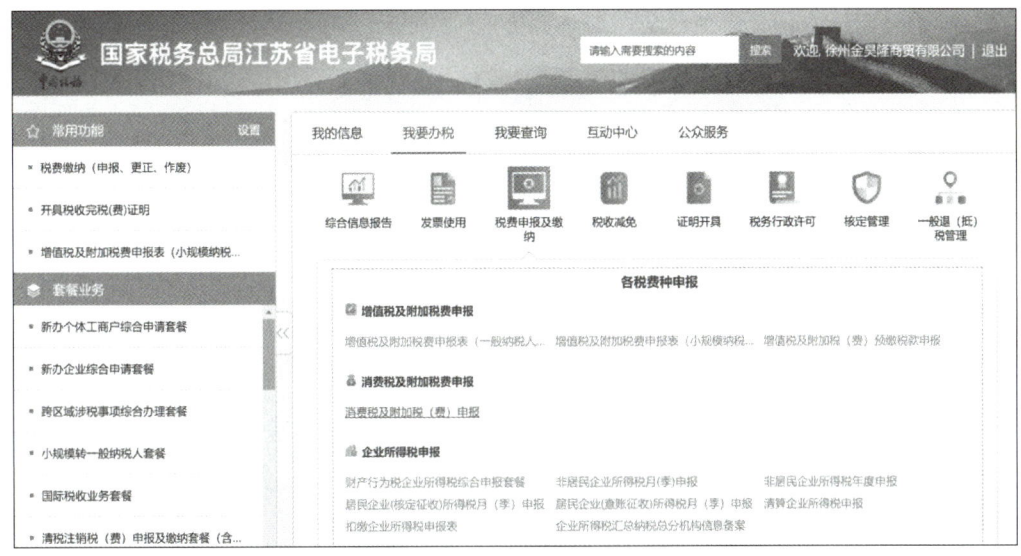

图 2‑1　税费申报界面

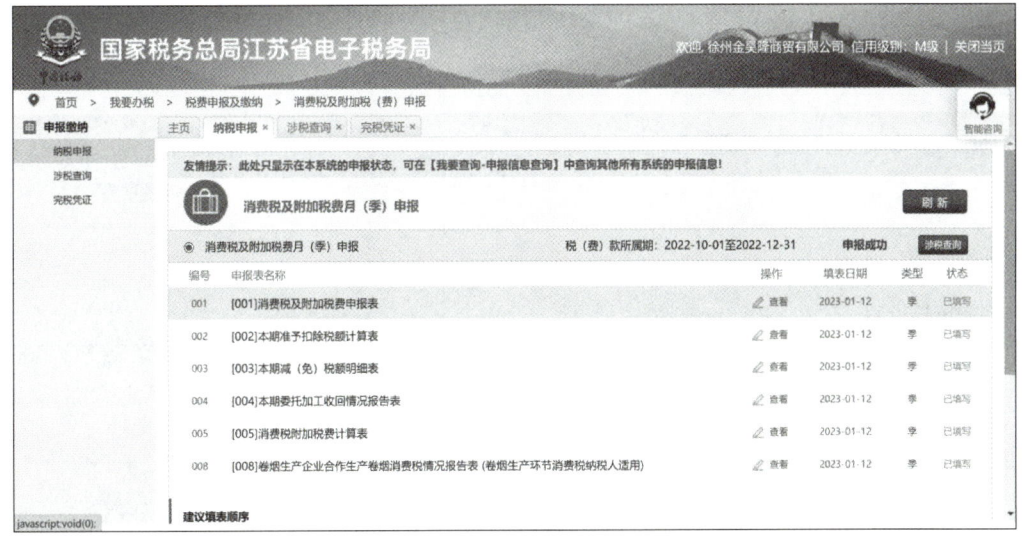

图 2‑2　消费税纳税申报

（二）申报表填列

填表说明：

（1）第 1 行，黄酒的定额税率为 240 元/吨，计税单位为吨，本期销售数量为 300 吨，本期销售额为 600 000 元。

（2）第 2 行，白酒的定额税率为 0.5 元/500 克（毫升），比例税率为 20%，计量单位为克（毫升），本期销售数量为 100 000 斤，销售额为 9 510 000 元。

（3）第 3 行，葡萄酒的比例税率为 10%，计量单位为吨，本期销售数量为 0.03 吨，销售额为 6 840 元。

（4）第 14 栏次，本期应补（退）税额为 2 024 684 元。

欧琳公司消费税及附加税费申报表如表 2－2 所示。

表 2－2 消费税及附加税费申报表

税款所属期：自 2024 年 07 月 01 日至 2024 年 07 月 30 日
纳税人识别号（统一社会信用代码）：91320311MA1MP4Q63L
纳税人名称：北京欧琳集团股份有限公司　　　　　　　　　　金额单位：人民币元（列至角分）

项目／应税消费品名称	适用税率		计量单位	本期销售数量	本期销售额	本期应纳税额
	定额税率	比例税率				
	1	2	3	4	5	6＝1×4＋2×5
黄酒	240 元/吨		吨	300.00	600 000.00	72 000.00
白酒	0.5 元/500 克（毫升）	20%	500 克（毫升）	100 000.00	9 510 000.00	1 952 000.00
葡萄酒		10%	吨	0.03	6 840.00	864.00
合计	—	—	—	—	—	2 024 864.00

	栏次	本期税费额
本期减（免）税额	7	
期初留抵税额	8	
本期准予扣除税额	9	
本期应扣除税额	10＝8＋9	
本期实际扣除税额	11[10<（6—7），则为 10，否则为 6—7]	
期末留抵税额	12＝10—11	
本期预缴税额	13	
本期应补（退）税额	14＝6—7—11—13	2 024 684.00
城市维护建设税本期应补（退）税额	15	
教育费附加本期应补（退）费额	16	
地方教育附加本期应补（退）费额	17	

声明：此表是根据国家税收法律法规及相关规定填写的，本人（单位）对填报内容（及附带资料）的真实性、可靠性、完整性负责。	
	纳税人（签章）： 年 月 日
经办人： 经办人身份证号： 代理机构签章： 代理机构统一社会信用代码：	受理人： 受理税务机关（章）： 受理日期： 年 月 日

任务实施

【任务 2-2】包装物及其押金

北京景山酒业股份有限公司（以下简称景山公司，纳税人识别号：91320311MA1MP4B49S）为增值税一般纳税人。2024 年 7 月景山公司发生如下业务：

（1）7 月 5 日，销售 2 吨黄酒给甲公司，开具增值税专用发票，发票上注明的销售价款 7 000 元。另外收取包装物押金 700 元（期限 20 天），货款已收到。

（2）7 月 10 日，销售 10 箱白酒给乙公司，每箱 6 瓶，每瓶 500 毫升，开具增值税专用发票，注明金额 20 000 元，货款已收到。收取包装物押金 2 260 元（期限 15 天），货款已收到。

（3）7 月 15 日，向丙公司销售自产葡萄酒 10 箱，每箱 6 瓶，每瓶 500 毫升，每箱不含税售价 1 200 元，开具增值专用发票。收取包装物押金 1 200 元（期限 10 天），货款已收到。

（4）7 月 25 日，甲、丙公司未退回包装物，景山公司没收甲、丙两家公司的包装物押金；乙公司退回包装物，景山公司退回乙公司 2 260 元包装物押金。

要求：请根据以上业务描述，核算相应的消费税应纳税额、进行账务处理，并填写《消费税及附加税费申报表》（主表）。

一、业务分析及税款计算

（1）7 月 5 日，销售黄酒 2 吨，黄酒属于从量计征的应税消费品，以销售数量为计税依据，即计税依据为 2 吨，黄酒消费税税率为 240 元/吨。根据相关规定，销售啤酒、黄酒、成品油收取的包装物押金，无论是收取时还是没收时均不计征消费税。

应纳消费税＝销售数量×定额税率＝（ ）

（2）7 月 10 日，销售白酒 10 箱，销售数量＝（ ），销售额＝（ ）。

白酒消费税税率为 20%＋0.5 元/500 克，500 克＝1 斤。

应纳消费税＝（ ）

根据相关规定，销售啤酒、黄酒以外的酒类，收取的包装物押金，在收取时计入销售额计征消费税。

应纳消费税＝（ ）

任务实施
详解 2-2

083

（3）7月15日，葡萄酒属于其他酒，税率10％。

销售量＝（　　　　　　　），销售额＝（　　　　　　　）。

应纳消费税＝（　　　　　　　　　　　　　　　　　　　　）

根据相关规定，销售啤酒、黄酒以外的酒类，收取的包装物押金，在收取时计入销售额计征消费税。

应纳消费税＝（　　　　　　　　　　　　　　　　　　　　　　）

（4）7月25日，甲、丙公司未退回包装物，景山公司没收甲、丙两家公司的包装物押金；乙公司退回包装物，景山公司退回乙公司2万元包装物押金。

二、会计核算

（1）7月5日，账务处理：

（2）7月10日，账务处理：

（3）7月15日，账务处理：

（4）7 月 25 日，账务处理：

三、智能申报

填表说明。

（1）第 1 行，黄酒的定额税率为 240 元/吨，计税单位为吨，本期销售数量为（
　　　），本期销售额为（　　　　　）。

（2）第 2 行，白酒的定额税率为 0.5 元/500 克(毫升)，比例税率为 20％，计量单位
为 500 克(毫升)，本期销售数量为（　　　　　），销售额为（　　　　　）。

（3）第 3 行，葡萄酒的比例税率为 10％，计量单位为吨，本期销售数量为（　　　　　），
销售额为（　　　　　）。

（4）第 14 栏次，本期应补(退)税额为（　　　　　）。

景山公司消费税及附加税费申报表(主表)如表 2-3 所示。

表 2-3 消费税及附加税费申报表(主表)

税款所属期：自　　年　　月　　日至　　年　　月　　日

纳税人识别号(统一社会信用代码)：□□□□□□□□□□□□□□□□□□

纳税人名称：　　　　　　　　　　　　　　　　　金额单位：人民币元(列至角分)

项目 应税消费品名称	适用税率		计量单位	本期销售数量	本期销售额	本期应纳税额
	定额税率	比例税率				
	1	2	3	4	5	6=1×4+2×5
合计	—	—	—	—	—	

续　表

	栏次	本期税费额
本期减(免)税额	7	
期初留抵税额	8	
本期准予扣除税额	9	
本期应扣除税额	10＝8＋9	
本期实际扣除税额	11[10＜(6－7),则为10,否则为6－7]	
期末留抵税额	12＝10－11	
本期预缴税额	13	
本期应补(退)税额	14＝6－7－11－13	
城市维护建设税本期应补(退)税额	15	
教育费附加本期应补(退)费额	16	
地方教育附加本期应补(退)费额	17	

声明:此表是根据国家税收法律法规及相关规定填写的,本人(单位)对填报内容(及附带资料)的真实性、可靠性、完整性负责。

纳税人(签章):　　　年　月　日

经办人: 经办人身份证号: 代理机构签章: 代理机构统一社会信用代码:	受理人: 受理税务机关(章): 受理日期:　　　年　月　日

 任务实施

【任务2‑3】视同销售

南京浐水酒业股份有限公司(以下简称浐水酒业,纳税人识别号:91320311MA1MP4B75W)为增值税一般纳税人。2024年7月浐水酒业发生如下业务:

(1)7月6日,以自产的500箱葡萄酒向某餐饮公司投资,每箱6瓶,每瓶500毫升。该葡萄酒本月每箱售价在1 200~1 600元浮动,当日该葡萄酒公允价为1 400元/箱。

(2)7月18日,将新研发的500斤白酒发放给职工作为福利。该白酒生产成本

170 000 元,成本利润率 10%。

　　要求:请根据以上业务描述,核算相应的消费税应纳税额、进行账务处理,并填写《消费税及附加税费申报表》(主表)。

一、业务分析及税款计算

任务实施
详解2-3

(1) 7月6日,根据相关规定,纳税人以生产的应税消费品换取生产资料和消费资料、投资入股和抵偿债务等方面,应当按照纳税人同类应税消费品的最高销售价格作为消费税计税依据。

　　泸水酒业将自产 500 箱葡萄酒用于投资,销售数量=(　　　　　　)。

　　消费税计税销售额=(　　　　　　　　　)

　　应纳消费税税额=(　　　　　　　　)

　　增值税计税依据=(　　　　　　　　)

　　增值税销项税额=(　　　　　　　　)

(2) 7月18日,根据相关规定,纳税人自产自用的应税消费品,于移送使用时纳税,用于连续生产应税消费品除外。泸水酒业将新研发的 500 斤白酒发放给职工作为福利,应当视同销售,计算缴纳消费税。纳税人新研发的产品,应当采用组成计税价格作为计税依据,计算公式如下:

　　复合计税应税消费品的组成计税价格=[成本×(1+成本利润率)+自产自用数量×定额税率]÷(1-比例税率)

　　该批白酒的组成计税价格=(　　　　　　　　　　　　)

　　应纳消费税=(　　　　　　　　　　　　)

　　增值税销项税额=(　　　　　　　　　　　　)

二、会计核算

(1) 7月6日,账务处理:

(2) 7月18日,账务处理:

三、智能申报

填表说明。

(1) 第1行,白酒的定额税率为0.5元/500克(毫升),比例税率为20％,计量单位为500克(毫升),本期销售数量为( )，本期销售额为组成计税价格( )。

(2) 第2行,葡萄酒的比例税率为10％,计量单位为吨,本期销售数量为( ),本期销售额为( )。

(3) 第14栏次,本期应补(退)税额为( )。

浔水公司《消费税及附加税费申报表》(主表)如表2-4所示。

表2-4 消费税及附加税费申报表

税款所属期:自 年 月 日至 年 月 日
纳税人识别号(统一社会信用代码):□□□□□□□□□□□□□□□□□□
纳税人名称: 金额单位:人民币元(列至角分)

项目 / 应税消费品名称	适用税率		计量单位	本期销售数量	本期销售额	本期应纳税额
	定额税率	比例税率				
	1	2	3	4	5	6＝1×4＋2×5
合计	—	—	—	—	—	

	栏次	本期税费额
本期减(免)税额	7	
期初留抵税额	8	
本期准予扣除税额	9	
本期应扣除税额	10＝8＋9	
本期实际扣除税额	11[10＜(6－7),则为10,否则为6－7]	
期末留抵税额	12＝10－11	

续　表

	栏次	本期税费额
本期预缴税额	13	
本期应补(退)税额	14＝6－7－11－13	
城市维护建设税本期应补(退)税额	15	
教育费附加本期应补(退)费额	16	
地方教育附加本期应补(退)费额	17	
声明：此表是根据国家税收法律法规及相关规定填写的,本人(单位)对填报内容(及附带资料)的真实性、可靠性、完整性负责。 　　　　　　　　　　　　　　　　纳税人(签章)：　　　年　月　日		
经办人： 经办人身份证号： 代理机构签章： 代理机构统一社会信用代码：	受理人： 受理税务机关(章)： 受理日期：　　年　月　日	

 任务实施

【任务 2-4】外购应税消费品已纳税款扣除

南京井雪酒业股份有限公司(以下简称井雪酒业,纳税人识别号：91320311MA1MY6B52Q)为增值税一般纳税人。2023 年 7 月井雪酒业发生如下业务：

(1)7 月 9 日,外购葡萄酒 1 吨,收到增值税专用发票,注明金额 300 000 元。当日,全部生产领用于继续生产 A 品牌葡萄酒,当月生产销售 1.5 吨葡萄酒,开具增值税专用发票,注明金额 500 000 元。

(2)7 月 13 日,外购黄酒 1 吨,收到增值税专用发票,注明金额 4 000 元。当日,全部生产领用于继续生产 B 品牌黄酒,当月生产销售 2 吨黄酒,开具增值税专用发票,注明金额 10 000 元。

(3)7 月 26 日,外购葡萄酒 0.2 吨,收到增值税专用发票,注明金额 50 000 元。当日,全部生产领用于继续生产 C 品牌料酒,当月生产销售 1 吨料酒,开具增值税专用发票,注明金额 80 000 元。

要求：请根据以上业务描述,核算相应的消费税应纳税额、进行账务处理,并填写《消费税及附加税费申报表》(主表)和《本期准予扣除税额计算表》。

任务实施
详解2-4

一、业务分析及税款计算

（1）7月9日，根据相关规定，纳税人从葡萄酒生产企业购进、进口葡萄酒连续生产应税葡萄酒，可以抵扣已缴纳的消费税税款。

外购葡萄酒1吨，不含税金额300 000元，该批葡萄酒销售方已缴纳消费税＝（   ）。本期生产领用全部的外购葡萄酒，（   ）消费税税款可以进行抵扣。

销售A品牌葡萄酒1.5吨，不含税销售额＝（   ）。

该批葡萄酒应纳消费税＝（   ）

该笔业务最终应纳消费税＝（   ）

（2）7月13日，根据相关规定，部分外购应税消费品用于连续生产应税消费品，准予抵扣已纳税款，黄酒不在该抵扣范围内。

销售2吨黄酒，黄酒消费税税率为240元/吨，销售额＝（   ）。

应纳消费税＝（   ）

（3）7月26日，料酒不属于应税消费品，外购葡萄酒用于生产C品牌料酒，既不需要缴纳消费税也不存在待抵扣的消费税。

二、会计核算

（1）7月9日，账务处理：

（2）7月13日，账务处理：

（3）7月26日，账务处理：

三、智能申报

填表说明。

1.《消费税及附加税费申报表》

（1）第1行，葡萄酒本期销售数量为（　　　　　　　），本期销售额为（　　　　　　）。

（2）第2行，黄酒本期销售数量为（　　　　　　），销售额为（　　　　　　）。

（3）第9栏次，本期准予扣除税额为（　　　　　　），填写税法规定的本期外购、进口或委托加工收回应税消费品用于连续生产应税消费品准予扣除的消费税已纳税额，以及委托加工收回应税消费品以高于受托方计税价格销售的，在计税时准予扣除的消费税已纳税额。取自《本期准予扣除税额计算表》第19行次合计数。

井雪公司消费税及附加税费申报表（主表）如表2-5所示。

2.《本期准予扣除税额计算表》

（1）第6行次，期初库存外购应税消费品买价为（　　　　　　）；

（2）第7行次，本期购进应税消费品买价为（　　　　　　），本期外购准予扣除的应税消费品为葡萄酒，外购葡萄酒总计（　　　　　　）；

（3）第8行次，期末库存外购应税消费品买价为（　　　　　　）；

（4）第9行次，本期领用不准予扣除外购应税消费品买价为（　　　　　　），外购葡萄酒50 000元用于生产料酒，已纳税款不得扣除；

（5）第10行次，葡萄酒消费税税率为（　　　　　　）；

（6）第11行次，本期准予扣除外购应税消费品已纳税款为（　　　　　　）；

（7）第19行次，本期准予扣除税款合计为（　　　　　　）。

井雪公司本期准予扣除税额计算表如表2-6所示。

表 2 – 5 消费税及附加税费申报表(主表)

税款所属期:自　　年　　月　　日至　　年　　月　　日

纳税人识别号(统一社会信用代码):□□□□□□□□□□□□□□□□□□□□

纳税人名称:　　　　　　　　　　　　　　　　　金额单位:人民币元(列至角分)

项目 应税 消费品名称	适用税率		计量 单位	本期销售 数量	本期 销售额	本期应 纳税额
	定额税率	比例税率				
	1	2	3	4	5	6＝1× 4＋2×5
合计	—	—	—	—	—	

	栏次	本期税费额
本期减(免)税额	7	
期初留抵税额	8	
本期准予扣除税额	9	
本期应扣除税额	10＝8＋9	
本期实际扣除税额	11[10＜(6－7),则为10,否则为6－7]	
期末留抵税额	12＝10－11	
本期预缴税额	13	
本期应补(退)税额	14＝6－7－11－13	
城市维护建设税本期应补(退)税额	15	
教育费附加本期应补(退)费额	16	
地方教育附加本期应补(退)费额	17	

声明:此表是根据国家税收法律法规及相关规定填写的,本人(单位)对填报内容(及附带资料)的真实性、可靠性、完整性负责。

纳税人(签章):　　　　年　　月　　日

经办人: 经办人身份证号: 代理机构签章: 代理机构统一社会信用代码:	受理人: 受理税务机关(章): 受理日期:　　年　　月　　日

表 2-6　本期准予扣除税额计算表

金额单位：元（列至角分）

准予扣除项目		应税消费品名称					合计
一、本期准予扣除的委托加工应税消费品已纳税款计算		期初库存委托加工应税消费品已纳税款	1				
		本期收回委托加工应税消费品已纳税款	2				
		期末库存委托加工应税消费品已纳税款	3				
		本期领用不准予扣除委托加工应税消费品已纳税款	4				
		本期准予扣除委托加工应税消费品已纳税款	5＝1＋2－3－4				
二、本期准予扣除的外购应税消费品已纳税款计算	（一）从价计税	期初库存外购应税消费品买价	6				
		本期购进应税消费品买价	7				
		期末库存外购应税消费品买价	8				
		本期领用不准予扣除外购应税消费品买价	9				
		适用税率	10				
		本期准予扣除外购应税消费品已纳税款	11＝（6＋7－8－9）×10				
	（二）从量计税	期初库存外购应税消费品数量	12				
		本期外购应税消费品数量	13				
		期末库存外购应税消费品数量	14				
		本期领用不准予扣除外购应税消费品数量	15				
		适用税率	16				
		计量单位	17				
		本期准予扣除的外购应税消费品已纳税款	18＝（12＋13－14－15）×16				
三、本期准予扣除税款合计			19＝5＋11＋18				

任务 二 委托加工环节消费税核算与智能申报

任务描述

委托加工的应税消费品,除受托方为个人外,由受托方在向委托方交货时代收代缴税款。本环节主要讲解委托加工收回时消费税的会计核算,并针对委托加工收回后对应税消费品的不同的处理方式进行会计核算与智慧申报。

知识准备

一、消费税应纳税额

委托加工的应税消费品,按照受托方的同类消费品的销售价格为计税依据计算纳税;没有同类消费品销售价格的,按照组成计税价格为计税依据计算纳税。

从价定率方式下组成计税价格的计算公式如下:

$$组成计税价格=(材料成本+加工费)\div(1-消费税比例税率)$$

复合计税方式下组成计税价格的计算公式如下:

$$组成计税价格=(材料成本+加工费+委托加工收回数量\times定额税率)$$
$$\div(1-消费税比例税率)$$

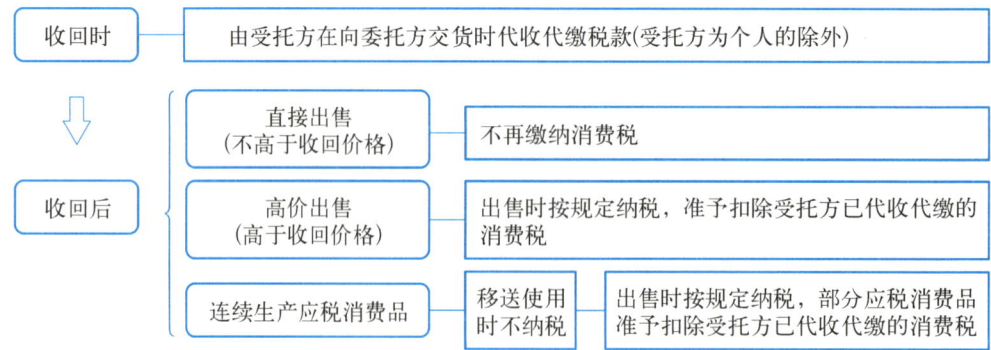

图 2-3　委托加工环节消费税核算分析图

二、会计账户

委托加工收回后以高于受托方代收代缴消费税计税依据的价格销售的,已纳消费税款准予扣除。委托加工收回后连续生产应税消费品的,移送使用时不纳税,在出售最终应税消费品时,特定应税消费品准予扣除已纳消费税款。因此,在委托加工环节设置"待抵扣税金"账户反映抵扣过程。

 任务实施

【任务 2-5】委托加工后直接销售

北京馨云化妆品有限责任公司(以下简称馨云公司,纳税人识别号:91120411MA1MP4S77Q)为增值税一般纳税人。2023 年 7 月馨云公司发生如下业务:

(1)7 月 5 日,委托南京巷馨化妆品有限责任公司(以下简称巷馨公司,纳税人识别号:91130477MA4MP7X22E)加工 A 型号香水 1 000 瓶,每瓶 150 毫升。馨云公司提供原材料 750 000 元。

(2)7 月 25 日,巷馨公司收取不含税加工费 100 000 元,开具增值税专用发票。

(3)7 月 27 日,馨云公司收回委托加工的 1 000 瓶 A 型号香水,巷馨公司销售 A 型号香水市场价 1 000 元/瓶。馨云公司当日支付代收代缴消费税,并取得消费税税收缴款书(号码:111308187640367349)。

(4)7 月 30 日,馨云公司直接销售 A 型号香水 1 000 瓶,开具增值税专用发票,每瓶不含税售价 1 000 元。销售 B 型号香水 300 瓶,开具增值税专用发票,每瓶不含税售价 800 元。

假定城建税、教育费附加、地方教育附加适用的税率分别为 7%、3%、2%。

要求:请根据以上业务描述,核算相应的消费税应纳税额、进行账务处理,并填写《本期委托加工收回情况报告表》《消费税及附加税费申报表》(主表)。

一、业务分析及税款计算

(1)7 月 5 日,委托加工高档香水,提供原材料 750 000 元,构成委托加工香水的材料成本。

(2)7 月 25 日,支付加工费,构成委托加工香水的成本。

(3)7 月 27 日,收回委托加工,受托方销售 A 型号香水的市场价为 1 000 元/瓶,因此以此价格代收代缴消费税。由于收回后直接销售,支付代收代缴的消费税时直接计入委托加工物资。

受托方代收消费税=1 000×1 000×15%=150 000(元)

(4)7 月 30 日,销售 A 型号高档香水,且出售价格不高于受托方计税价格,不再计算缴纳消费税。销售 B 型号高档香水,不含税售价 800 元。

本期销售额=300×800=240 000(元)

应纳的消费税=240 000×15%=36 000(元)

二、会计核算

(1) 7月5日,提供原材料,账务处理:

借:委托加工物资   750 000

    贷:原材料   750 000

(2) 7月25日,支付加工费,账务处理:

借:委托加工物资   100 000

      应交税费——应交增值税(进项税额)   13 000

    贷:银行存款   113 000

(3) 7月27日,账务处理:

① 支付代收代缴的消费税:

借:委托加工物资   150 000

    贷:银行存款   150 000

② 加工香水入库:

借:库存商品   1 000 000

    贷:委托加工物资   1 000 000

(4) 7月30日,账务处理:

① 销售A型号高档香水:

借:银行存款   1 130 000

    贷:主营业务收入   1 000 000

        应交税费——应交增值税(销项税额)   130 000

② 销售B型号高档香水:

借:银行存款   271 200

    贷:主营业务收入   240 000

        应交税费——应交增值税(销项税额)   31 200

借:税金及附加   36 000

    贷:应交税费——应交消费税   36 000

三、智能申报

填表说明。

1.《消费税及附加税费申报表》

第1行次,本期销售数量为300瓶,本期销售额为240 000元。

馨云公司消费税及附加税费申报表(主表)如表2-7所示。

2.《本期委托加工收回情况报告表》

1) 第一部分"委托加工收回应税消费品代收代缴税款情况"

(1) 第1栏次,填写委托加工应税消费品的名称,为高档化妆品;

(2) 第2栏次,商品和服务税收分类编码仅成品油消费税纳税人填报,按所开具增值税发票对应的税收分类编码填写,本案例无须填列;

（3）第 3 栏次，委托加工收回应税消费品数量为 1 000 瓶；

（4）第 4 栏次，委托加工收回应税消费品计税价格为 1 000 000 元；

（5）第 6 栏次，填列高档化妆品的比例税率为 15%；

（6）第 7 栏次，受托方已代收代缴的税款为 150 000 元；

（7）第 8 栏次，受托方（扣缴义务人）名称为南京巷馨化妆品有限责任公司；

（8）第 9 栏次，受托方（扣缴义务人）识别号为 91130477MA4MP7X22E；

（9）第 10 栏次，税收缴款书（代扣代收专用）号码为 111308187640367349；

（10）第 11 栏次，税收缴款书（代扣代收专用）开具日期为 2023 年 7 月 27 日。

2）第二部分"委托加工收回应税消费品领用存情况"：

（1）第 1 栏次，应税消费品名称为高档化妆品；

（2）第 2 栏次，商品和服务税收分类编码，仅成品油消费税纳税人填报，按所开具增值税发票对应的税收分类编码填写，本案例无须填列；

（3）第 3 栏次，上期库存数量为 0 瓶；

（4）第 4 栏次，本期委托加工收回入库数量为 1 000 瓶；

（5）第 5 栏次，本期委托加工收回直接销售数量为 1 000 瓶；

（6）第 6 栏次，本期委托加工收回用于连续生产数量为 0 瓶；

（7）第 7 栏次，本期结存数量为 0 瓶。

馨云公司本期委托加工收回情况报告表如表 2-8 所示。

表 2-7　消费税及附加税费申报表（主表）

税款所属期：自 2024 年 07 月 01 日至 2024 年 07 月 31 日
纳税人识别号（统一社会信用代码）：91120411MA1MP4S77Q
纳税人名称：北京馨云化妆品有限责任公司　　　　　　　　　　金额单位：人民币元（列至角分）

项目	适用税率		计量单位	本期销售数量	本期销售额	本期应纳税额
	定额税率	比例税率				
应税消费品名称	1	2	3	4	5	6=1×4+2×5
高档化妆品		15%	瓶	300	240 000	36 000
合计	—	—	—	—	—	36 000

	栏次	本期税费额
本期减（免）税额	7	
期初留抵税额	8	

续　表

	栏次	本期税费额
本期准予扣除税额	9	
本期应扣除税额	10＝8＋9	
本期实际扣除税额	11〔10＜(6－7)，则为10，否则为6－7〕	
期末留抵税额	12＝10－11	
本期预缴税额	13	
本期应补(退)税额	14＝6－7－11－13	36 000
城市维护建设税本期应补(退)税额	15	
教育费附加本期应补(退)费额	16	
地方教育附加本期应补(退)费额	17	

声明：此表是根据国家税收法律法规及相关规定填写的,本人(单位)对填报内容(及附带资料)的真实性、可靠性、完整性负责。

纳税人(签章)：　　　年　月　日

经办人： 经办人身份证号： 代理机构签章： 代理机构统一社会信用代码：	受理人： 受理税务机关(章)： 受理日期：　　年　月　日

表2-8　本期委托加工收回情况报告表

金额单位：元（列至角分）

一、委托加工收回应税消费品代收代缴税款情况

应税消费品名称	商品和服务税收分类编码	委托加工应收回应税消费品数量	委托加工收回应税消费品消费品计税价格	适用税率		受托方已代收代缴的税款	受托方（扣缴义务人）名称	受托方（扣缴义务人）识别号	税收缴款书（代扣代收专用）号码	税收缴款书（代扣代收专用）开具日期
				定额税率	比例税率					
1	2	3	4	5	6	7=3×5+4×6	8	9	10	11
高档化妆品		1 000瓶	1 000 000		15%	150 000	南京巷馨化妆品有限责任公司	9113047MA4MP7X22E	11130187640367349	2024年7月27日

二、委托加工收回应税消费品领用存情况

应税消费品名称	商品和服务税收分类编码	上期库存数量	本期委托加工收回入库数量	本期委托加工收回直接销售数量	本期委托加工收回用于连续生产数量	本期结存数量
1	2	3	4	5	6	7=3+4-5-6
高档化妆品		0瓶	1 000瓶	1 000瓶	0瓶	0瓶

任务实施

【任务 2‑6】委托加工收回后加价销售

南京天欣化妆品有限责任公司(以下简称天欣公司,纳税人识别号：91120411MA1TX4S94Y)为增值税一般纳税人。2024 年 7 月天欣公司发生如下业务：

(1) 7 月 5 日,委托巷馨公司加工最新研发的高档化妆品 A 牌口红。天欣公司提供原材料 82 500 元,支付加工费 12 430 元。

(2) 7 月 14 日,收回委托加工的 500 支 A 牌口红。天欣公司当日支付代收代缴消费税,并取得消费税税收缴款书(号码：111308187640364926)。

(3) 7 月 30 日,销售 500 支 A 牌口红,开具增值税专用发票,每支不含税价格 260 元。

要求：请根据相关业务描述,核算相应的消费税应纳税额、进行账务处理,并填写《本期准予扣除税额计算表》和《消费税及附加税费申报表》(主表)。

一、业务分析及税款计算

(1) 7 月 5 日,委托加工高档化妆品,提供原材料(　　　　　),支付加工费,构成委托加工商品的成本。

(2) 7 月 14 日,委托加工收回应税消费品,由于 A 牌口红是最新研发的产品,受托方没有同类消费品销售价格的,按照组成计税价格为计税依据计算纳税。高档化妆品的消费税税率为 15%。

组成计税价格＝(材料成本＋加工费)÷(1－消费税比例税率)＝(　　　　　　　)

每支计税价格＝(　　　　　　　　　　　　　　　　　　　)

代收代缴的消费税＝(　　　　　　　　　　　　)

由于收回后销售价格为(　　　　)每支,属于(　　　　　　),因此在支付代收代缴消费税时,计入(　　　　)。

(3) 7 月 30 日,销售高档化妆品 A 牌口红 500 支,销售额＝(　　　　　　　　　　)。

应纳消费税＝(　　　　　　　　)

二、会计核算

(1) 7 月 5 日,账务处理：

（2）7月14日,账务处理:

（3）7月30日,账务处理:

三、智能申报

填列说明。

1.《消费税及附加税费申报表》

（1）第1行次,本期销售数量为（　　　　　），本期销售额为（　　　　　）。

（2）第9栏次,本期准予扣除税额为（　　　　　），填写税法规定的本期外购、进口或委托加工收回应税消费品用于连续生产应税消费品准予扣除的消费税已纳税额,以及委托加工收回应税消费品以高于受托方计税价格销售的,在计税时准予扣除的消费税已纳税额。取自《本期准予扣除税额计算表》第19行次合计数。

（3）第14栏次,本期应补（退）税额为（　　　　　）。

天欣公司消费税及附加税费申报表（主表）如表2-9所示。

2.《本期准予扣除税额计算表》

（1）第1行次,期初库存委托加工应税消费品已纳税款为（　　　　　）;

（2）第2行次,本期收回委托加工应税消费品已纳税款为（　　　　　）;

（3）第3行次,期末库存委托加工应税消费品已纳税款为（　　　　　）;

（4）第4行次,本期领用不准予扣除委托加工应税消费品已纳税款为（　　　　　）;

（5）第5行次,本期准予扣除委托加工应税消费品已纳税款为（　　　　　）。

天欣公司本期准予扣除税额计算表如表2-10所示。

3.《本期委托加工收回情况报告表》

1) 第一部分"委托加工收回应税消费品代收代缴税款情况":

(1) 第1栏次,填写委托加工应税消费品的名称,为高档化妆品;

(2) 第2栏次,商品和服务税收分类编码仅成品油消费税纳税人填报,按所开具增值税发票对应的税收分类编码填写,本案例无须填列;

(3) 第3栏次,委托加工收回应税消费品数量为(　　　　　　);

(4) 第4栏次,委托加工收回应税消费品计税价格为(　　　　　　);

(5) 第6栏次,填列高档化妆品的比例税率为(　　　　　　);

(6) 第7栏次,受托方已代收代缴的税款为(　　　　　　);

(7) 第8栏次,受托方(扣缴义务人)名称为(　　　　　　);

(8) 第9栏次,受托方(扣缴义务人)识别号为(　　　　　　);

(9) 第10栏次,税收缴款书(代扣代收专用)号码为(　　　　　　);

(10) 第11栏次,税收缴款书(代扣代收专用)开具日期为(　　　　　　)。

2) 第二部分"委托加工收回应税消费品领用存情况":

(1) 第1栏次,应税消费品名称为(　　　　　　);

(2) 第2栏次,商品和服务税收分类编码,仅成品油消费税纳税人填报,按所开具增值税发票对应的税收分类编码填写,本案例无须填列;

(3) 第3栏次,上期库存数量为(　　　　　　);

(4) 第4栏次,本期委托加工收回入库数量为(　　　　　　);

(5) 第5栏次,本期委托加工收回直接销售数量为(　　　　　　);

(6) 第6栏次,本期委托加工收回用于连续生产数量为(　　　　　　);

(7) 第7栏次,本期结存数量为(　　　　　　)。

天欣公司本期委托加工收回情况报告表如表2-11所示。

表2-9　消费税及附加税费申报表(主表)

税款所属期:自　　年　　月　　日至　　年　　月　　日

纳税人识别号(统一社会信用代码):□□□□□□□□□□□□□□□□□□□□

纳税人名称:　　　　　　　　　　　　　　　　　　　金额单位:人民币元(列至角分)

项目 应税消费品名称	适用税率		计量单位	本期销售数量	本期销售额	本期应纳税额
	定额税率	比例税率				
	1	2	3	4	5	6=1×4+2×5
合计	—	—	—	—	—	

	栏次	本期税费额
本期减(免)税额	7	
期初留抵税额	8	
本期准予扣除税额	9	
本期应扣除税额	10＝8＋9	
本期实际扣除税额	11[10<(6—7)，则为10，否则为 6—7]	
期末留抵税额	12＝10—11	
本期预缴税额	13	
本期应补(退)税额	14＝6—7—11—13	
城市维护建设税本期应补(退)税额	15	
教育费附加本期应补(退)费额	16	
地方教育附加本期应补(退)费额	17	

声明：此表是根据国家税收法律法规及相关规定填写的，本人(单位)对填报内容(及附带资料)的真实性、可靠性、完整性负责。

纳税人(签章)：　　　年　　月　　日

经办人： 经办人身份证号： 代理机构签章： 代理机构统一社会信用代码：	受理人： 受理税务机关(章)： 受理日期：　　年　　月　　日

表 2-10　本期准予扣除税额计算表

金额单位：元(列至角分)

准予扣除项目	应税消费品名称				合计
一、本期准予扣除的委托加工应税消费品已纳税款计算	期初库存委托加工应税消费品已纳税款	1			
	本期收回委托加工应税消费品已纳税款	2			

续　表

准予扣除项目		应税消费品名称				合计
一、本期准予扣除的委托加工应税消费品已纳税款计算		期末库存委托加工应税消费品已纳税款	3			
		本期领用不准予扣除委托加工应税消费品已纳税款	4			
		本期准予扣除委托加工应税消费品已纳税款	5＝1＋2－3－4			
二、本期准予扣除的外购应税消费品已纳税款计算	（一）从价计税	期初库存外购应税消费品买价	6			
		本期购进应税消费品买价	7			
		期末库存外购应税消费品买价	8			
		本期领用不准予扣除外购应税消费品买价	9			
		适用税率	10			
		本期准予扣除外购应税消费品已纳税款	11＝(6＋7－8－9)×10			
	（二）从量计税	期初库存外购应税消费品数量	12			
		本期外购应税消费品数量	13			
		期末库存外购应税消费品数量	14			
		本期领用不准予扣除外购应税消费品数量	15			
		适用税率	16			
		计量单位	17			
		本期准予扣除的外购应税消费品已纳税款	18＝(12＋13－14－15)×16			
三、本期准予扣除税款合计			19＝5＋11＋18			

表2－11 本期委托加工收回情况报告表

金额单位：元（列至角分）

一、委托加工收回应税消费品代收代缴税款情况

应税消费品名称	商品和服务税收分类编码	委托加工收回应税消费品数量	委托加工收回应税消费品计税价格	适用税率		受托方已代收代缴的税款	受托方（扣缴义务人）名称	受托方（扣缴义务人）识别号	税收缴款书（代扣代收专用）号码	税收缴款书（代扣代收专用）开具日期
				定额税率	比例税率					
1	2	3	4	5	6	7=3×5+4×6	8	9	10	11

二、委托加工收回应税消费品领用存情况

应税消费品名称	商品和服务税收分类编码	上期库存数量	本期委托加工收回入库数量	本期委托加工收回直接销售数量	本期委托加工收回用于连续生产数量	本期结存数量
1	2	3	4	5	6	7=3+4-5-6

任务实施

【任务2-7】委托加工收回后连续生产

南京霖谭化妆品有限责任公司(以下简称霖谭公司,纳税人识别号:91120411MA1LT4S52W)为增值税一般纳税人。2024年7月霖谭公司发生如下业务:

(1)7月5日,委托巷馨公司加工最新研发的高档化妆品800瓶A牌化妆水。霖谭公司提供原材料60 000元,支付加工费9 040元。

(2)7月16日,霖谭公司收回委托加工800瓶A牌化妆水,市场上无同类产品销售价格。霖谭公司当日支付代收代缴消费税,并取得消费税税收缴款书(号码:111308198542567156)。次日,天欣公司领用800瓶A牌化妆水,用于连续生产高档化妆品B牌化妆水800瓶。

(3)7月31日,霖谭公司销售高档化妆水B牌化妆水800瓶,每瓶不含税售价200元。

要求:请根据相关业务描述,核算相应的消费税应纳税额、进行账务处理,并填写《本期委托加工收回情况报告表》《本期准予扣除税额计算表》和《消费税及附加税费申报表》(主表)。

任务实施
详解2-7

一、业务分析及税款计算

(1)7月5日,委托加工高档化妆品,提供原材料(　　　　　),支付加工费,构成委托加工商品的成本。

(2)7月16日,委托加工收回应税消费品,由于市场上没有同类消费品销售价格的,按照组成计税价格为计税依据计算纳税。高档化妆品的消费税税率为15%。

组成计税价格=(材料成本+加工费)÷(1-消费税比例税率)=(　　　　　)

每瓶计税价格=(　　　　　)

代收代缴的消费税=(　　　　　),由于收回后将继续用于生产应税消费品,在支付代收代缴消费税时,计入(　　　　　)。

(3)7月31日,销售高档化妆品B牌化妆水800瓶。

销售额=(　　　　　)

应纳消费税=(　　　　　)

二、会计核算

(1)7月5日,账务处理:

（2）7 月 14 日，账务处理：

（3）7 月 31 日，账务处理：

三、智能申报

填表说明。

1.《消费税及附加税费申报表》

（1）第 1 行次，本期销售数量为（　　　　　），本期销售额为（　　　　　）。

（2）第 9 栏次,本期准予扣除税额为（　　　　　）,填写税法规定的本期外购、进口或委托加工收回应税消费品用于连续生产应税消费品准予扣除的消费税已纳税额,以及委托加工收回应税消费品以高于受托方计税价格销售的,在计税时准予扣除的消费税已纳税额。取自本期准予扣除税额计算表第 19 行次合计数。

（3）第 14 栏次,本期应补（退）税额为（　　　　　）。

霖谭公司消费税及附加税费申报表（主表）如表 2-12 所示。

2.《本期准予扣除税额计算表》

（1）第 1 行次,期初库存委托加工应税消费品已纳税款为（　　　　　）;

（2）第 2 行次,本期收回委托加工应税消费品已纳税款为（　　　　　）;

（3）第 3 行次,期末库存委托加工应税消费品已纳税款为（　　　　　）;

（4）第 4 行次,本期领用不准予扣除委托加工应税消费品已纳税款为（　　　　　）;

（5）第 5 行次,本期准予扣除委托加工应税消费品已纳税款为（　　　　　）。

霖谭公司本期准予扣除税额计算表如表 2-13 所示。

3.《本期委托加工收回情况报告表》

1）第一部分"委托加工收回应税消费品代收代缴税款情况":

（1）第 1 栏次,填写委托加工应税消费品的名称,为高档化妆品;

（2）第 2 栏次,商品和服务税收分类编码仅成品油消费税纳税人填报,按所开具增值税发票对应的税收分类编码填写,本案例无须填列;

（3）第 3 栏次,委托加工收回应税消费品数量为（　　　　　）;

（4）第 4 栏次,委托加工收回应税消费品计税价格为（　　　　　）;

（5）第 6 栏次,填列高档化妆品的比例税率为（　　　　　）;

（6）第 7 栏次,受托方已代收代缴的税款为（　　　　　）;

（7）第 8 栏次,受托方（扣缴义务人）名称为（　　　　　）;

（8）第 9 栏次,受托方（扣缴义务人）识别号为（　　　　　）;

（9）第 10 栏次,税收缴款书（代扣代收专用）号码为（　　　　　）;

（10）第 11 栏次,税收缴款书（代扣代收专用）开具日期为（　　　　　）。

2）第二部分"委托加工收回应税消费品领用存情况":

（1）第 1 栏次,应税消费品名称为高档化妆品;

（2）第 2 栏次,商品和服务税收分类编码,仅成品油消费税纳税人填报,按所开具增值税发票对应的税收分类编码填写,本案例无须填列;

（3）第 3 栏次,上期库存数量为（　　　　　）;

（4）第 4 栏次,本期委托加工收回入库数量为（　　　　　）;

（5）第 5 栏次,本期委托加工收回直接销售数量为（　　　　　）;

（6）第 6 栏次,本期委托加工收回用于连续生产数量为（　　　　　）;

（7）第 7 栏次,本期结存数量为（　　　　　）。

霖谭公司本期委托加工收回情况报告表如表 2-14 所示。

表 2－12　消费税及附加税费申报表(主表)

税款所属期：自　　年　　月　　日至　　年　　月　　日

纳税人识别号(统一社会信用代码)：□□□□□□□□□□□□□□□□□□□□

纳税人名称：　　　　　　　　　　　　　　　　　　　　金额单位：人民币元(列至角分)

项目 应税 消费品名称	适用税率		计量 单位	本期销售 数量	本期 销售额	本期应 纳税额
	定额税率	比例税率				
	1	2	3	4	5	6＝1× 4＋2×5
合　计	—	—	—	—	—	

	栏次	本期税费额
本期减(免)税额	7	
期初留抵税额	8	
本期准予扣除税额	9	
本期应扣除税额	10＝8＋9	
本期实际扣除税额	11[10<(6－ 7),则为10, 否则为 6－ 7]	
期末留抵税额	12＝10－11	
本期预缴税额	13	
本期应补(退)税额	14＝6－7－ 11－13	
城市维护建设税本期应补(退)税额	15	
教育费附加本期应补(退)费额	16	
地方教育附加本期应补(退)费额	17	

声明：此表是根据国家税收法律法规及相关规定填写的,本人(单位)对填报内容(及附带资料)的真实性、可靠性、完整性负责。

　　　　　　　　　　　　　　　　　　　　纳税人(签章)：　　　年　　月　　日

经办人：

经办人身份证号：

代理机构签章：

代理机构统一社会信用代码：

受理人：

受理税务机关(章)：

受理日期：　　　年　　月　　日

表 2-13　本期准予扣除税额计算表

金额单位：元（列至角分）

准予扣除项目		应税消费品名称				合计
一、本期准予扣除的委托加工应税消费品已纳税款计算		期初库存委托加工应税消费品已纳税款	1			
		本期收回委托加工应税消费品已纳税款	2			
		期末库存委托加工应税消费品已纳税款	3			
		本期领用不准予扣除委托加工应税消费品已纳税款	4			
		本期准予扣除委托加工应税消费品已纳税款	5＝1＋2－3－4			
二、本期准予扣除的外购应税消费品已纳税款计算	（一）从价计税	期初库存外购应税消费品买价	6			
		本期购进应税消费品买价	7			
		期末库存外购应税消费品买价	8			
		本期领用不准予扣除外购应税消费品买价	9			
		适用税率	10			
		本期准予扣除外购应税消费品已纳税款	11＝(6＋7－8－9)×10			
	（二）从量计税	期初库存外购应税消费品数量	12			
		本期外购应税消费品数量	13			
		期末库存外购应税消费品数量	14			
		本期领用不准予扣除外购应税消费品数量	15			
		适用税率	16			
		计量单位	17			
		本期准予扣除的外购应税消费品已纳税款	18＝(12＋13－14－15)×16			
三、本期准予扣除税款合计			19＝5＋11＋18			

表2-14 本期委托加工收回情况报告表

金额单位：元（列至角分）

一、委托加工收回应税消费品代收代缴税款情况

应税消费品名称	商品和服务税收分类编码	委托加工收回应税消费品数量	委托加工收回应税消费品计税价格	适用税率		受托方已代收代缴的税款	受托方（扣缴义务人）名称	受托方（扣缴义务人）识别号	税收缴款书（代扣代收专用）号码	税收缴款书（代扣代收专用）开具日期
				定额税率	比例税率					
	1	2	3	4	5	6	7=3×5+4×6	8	9	10	11

二、委托加工收回应税消费品领用存情况

| 应税消费品名称 | 商品和服务税收分类编码 | 上期库存数量 | 本期委托加工收回入库数量 | 本期委托加工收回直接销售数量 | 本期委托加工收回用于连续生产数量 | 本期结存数量 |
| | 1 | 2 | 3 | 4 | 5 | 6 | 7=3+4-5-6 |

【税惠为民】

绿色税制红利

习近平主席提出,中国坚持走生态优先、绿色发展之路,积极稳妥推进碳达峰碳中和,加快发展方式绿色转型。绿色发展是对生产方式、生活方式、思维方式和价值观念的全方位变革,是将绿色发展理念融入经济社会发展全过程。而绿色税制作为实现生态环境保护、资源节约集约利用、推动绿色生产和消费的一种税收制度,以保护环境、促进人类可持续发展为主旨,为加快生态文明与美丽中国建设提供了有力的经济支持。

根据相关报道,贵州贵航新能源科技有限公司作为国家支持的新能源环保企业,经过7年时间的发展,已成为毕节高新区锂电池产业的龙头企业。2022年以来,该公司享受了节能环保电池消费税减免2 421余万元,企业所得税减免157余万元,这让公司有更多资金投入到产品研发和生产上。

近年来,税务部门充分发挥税收职能,强化政策宣传辅导,做好精细服务文章,积极落实扶持锂电池企业相关税惠政策,以"真金白银"鼓励企业投入科技研发,促进企业新旧动能转换,让企业在科技研发的"快车道"上轻装快跑、动力十足,不断提高企业产品的市场竞争力。

资料来源:国家税务总局。

项目三

企业所得税核算与智能申报

 知识目标

1. 理解收入类调整项目的会计核算。
2. 理解扣除率调整项目的会计核算。
3. 理解资产类调整项目的会计核算。
4. 掌握查账征收与核定征收方式下企业所得税纳税申报表的填写与申报。

 能力目标

1. 能够根据经济业务正确计算企业所得税和账务处理。
2. 能够正确填写不同征收方式下的企业所得税纳税申报表。

💡 **素养目标**

1. 帮助学生树立终身学习的职业发展理念。
2. 提升学生融会贯通的学习能力,增强学生税收服务意识。

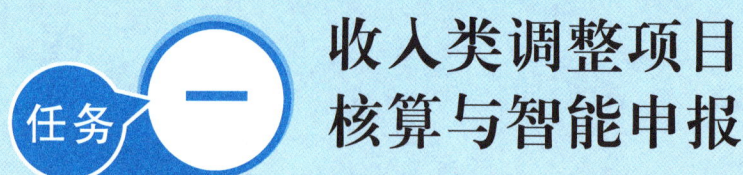

任务 一 收入类调整项目核算与智能申报

任务描述

　　企业所得税纳税申报表需要企业对收入类项目进行纳税调整,收入的确认、视同销售收入、不征税收入是收入类调整项目的三个方面。由于企业执行的会计制度不同以及税收政策的改变,造成了会计和税法的差异,在企业所得税汇算清缴时,需要在纳税申报表上进行调整,把企业的会计利润调整成企业的应纳税所得额。本任务主要学习视同销售收入的纳税调整的计算与申报。

知识准备

一、企业所得税

　　企业所得税是对我国境内的企业和其他取得收入的组织的生产经营所得和其他所得征收的一种税。其中收入类型包括:销售货物收入、提供劳务收入、转让财产收入、股息、红利等权益性投资收益、利息收入、租金收入、特许权使用费收入、接受捐赠收入、其他收入、视同销售收入、买一赠一。

二、企业所得税纳税申报

　　企业所得税按纳税年度计算,采用了分月或者分季预缴、年终汇算清缴的缴纳方法。

任务实施

【任务 3-1】视同销售收入

　　厦门光正有限公司(以下简称光正公司)2024 年度企业收入情况如下:

　　(1)主营业务收入情况:销售收入 74 339 498.60 元,审核后发现 1 月 30 日的凭证为流动资产贷款贴息奖励资金 7 200 000.00 元,属于营业外收入项目,不属于主营业务收入事项,属于会计差错事项。

　　(2)其他业务收入情况:其他业务收入 1 000 000.00 元全部为出租闲置厂房取得的租金收入。

　　(3)营业外收入情况:① 政府补助收入 100 000.00 元;② 以库存商品抵债收入

35 000.00 元;③ 2024 年 7 月将库存商品 150 000.00 元用于对外偿还丙公司债务,同类产品价值为 200 000.00 元,抵债金额 269 000.00 元,确认收入 200 000.00 元,成本 150 000.00 元,确认营业外收入 35 000.00 元;④ 投资时应享有被投资单位可辨认净资产,公允价值份额大于初始投资成本 2 000 000.00 元。具体情况为:光正公司于 2023 年 1 月 1 日取得 E 公司 40%的股权,支付价款 600 万元,取得投资时被投资单位可辨认净资产账面价值为 2 000 万元(假定被投资单位各项可辨认资产、负债的公允价值与其账面价值相同)企业对该投资采取权益法核算。

要求:请根据以上业务描述,确认企业的收入金额、进行账务处理并填写一般企业收入支出明细表(A101010)。

一、业务分析及税款计算

(1) 审核后 2022 年主营业务收入为销售商品收入。

主营业务收入=74 339 498.60-7 200 000.00=67 139 498.60(元)

(2) 2022 年其他业务收入应全部为出租固定资产收入。

其他业务收入=1 000 000.00(元)

(3) 审核后将流动资金贷款贴息奖励转入了营业外收入。

营业外收入——政府补助利得=100 000.00+7 200 000.00=7 300 000.00(元)

(4) 以库存商品抵偿债务,审核后应将库存商品公允价值确认为主营业务收入——非货币性资产交换收入。

主营业务收入——非货币性资产交换收入=200 000.00(元)

营业外收入——债务重组利得=269 000.00-200 000.00=69 000.00(元)

2022 年以 600 万元取得 E 公司 40%股权,公允价值=20 000 000×40%=8 000 000(元)。

营业外收入——其他=8 000 000-6 000 000=2 000 000.00(元)

二、会计核算

借:主营业务收入		67 139 498.60
其他业务收入		1 000 000.00
营业外收入——政府补助利得		7 300 000.00
营业外收入——其他		200 000.00
贷:本年利润		75 639 498.60

三、智能申报

(一) 电子税务局操作

(1) 登录进入申报界面。以国家税务总局江苏省电子税务局为例,操作人员进入国家税务总局江苏省电子税务局网站(https://etax.jiangsu.chinatax.gov.cn/sso/login),点击【登录】按钮,选择【企业业务办理】,在账号、CA、电子证照、移动端扫码登录中选择登录方式;登录后,点击【我要办税】—【税费申报及缴纳】,进入【企业所得税申报】界面,如图 3-1 所示。

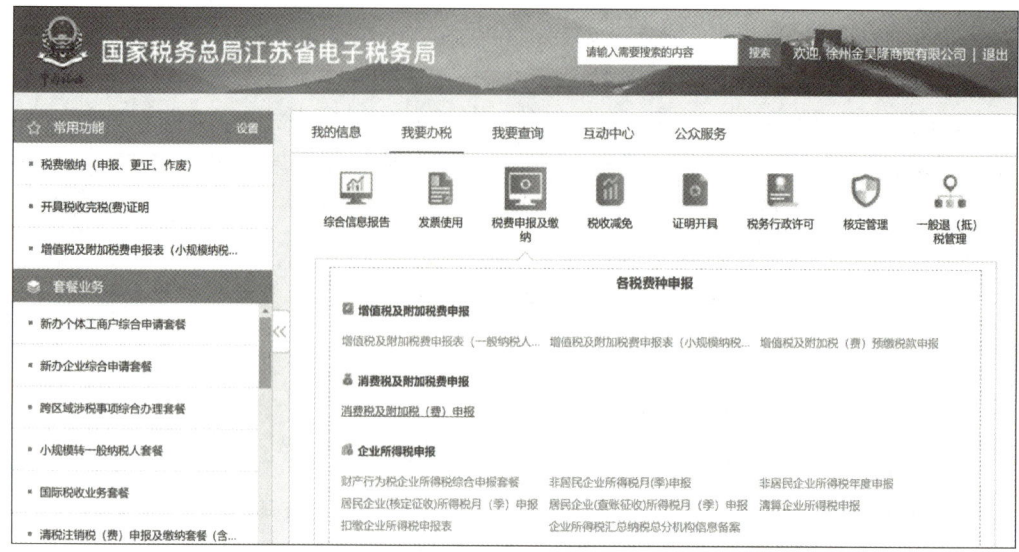

图 3-1 企业所得税申报界面

（2）点击【纳税申报】—【企业所得税申报】—【一般企业收入明细表（A101010)】进入报表填写界面，如图 3-2 所示。

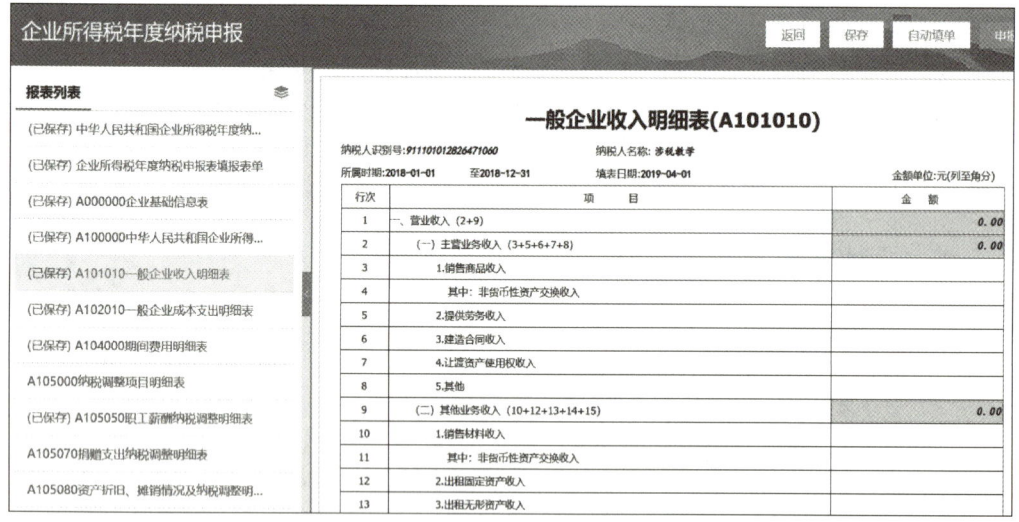

图 3-2 一般企业收入明细表界面

（二）申报表填列

填表说明。

（1）第 3 行销售商品收入 67 139 498.60 元，其中包括非货币性资产交换收入 200 000.00 元；

（2）第 12 行出租固定资产收入 1 000 000.00 元；

（3）第 19 行债务重组利得 35 000.00 元；

（4）第 20 行政府补助利得 7 300 000.00 元。

（5）第 26 行其他收入包括营业外收入 2 000 000.00 元。

一般收入明细表（A101010）如表 3-1 所示。

表 3-1　一般企业收入明细表（A101010）

金额单位：元（列至角分）

行次	项目	金额
1	一、营业收入（2+9）	68 139 498.60
2	（一）主营业务收入（3+5+6+7+8）	67 139 498.60
3	1. 销售商品收入	67 139 498.60
4	其中：非货币性资产交换收入	200 000.00
5	2. 提供劳务收入	
6	3. 建造合同收入	
7	4. 让渡资产使用权收入	
8	5. 其他	
9	（二）其他业务收入（10+12+13+14+15）	1 000 000.00
10	1. 销售材料收入	
11	其中：非货币性资产交换收入	
12	2. 出租固定资产收入	1 000 000.00
13	3. 出租无形资产收入	
14	4. 出租包装物和商品收入	
15	5. 其他	
16	二、营业外收入（17+18+19+20+21+22+23+24+25+26）	9 335 000.00
17	（一）非流动资产处置利得	
18	（二）非货币性资产交换利得	
19	（三）债务重组利得	35 000.00
20	（四）政府补助利得	7 300 000.00
21	（五）盘盈利得	

117

行次	项目	金额
22	（六）捐赠利得	
23	（七）罚没利得	
24	（八）确实无法偿付的应付款项	
25	（九）汇兑收益	
26	（十）其他	2 000 000.00

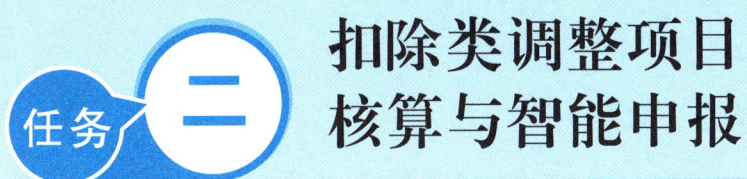

任务 二

扣除类调整项目
核算与智能申报

任务描述

在企业所得税前扣除的项目,有全额扣除的,也有限额扣除的。对于限额扣除的项目,如果企业超过规定的限额进行扣除,那么在计算应纳税所得额时,就要做纳税调增处理。企业所得税前限额扣除项目主要有:以工资薪金总额作为扣除基数的、以收入作为扣除基数的、以利润总额作为扣除基数。

本任务主要学习常见的扣除类调整项目的会计核算与纳税申报。

知识准备

视同销售成本是指纳税人按税收规定计算的与视同销售收入对应的成本。

每一笔被确认为视同销售的经济事项,在确认计算应税收入的同时,均有与此收入相配比的应税成本。视同销售成本主要包括非货币性交易视同销售成本、货物财产劳务视同销售成本和其他视同销售成本。

任务实施

【任务3-2】视同销售成本

厦门德玛股份有限公司(以下简称德玛公司)主要从事家用电器批发销售,2024年度德玛公司发生的成本支出情况如下:

(1)主营业务成本:2024年销售成本5 400万元,其中1月份400万元,2月份390万元,3月份385万元,4月份480万元,5月份500万元,6月份410万元,7月份690万元,8月份595万元,9月份420万元,10月份390万元,11月份380万元,12月份360万元。

(2)其他业务成本:2024年其他业务成本5万元,全部为出租房产的折旧费。

(3)营业外支出:2024年度营业外支出75万元。其中,违反合同约定赔偿了5万元,通过县民政局向贫困地区捐赠62万元,行政处罚2万元,赞助当地某所小学一批空调价值6万元。2024年度,德玛公司未发生主营业务成本、其他业务成本和营业外支出的会计调整事项。

要求:请根据以上业务描述,确认企业的收入金额、进行账务处理并填写一般企业收入支出明细表(A102010)。

任务实施
详解3-2

一、业务分析及税款计算

（1）从事工业制造、商品流通、农业生产以及其他商品销售企业发生的销售商品成本确认为主营业务成本。

主营业务成本＝54 000 000(元)

（2）纳税人将固定资产使用权让与承租人形成的出租固定资产成本确认为其他业务成本。

其他业务成本＝（　　　　　）元

（3）纳税人无偿给予其他企业、组织或个人的货币性资产、非货币性资产的捐赠支出应确认为营业外支出——捐赠支出。

营业外支出——捐赠支出＝（　　　　　）元

（4）纳税人发生的货币性资产、非货币性资产的赞助支出应确认为营业外支出——赞助支出。

营业外支出——赞助支出＝（　　　　　）元

（5）德玛公司发生的违约合同赔款和行政处罚支出应确认为营业外支出——其他。

营业外支出——其他＝（　　　　　）元

二、会计核算

企业发生的销售商品成本应通过"主营业务成本"账户进行核算，出租固定资产成本通过"其他业务成本"账户进行核算，企业发生的捐赠支出、赞助支出、行政处罚支出均通过"营业外支出"账户进行核算。

账务处理：

三、智能申报

（一）电子税务局操作

（1）登录进入申报界面。以国家税务总局江苏省电子税务局为例，操作人员进入国家税务总局江苏省电子税务局网站（https://etax.jiangsu.chinatax.gov.cn/sso/login），点击【登录】按钮，选择企业采取【企业业务办理】，在账号、CA、电子证照、移动端扫码登录中选择登录方式;登录后,点击【我要办税】—【税费申报及缴纳】,进入【企业所得税申报】界面,如图3-3所示。

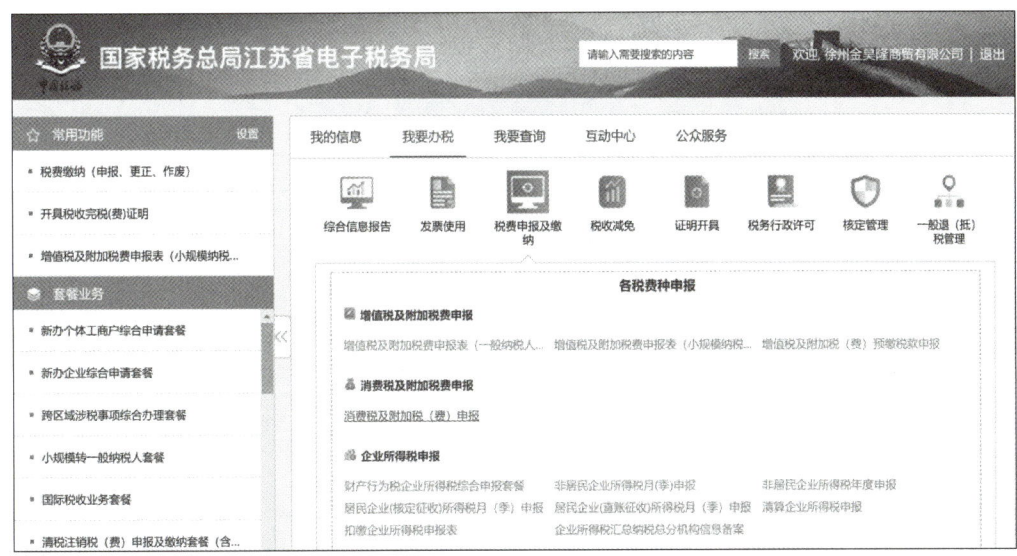

图3-3　企业所得税申报界面

(2) 点击【纳税申报】—【企业所得税申报】—【一般企业收入明细表(A102010)】进入报表填写界面,如图3-4所示。

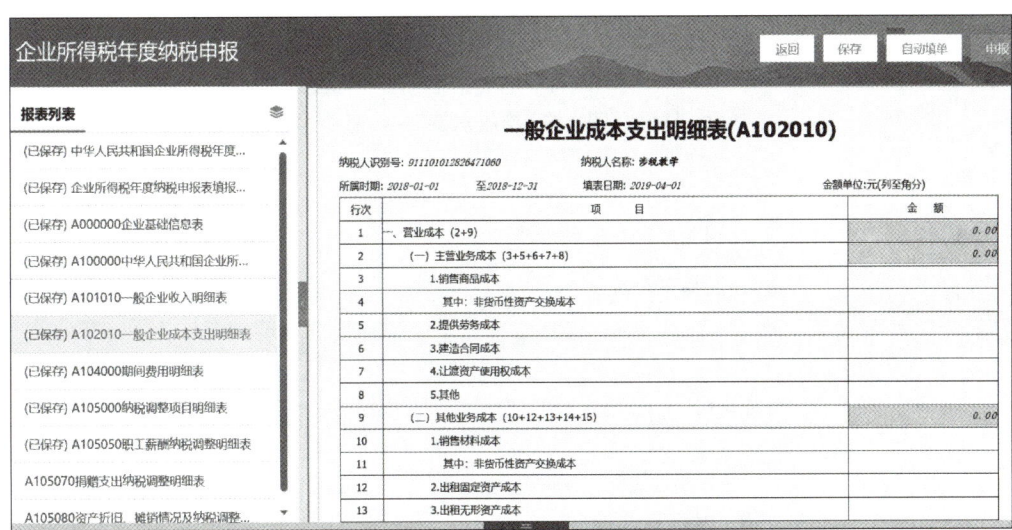

图3-4　一般企业收入明细表界面

(二) 申报表填列

填表说明。

(1) 第3行销售商品成本为(　　　　　);

(2) 第12行出租固定资产成本为(　　　　　);

（3）第 21 行捐赠支出为（　　　　　）；

（4）第 22 行赞助支出为（　　　　　）；

（5）第 26 行其他为（　　　　　）。

一般企业成本支出明细表（A102010）如表 3 - 2 所示。

表 3 - 2　一般企业成本支出明细表（A102010）

金额单位：元（列至角分）

行次	项目	金额
1	一、营业成本（2＋9）	
2	（一）主营业务成本（3＋5＋6＋7＋8）	
3	1. 销售商品成本	
4	其中：非货币性资产交换成本	
5	2. 提供劳务成本	
6	3. 建造合同成本	
7	4. 让渡资产使用权成本	
8	5. 其他	
9	（二）其他业务成本（10＋12＋13＋14＋15）	
10	1. 材料销售成本	
11	其中：非货币性资产交换成本	
12	2. 出租固定资产成本	
13	3. 出租无形资产成本	
14	4. 包装物出租成本	
15	5. 其他	
16	二、营业外支出（17＋18＋19＋20＋21＋22＋23＋24＋25＋26）	
17	（一）非流动资产处置损失	
18	（二）非货币性资产交换损失	
19	（三）债务重组损失	
20	（四）非常损失	
21	（五）捐赠支出	
22	（六）赞助支出	

续　表

行次	项目	金额
23	（七）罚没支出	
24	（八）坏账损失	
25	（九）无法收回的债券股权投资损失	
26	（十）其他	

 任务实施

【任务 3－3】职工薪酬

广东领航电器制造有限公司（以下简称领航公司）2024 年发生业务如下：

（1）全年发生允许扣除的工资薪金税收金额为 5 650 万元。

（2）实际支出职工福利费 1 000 万元，其中：直接用于生产部门生产人员的有 600 万元，用于生产部门管理人员的有 100 万元，用于管理部门人员的有 100 万元，用于销售部门人员的有 200 万元。

（3）实际支出职工教育经费 200 万元。其中，直接用于生产部门生产人员的有 70 万元，用于生产部门管理人员的有 40 万元，用于管理部门人员的有 40 万元，用于销售部门人员的有 50 万元。

（4）通过税务机关实际代缴工会经费 100 万元。其中，直接用于生产部门生产人员的有 60 万元，用于生产部门管理人员的有 10 万元，用于管理部门人员的有 10 万元，用于销售部门人员的有 20 万元。另外，该公司列支了 50 万元工会活动经费，用于生产部门生产人员的有 30 万元，用于生产部门管理人员的有 5 万元，用于管理部门人员的有 5 万元，用于销售部门人员的有 10 万元。

（5）2023 年按照职工工资总额乘以所在地政府规定的比例（基本养老保险 20％、基本医疗保险 6％、失业保险 2％、工伤保险 0.8％、生育保险 1％，合计 29.8％）计提了"五险"，并向当地社保机构进行了缴纳。假设该公司 2023 年职工工资总额账载金额为 5 000 万元，其中，用于生产部门直接生产人员的是 3 000 万元，用于生产部门管理人员的是 500 万元，用于管理部门人员的是 500 万元，用于销售部门人员的是 1 000 万元。

要求：根据领航公司 2024 年发生的经济业务，确认企业的职工薪酬、职工福利费、职工教育经费、工会经费和社保费的调整金额、进行账务处理并填写职工薪酬支出及纳税调整明细表（A105050）。

一、业务分析及税款计算

（1）2023 年领航公司实际发生职工福利费 1 000 000 元，允许企业所得税税前扣除的限额为比率为 14％。

任务实施
详解3-3

123

税前扣除限额＝(   )元

（2）2024 年领航公司职工教育经费允许企业所得税税前扣除的限额比率为 8％。

税前扣除限额＝56 500 000 元×8％＝(   )元

（3）2024 年领航公司工会经费允许企业所得税税前扣除的限额比率为 2％。

税前扣除限额＝(   )元

但领航公司支出的 50 万元工会活动经费，由于没有拨缴给工会组织并取得合法有效凭证，无法在企业所得税前按工会经费项目扣除，需进行纳税调增。

纳税调整额＝(   )元

（4）2024 年领航公司已按当地政府的规定比例和基数计提并实际拨缴了各类基本社会保障性缴款，取得了相应的合法凭证。

纳税调整额＝(   )元

二、会计核算

（1）计提职工福利费，账务处理：

（2）计提职工教育经费，账务处理：

（3）向税务机关实际代缴工会经费，账务处理：

三、智能申报

填表说明：

（1）第1行"一、工资薪金支出"：其中第1列"账载金额"根据会计核算计入成本费用的工资薪金支出为（　　　　）；

第2列"实际发生额"根据纳税人本年实际发放的工资薪金为（　　　　）；

第5列"税收金额"按照税法规定允许税前扣除的金额为（　　　　）。

（2）第3行"二、职工福利费支出"：其中第1列"账载金额"根据纳税人会计核算的职工福利费的金额为10 000 000.00；

第2列"实际发生额"根据纳税人职工福利费本年实际发生额为（　　　　）；

第3列"税收规定扣除率"填报税法规定的扣除比例为14％；

第5列"税收金额"按照税法规定允许税前扣除的金额为（　　　　）；

第6列"纳税调整金额"为第1列至第4列的余额为（　　　　）。

（3）第4行"三、职工教育经费支出"：根据第5行"按税收规定比例扣除的职工教育经费"＋第6行"按税收规定全额扣除的职工培训费用"之和填报。根据税法规定，集成电路设计企业和符合条件软件企业的职工培训费用，应单独进行核算并按实际发生额在计算应纳税所得额时扣除。因此，只有集成电路设计企业和符合条件软件企业需要填写第6行，而第5行填列除第6行之外的其他的职工教育经费。

（4）第7行"四、工会经费支出"填报纳税人本年度拨缴工会经费及其会计核算、纳税调整等金额，其中第1列"账载金额"根据纳税人会计核算的工会经费支出金额为（　　　　）；

第2列"实际发生额"根据纳税人工会经费本年实际发生额为（　　　　）；

第3列"税收规定扣除率"填报税法规定的扣除比例为2％；

第5列"税收金额"按照税法规定允许税前扣除的金额＝（　　　　），按第1行第5列"工资薪金支出——税收金额"×2％与本行第1列、第2列的孰小值填报；

第6列"纳税调整金额"为第1列至第5列的余额为（　　　　）。

（5）第8行"五、各类基本社会保障性缴款"：其中第1列"账载金额"根据纳税人会计核算的各类基本社会保障性缴款金额为（　　　　）；第2列"实际发生额"根据纳税人各类基本社会保障性缴款本年实际发生额为（　　　　）。第5列"税收金额"按照税法规定允许税前扣除的各类基本社会保障性缴款金额为（　　　　）；第6列"纳税调整金额"为第1列至第5列的余额为（　　　　）。

职工薪酬支出及纳税调整明细表（A105050）如表3-3所示。

表 3－3　职工薪酬支出及纳税调整明细表（A105050）

金额单位：元（列至角分）

行次	项目	账载金额 1	实际发生额 2	税收规定扣除率 3	以前年度累计结转扣除额 4	税收金额 5	纳税调整金额 6(1－5)	累计结转以后年度扣除额 7(2＋4－5)
1	一、工资薪金支出	56 500 000.00	56 500 000.00	*	*	56 500 000.00	0	*
2	其中：股权激励			*	*		0	*
3	二、职工福利费支出	10 000 000.00	10 000 000.00	14%	*	7 910 000.00	2 090 000.00	*
4	三、职工教育经费支出	2 000 000.00	2 000 000.00	*	*	2 000 000.00	0	*
5	其中：按税收规定比例扣除的职工教育经费	2 000 000.00	2 000 000.00	8%	*	2 000 000.00	0	0
6	按税收规定全额扣除的职工培训费用		0	*	*		0	*
7	四、工会经费支出	1 500 000.00	1 500 000.00	2%	*	1 000 000.00	500 000.00	*
8	五、各类基本社会保障性缴款	14 900 000.00	14 900 000.00	*	*	14 900 000.00	0	*
9	六、住房公积金	0	0	*	*		0	*
10	七、补充养老保险		0	*	*		0	*
11	八、补充医疗保险		0	*	*		0	*
12	九、其他			*	*		0	*
13	合计(1＋3＋4＋7＋8＋9＋10＋11＋12)	84 900 000.00	84 900 000.00	*	0	82 310 000.00	2 590 000.00	0

 **任务实施**

【任务 3 - 4】业务招待费支出

华日机器制造有限公司(以下简称华日公司)为增值税一般纳税人,2024 年发生业务如下:

(1) 全年取得销售收入 2 亿元,不包括应确认的视同销售收入 1 000 万元。

(2) 发生与生产经营相关的业务招待费为 200 万元。

要求:根据华日公司 2024 年发生的经济业务,填写纳税调整项目明细表(A105000)。

一、业务分析及税款计算

2022 年业务招待费扣除限额=(　　　　　　　　　　　)元

任务实施
详解3-4

二、会计核算

(1) 发生业务招待费,账务处理:

(2) 期末结转,账务处理:

三、智能申报

填表说明。

第 15 行"业务招待费支出":第 1 列"账载金额"按照会计核算的业务招待费支出=(　　　　);

第 2 列"税收金额"按照税法规定准予扣除的金额=(　　　　);第 3 列"调增金额"=(　　　　)。

A105000 纳税调整项目明细表如表 3 - 4 所示。

表 3－4　A105000 纳税调整项目明细表

单位：元

行次	项目	账载金额	税收金额	调增金额	调减金额
		1	2	3	4
1	一、收入类调整项目(2＋3＋…8＋10＋11)	＊	＊	0	0
2	(一)视同销售收入(填写 A105010)	＊	0	0	＊
3	(二)未按权责发生制原则确认的收入(填写 A105020)	0	0	0	0
4	(三)投资收益(填写 A105030)	0	0	0	0
5	(四)按权益法核算长期股权投资对初始投资成本调整确认收益	＊	＊	＊	
6	(五)交易性金融资产初始投资调整	＊	＊		＊
7	(六)公允价值变动净损益		＊	0	0
8	(七)不征税收入	＊	＊	0	0
9	其中:专项用途财政性资金(填写 A105040)	＊	＊	0	0
10	(八)销售折扣、折让和退回			0	0
11	(九)其他			0	0
12	二、扣除类调整项目(13＋14＋…24＋26＋27＋28＋29＋30)	＊	＊	0	0
13	(一)视同销售成本(填写 A105010)	＊	0	＊	0
14	(二)职工薪酬(填写 A105050)	0	0	0	0
15	(三)业务招待费支出				＊
16	(四)广告费和业务宣传费支出(填写 A105060)	＊	＊	0	0
17	(五)捐赠支出(填写 A105070)	0	0	0	0
18	(六)利息支出			0	0
19	(七)罚金、罚款和被没收财物的损失		＊	0	＊
20	(八)税收滞纳金、加收利息		＊	0	＊
21	(九)赞助支出		＊	0	＊
22	(十)与未实现融资收益相关在当期确认的财务费用			0	0
23	(十一)佣金和手续费支出(保险企业填写 A105060)	0	0	0	0

行次	项目	账载金额	税收金额	调增金额	调减金额
		1	2	3	4
24	（十二）不征税收入用于支出所形成的费用	*	*	0	*
25	其中：专项用途财政性资金用于支出所形成的费用（填写 A105040）	*	*	0	*
26	（十三）跨期扣除项目			0	0
27	（十四）与取得收入无关的支出		*	0	0
28	（十五）境外所得分摊的共同支出	*	*	0	*
29	（十六）党组织工作经费				
30	（十七）其他			0	0
31	三、资产类调整项目（32＋33＋34＋35）	*	*	0	0
32	（一）资产折旧、摊销（填写 A105080）	0	0	0	0
33	（二）资产减值准备金		*	0	0
34	（三）资产损失（填写 A105090）	0	0	0	0
35	（四）其他			0	0
36	四、特殊事项调整项目（37＋38＋…＋43）	*	*	0	0
37	（一）企业重组及递延纳税事项（填写 A105100）	0	0	0	0
38	（二）政策性搬迁（填写 A105110）	*	*	0	0
39	（三）特殊行业准备金（填写 A105120）	0	0	0	0
40	（四）房地产开发企业特定业务计算的纳税调整额（填写 A105010）	*	0	0	0
41	（五）合伙企业法人合伙人应分得的应纳税所得额			0	0
42	（六）发行永续债利息支出			0	0
43	（七）其他	*	*		
44	五、特别纳税调整应税所得	*	*		
45	六、其他	*	*		
46	合计（1＋12＋31＋36＋44＋45）	*	*	0	0

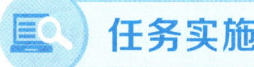

任务实施

【任务 3－5】广告费和业务宣传费支出

天雅服装股份有限公司（以下简称天雅公司）主营服装的设计、生产和销售，截至 2024 年 12 月 31 日，天雅公司产生的销售收入和业务费用如下：

（1）2023 年销售收入为 49 000 万元。

（2）天雅公司尚未扣除的广告费为 300 万元。

（3）广告费支出 1 500 万元。

（4）业务宣传费 500 万元。

要求：根据天雅公司 2023 年发生的经济业务，填写广告费和业务宣传费跨年度纳税调整明细表（A105060）。

一、业务分析及税款计算

任务实施
详解 3－5

广告费和业务宣传费税前扣除限额为＝（　　　　　）。

二、会计核算

（1）支付广告费和业务宣传费，账务处理：

（2）期末结转，账务处理：

三、智能申报

填表说明。

（1）第 1 行填写（　　　　　）；

（2）第 3 行填写（　　　　　）；

(3) 第 4 行填写 (　　　　　);

(4) 第 5 行填写 (　　　　　);

(5) 第 6 行填写 (　　　　　);

(6) 第 8 行填写 (　　　　　);

(7) 第 9 行填写 (　　　　　);

(8) 第 12 行填写 (　　　　　)。

广告费和业务宣传费跨年度纳税调整明细表(A105060)如表 3-5 所示。

表 3-5　广告费和业务宣传费跨年度纳税调整明细表(A105060)

行次	项目	金额(元)
1	一、本年广告费和业务宣传费支出	
2	减:不允许扣除的广告费和业务宣传费支出	
3	二、本年符合条件的广告费和业务宣传费支出(1-2)	
4	三、本年计算广告费和业务宣传费扣除限额的销售(营业)收入	
5	乘:税收规定扣除率	
6	四、本企业计算的广告费和业务宣传费扣除限额(4×5)	
7	五、本年结转以后年度扣除额(3>6,本行=3-6;3≤6,本行=0)	
8	加:以前年度累计结转扣除额	
9	减:本年扣除的以前年度结转额[3>6,本行=0;3≤6,本行=8 或 (6-3)孰小值]	
10	六、按照分摊协议归集至其他关联方的广告费和业务宣传费(10≤3 或 6孰小值)	
11	按照分摊协议从其他关联方归集至本企业的广告费和业务宣传费	
12	七、本年广告费和业务宣传费支出纳税调整金额(3>6,本行=2+3-6+10-11;3≤6,本行=2+10-11-9)	
13	八、累计结转以后年度扣除额(7+8-9)	

任务实施

【任务 3-6】捐赠支出

恩熙股份有限公司(以下简称恩熙公司)2024 年年度利润总额为 300 万元。2024 年 7 月恩熙公司发生以下业务(企业所得税税率 25%、不考虑其他业务):

(1) 7 月 1 日,将 100 万元自产的电视机通过民政部门捐赠给贫困村的贫困户。

（2）7月10日,捐款40万元用于公益性捐赠支出。

（3）7月30日,通过公益性社会组织捐赠用于应对防治病毒感染50万元。以上捐赠全部以银行存款方式支付。

要求：根据恩熙公司2023年7月发生的经济业务,填写捐赠支出及纳税调整明细表（A105070）。

任务实施
详解3-6

一、业务分析及税款计算

（1）7月1日,按税收规定计算的扣除限额=（　　　　）,纳税调整额=（　　　　）。

（2）7月10日,按税收规定计算的扣除限额=（　　　　）,纳税调整额=（　　　　）。

（3）7月30日,纳税调整额=（　　　　）。

二、会计核算

（1）将自产电视机捐赠给贫困户,账务处理：

（2）捐款40万元用于公益性捐赠,账务处理：

（3）捐款50万元应对防治病毒感染,账务处理：

三、智能申报

填写说明：

（1）第 2 行"全额扣除的公益性捐赠"：第 1 列"账载金额"按照纳税人本年发生的会计核算计入本年损益的按税收规定可全额税前扣除的捐赠支出金额，第 4 列"税收金额"等于第 1 列"账载金额"为（　　　　）。

（2）第 3 行"限额扣除的公益性捐赠"：第 1 列"账载金额"为（　　　　），第 3 列"按税收规定计算的扣除限额"为（　　　　），第 4 列"税收金额"为（　　　　），第 5 列"纳税调整金额"为（　　　　），第 7 列"可结转以后年度扣除的捐赠额"为（　　　　）。

捐赠支出及纳税调整明细表（A105070）如表 3-6 所示。

表 3-6　捐赠支出及纳税调整明细表（A105070）

金额单位：元（列至角分）

行次	项目	账载金额	以前年度结转可扣除的捐赠额	按税收规定计算的扣除限额	税收金额	纳税调增金额	纳税调减金额	可结转以后年度扣除的捐赠额
		1	2	3	4	5	6	7
1	一、非公益性捐赠	0	*	*	*		*	*
2	二、全额扣除的公益性捐赠	—	*	*		*	*	*
3	三、限额扣除的公益性捐赠（4+5+6+7）							680 000.00
4	前三年度（　　年）	*		*	*	*		*
5	前二年度（　　年）	*		*	*	*		
6	前一年度（　　年）	*		*	*	*		
7	本　　年（　　年）		*				*	
8	合计（1+2+3）							

资产类调整项目核算与智能申报

任务描述

资产类调整项目填报三项内容：需报批的财产损失账载金额与税收金额的差异；固定资产、无形资产转让、处置所得(损失)账载金额与税收金额的差异；金融资产转让、处置所得等损失账载金额与税收金额的差异。

本任务主要学习资产折旧摊销项目的会计核算与纳税调整金额的计算。

知识准备

按会计准则的规定,资产减值损失确认后,减值资产的折旧或者摊销费用应在未来期间作相应调整,使该资产在剩余使用寿命内系统地分摊调整后的资产账面价值,重新计算确定折旧率、折旧额。

按税法规定,企业已提取减值准备的固定资产,如果申报纳税时已调增应纳税所得额,可按提取减值准备前的账面价值确定可扣除的折旧额或摊销额。

计提固定资产减值准备后固定资产账面价值减少,比较固定资产计提减值准备后的会计折旧与税法允许可在应纳税所得额中抵扣的折旧或摊销额,若前者小于后者,则将两者的差额从当期利润总额中扣减后,再计算当期应纳税所得额;若前者大于后者,则将在当期利润总额中加上两者的差额后,再计算当期应纳税所得额。

任务实施

【任务 3-7】资产折旧、摊销

青山股份有限公司(以下简称青山公司)2024年度固定资产情况如下：

(1)房屋建筑物的期末原值为 21 000 000.00 元,折旧年限为 30 年,全年计提折旧 1 300 000.00 元。

(2)机器设备期末原值为 40 200 000.00 元,折旧年限 10 年,全年计提折旧 4 320 000.00 元。其中,2024 年 2 月青山公司接受政府补助 2 000 000.00 元,用于专项购买环境保护设备。企业又自行筹资 4 000 000.00 元,在 2023 年 6 月验收入库并投入使用,会计估计残值率为 5%。

(3)电子设备期末原值为 5 036 000.00 元,折旧年限 5 年,全年计提折旧 703 445.75 元。

　　要求：请根据以上业务描述，计算企业的折旧额、进行账务处理并填写资产折旧、摊销情况及纳税调整明细表（A105080）。

一、业务分析及税款计算

（1）按照 10 年的折旧年限分别计算营业外收入＝（　　　　）。

（2）计算资产折旧＝（　　　　）。

二、会计核算

（1）计提机器设备折旧，账务处理：

（2）计提电子设备折旧，账务处理：

三、智能申报

（一）电子税务局操作

（1）登录进入申报界面。以国家税务总局江苏省电子税务局为例，操作人员进入国家税务总局江苏省电子税务局网站（https://etax.jiangsu.chinatax.gov.cn/sso/login），点击【登录】按钮，选择企业采取【企业业务办理】，在账号、CA、电子证照、移动端扫码登录中选择登录方式；登录后，点击【我要办税】—【税费申报及缴纳】进入【企业所得税申报】界面，如图 3-5 所示。

图 3-5　企业所得税申报界面

（2）点击【纳税申报】—【企业所得税申报】—【资产折旧、摊销及纳税调整明细表】进入报表填写界面，如图 3-6 所示。

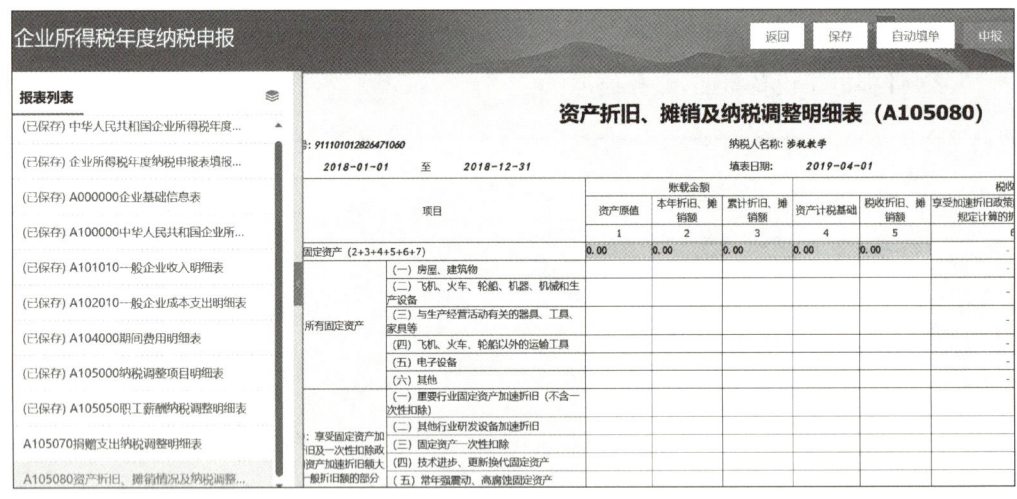

图 3-6　资产折旧、摊销及纳税调整明细表界面

（二）申报表填列

填表说明。

（1）第 2 行"（一）房屋、建筑物"：第 1 列"资产原值"按照计提折旧、摊销的资产原值（或历史成本）的金额为（　　　　　）；

第 2 列"本年折旧、摊销额"按照纳税人会计核算的本年资产折旧、摊销额为（　　　　　）；

第 3 列"累计折旧、摊销额"按照纳税人会计核算的累计（含本年）资产折旧、摊销额为（　　　　　）；

第 4 列"资产计税基础"按照纳税人按照税收规定据以计算折旧、摊销的资产原值（或历史成本）的金额为（　　　　　）；

第 5 列"税收折旧、摊销额"按照税法规定计算的累计（含本年）资产折旧、摊销额为（　　　　　）；

第 8 列"累计折旧、摊销额"为（　　　　　）。

（2）第 3 行"（二）飞机、火车、轮船、机器、机械和其他生产设备"：

第 1 列"资产原值"按照计提折旧、摊销的资产原值（或历史成本）的金额为（　　　　　）；

第 2 列"本年折旧、摊销额"按照纳税人会计核算的本年资产折旧、摊销额为（　　　　　）；

第 3 列"累计折旧、摊销额"按照纳税人会计核算的累计（含本年）资产折旧、摊销额为（　　　　　）；

第 4 列"资产计税基础"按照纳税人按照税收规定据以计算折旧、摊销的资产原值（或历史成本）的金额为（　　　　　）；

第 5 列"税收折旧、摊销额"按照税法规定计算的累计（含本年）资产折旧、摊销额为（　　　　　）；

第 8 列"累计折旧、摊销额" 6 423 600.00，第 9 列"纳税调整金额"为（　　　　　）。

（3）第 6 行"（五）电子设备"：

第 1 列"资产原值"按照计提折旧、摊销的资产原值（或历史成本）的金额为（　　　　　）；

第 2 列"本年折旧、摊销额"按照纳税人会计核算的本年资产折旧、摊销额为（　　　　　）；

第 3 列"累计折旧、摊销额"按照纳税人会计核算的累计（含本年）资产折旧、摊销额为（　　　　　）；第 4 列"资产计税基础"按照纳税人按照税收规定据以计算折旧、摊销的资产原值（或历史成本）的金额为（　　　　　）；

第 5 列"税收折旧、摊销额"按照税法规定计算的累计（含本年）资产折旧、摊销额为（　　　　　）；

第 8 列"累计折旧、摊销额"为（　　　　　）。

资产折旧、摊销情况及纳税调整明细表（A105080）如表 3 - 7 所示。

表3-7 资产折旧、摊销情况及纳税调整明细表（A105080）

金额单位：元（列至角分）

行次	项目	账载金额 资产原值 1	账载金额 本年折旧、摊销额 2	账载金额 累计折旧、摊销额 3	资产计税基础 4	税收金额 税收折旧、摊销额 5	税收金额 享受加速折旧政策的资产按税收一般规定计算的折旧、摊销额 6	税收金额 加速折旧、摊销统计额 7=5-6	累计折旧、摊销额 8	纳税调整金额 9(2-5)
1	一、固定资产(2+3+4+5+6+7)				64 236 000.00	6 223 445.75	*	*	12 727 920.00	100 000.00
2	（一）房屋、建筑物				21 000 000.00	1 300 000.00	*	*	2 652 000.00	
3	（二）飞机、火车、轮船、机器、机械和其他生产设备				38 200 000.00	4 220 000.00	*	*	6 423 600.00	100 000.00
4	（三）与生产经营活动有关的器具、工具、家具等				—	—	*	*		
5	（四）飞机、火车、轮船以外的运输工具				—	—	*	*		
6	（五）电子设备				5 036 000.00	703 445.75	*	*	3 652 320.00	
7	（六）其他						*	*		
8	其中：享受固定资产加速折旧及一次性扣除政策的资产加速折旧额大于一般折旧额的部分（一）重要行业固定资产加速折旧（不含一次性扣除）									*
9	（二）其他行业研发设备加速折旧									*

续　表

行次	项目	账载金额			资产计税基础	税收金额				纳税调整金额
		资产原值	本年折旧、摊销额	累计折旧、摊销额		税收折旧、摊销额	享受加速折旧政策的资产按规定税收一般计算的折旧、摊销额	加速折旧、摊销统计额	累计折旧、摊销额	
		1	2	3	4	5	6	7=5-6	8	9(2-5)
10	（三）特定地区企业固定资产加速折旧									*
10.1	1. 海南自由贸易港企业固定资产加速折旧									*
10.2	2. 其他特定地区企业固定资产加速折旧									*
11	（四）500万元以下设备器具一次性扣除									*
	其中：享受固定资产加速折旧及一次性扣除政策的资产，加速折旧额大于一般折旧额的部分									*
12	（五）疫情防控重点保障物资生产企业单价500万元以上设备一次性扣除									*
13	（六）特定地区企业固定资产一次性扣除（13.1+13.2）									*
13.1	1. 海南自由贸易港企业固定资产一次性扣除									*

续 表

行次	项目	账载金额			税收金额					纳税调整金额
		资产原值	本年折旧、摊销额	累计折旧、摊销额	资产计税基础	税收折旧、摊销额	享受加速折旧政策的资产按税收一般规定计算的折旧、摊销额	加速折旧、摊销统计额	累计折旧、摊销额	9(2−5)
			1	2	3	4	5	6	7=5−6	8	
13.2	2. 其他特定地区企业固定资产一次性扣除										*
14	其中:享受固定资产加速折旧又一次性扣除政策的资产大于一般折旧额的部分 （七）技术进步、更新换代固定资产加速折旧										*
15	（八）常年强震动、高腐蚀固定资产加速折旧										*
16	（九）外购软件加速折旧										*
17	（十）集成电路企业生产设备加速折旧										*
18	二、生产性生物资产(16+17)					—	—	*	*		
19	（一）林木类							*	*		
20	（二）畜类							*	*		
21	三、无形资产(19+20+21+22+23+24+25+27)							*	*		

续　表

行次	项目	账载金额			资产计税基础	税收金额			累计折旧、摊销额	纳税调整金额
		资产原值	本年折旧、摊销额	累计折旧、摊销额	资产计税基础	税收折旧、摊销额	享受加速折旧政策的资产按税收一般计算的折旧、摊销额	加速折旧、摊销额统计额	累计折旧、摊销额	
		1	2	3	4	5	6	7=5-6	8	9(2-5)
22	（一）专利权						*	*		
23	（二）商标权				—	—	*	*		
24	（三）著作权				—	—	*	*		
25	（四）土地使用权（所有无形资产）						*	*		
26	（五）非专利技术						*	*		
27	（六）特许权使用费				—	—	*	*		
28	（七）软件				—	—	*	*		
29	（八）其他						*	*		
30	其中：享受无形资产摊销政策及一次性摊销政策的资产加速摊销额大于一般摊销额的部分　（一）企业外购软件加速摊销									*
31	（二）特定地区企业无形资产加速摊销（31.1+31.2）									*

141

续 表

行次	项目	账载金额			资产计税基础	税收金额				纳税调整金额
		资产原值	本年折旧、摊销额	累计折旧、摊销额		税收折旧、摊销额	享受加速折旧政策的资产按税收一般规定计算的折旧、摊销额	加速折旧、摊销统计额	累计折旧、摊销额	
		1	2	3	4	5	6	7=5－6	8	9(2－5)
31.1	其中:享受无形资产加速摊销及一次性摊销政策的资产加速摊销额大于一般摊销额的部分　1.海南自由贸易港企业无形资产加速摊销									*
31.2	2.其他特定地区企业无形资产加速摊销									*
32	(三)特定地区企业无形资产一次性摊销(32.1＋32.2)									*
32.1	1.海南自由贸易港企业无形资产一次性摊销									*
32.2	2.其他特定地区企业无形资产一次性摊销									*
33	四、长期待摊费用(29＋30＋31＋32＋33)						*	*		
34	(一)已足额提取折旧的固定资产的改建支出						*	*		
35	(二)租入固定资产的改建支出				—	—	*	*		

142

续　表

行次	项目	账载金额			资产计税基础	税收金额				纳税调整金额
		资产原值	本年折旧、摊销额	累计折旧、摊销额		税收折旧、摊销额	享受加速折旧政策的资产按税收一般规定计算的折旧、摊销额	加速折旧、摊销统计额	累计折旧、摊销额	
		1	2	3	4	5	6	7=5-6	8	9(2-5)
36	(三)固定资产的大修理支出				—	—	*	*		
37	(四)开办费				—	—	*	*		
38	(五)其他						*	*		
39	五、油气勘探投资						*	*		
40	六、油气开发投资						*	*		
41	合计(1+18+21+33+39+40)						*			
附列资料	全民所有制改制资产评估增值政策资产									

任务实施

【任务3-8】综合案例

兰州振兴食品有限公司(以下简称振兴公司)2024年度取得主营业务收入5 600万元、其他业务收入300万元、营业外收入120万元、投资收益80万元,发生主营业务成本2 400万元、其他业务成本140万元、营业外支出130万元、税金及附加450万元、管理费用500万元、销售费用1 200万元、财务费用110万元,实现年度利润总额1 170万元。振兴公司2023年度发生以下业务:

(1)发放职工工资薪酬500万元,拨缴职工工会经费11万元,发生职工福利费75万元,其中用于管理部门人员的有45万元,用于销售部门人员的有20万元,用于生产部门人员的有10万元,职工教育经费45万元,其中用于管理部门人员的有15万元,用于销售部门人员的有20万元,用于生产部门人员的有10万元;

(2)发生业务招待费支出50万元;

(3)发生广告费支出950万元;

(4)营业外支出中含通过中国青少年发展基金会援建希望小学捐款40万元。

要求:请根据以上业务描述,计算企业所得税纳税调整金额并进行账务处理。

一、业务分析及税款计算

(1)工会经费税前扣除限额=( )

纳税调整额=( )

职工福利费税前扣除限额=( )

纳税调整额=( )

职工教育经费税前扣除限额=( )

纳税调整额=( )

三项经费合计应纳税调整额=( )

(2)业务招待费税前扣除限额1=( )

业务招待费税前扣除限额2=( )

应纳税调整额=( )

(3)广告费税前扣除限额=( )

应纳税调整额=( )

(4)该企业发生的捐赠是通过中国青少年发展基金会进行捐赠的可以认定为公益性捐赠。

公益性捐赠的扣除限额=( )

应纳税调整额=( )

二、会计核算

（1）计提职工福利费，账务处理：

（2）计提职工教育经费，账务处理：

（3）向税务机关实际代缴工会经费，账务处理：

（4）发生业务招待费，账务处理：

（5）期末结转业务招待费，账务处理：

（6）支付广告费和业务宣传费，账务处理：

（7）期末结转，账务处理：

（8）捐款 40 万元用于公益性捐赠，账务处理：

三、智能申报

(一) 电子税务局操作

(1) 登录进入申报界面。以国家税务总局江苏省电子税务局为例,操作人员进入国家税务总局江苏省电子税务局网站(https：//etax.jiangsu.chinatax.gov.cn/sso/login),点击【登录】按钮,选择企业采取【企业业务办理】,在账号、CA、电子证照、移动端扫码登录中选择登录方式,登录后,点击【我要办税】—【税费申报及缴纳】进入【企业所得税申报】界面,如图 3-7 所示。

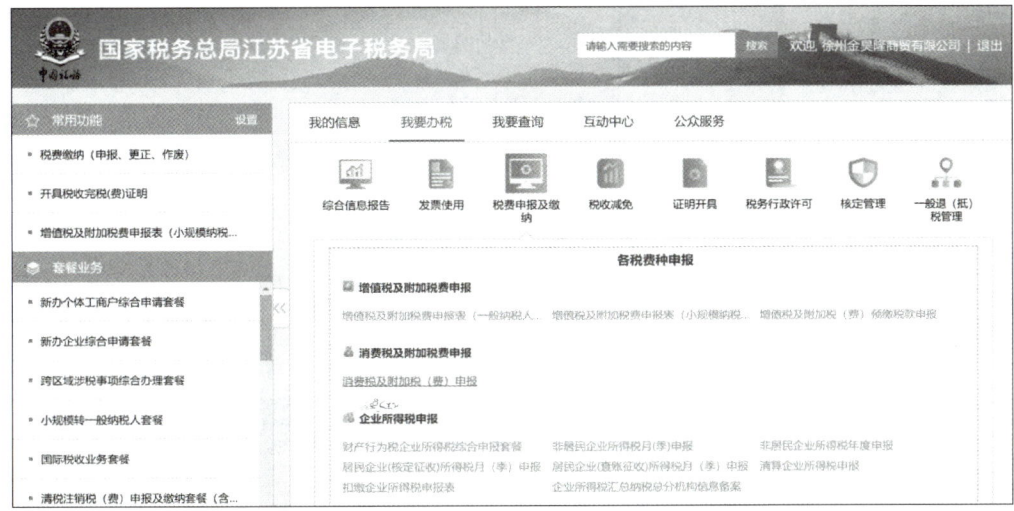

图 3-7　税费申报及缴纳界面

(2) 点击【纳税申报】—【企业所得税年度纳税申报】—【职工薪酬支出及纳税调整明细表】进入报表填写界面,如图 3-8 所示。

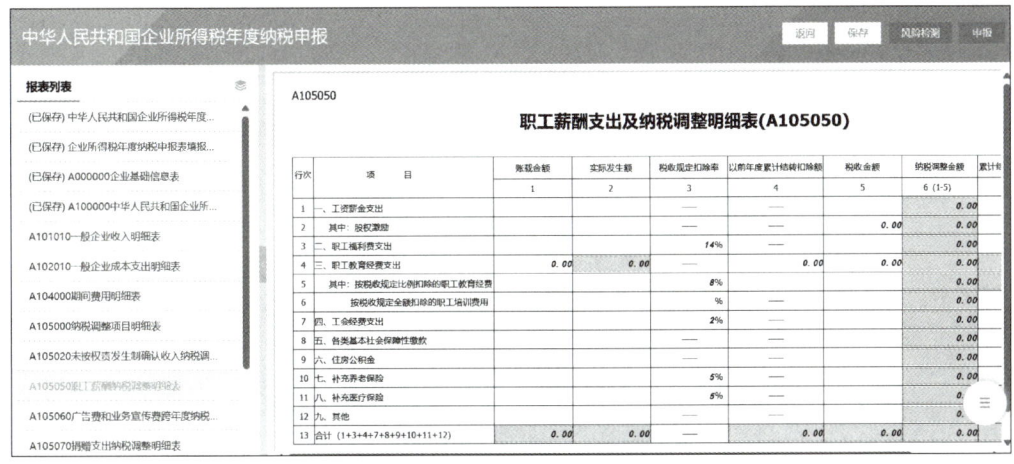

图 3-8　企业所得税年度纳税申报

点击【纳税申报】—【企业所得税年度纳税申报】—【广告费和业务宣传费等跨年度纳税调整明细表】进入报表填写界面，如图 3-9 所示。

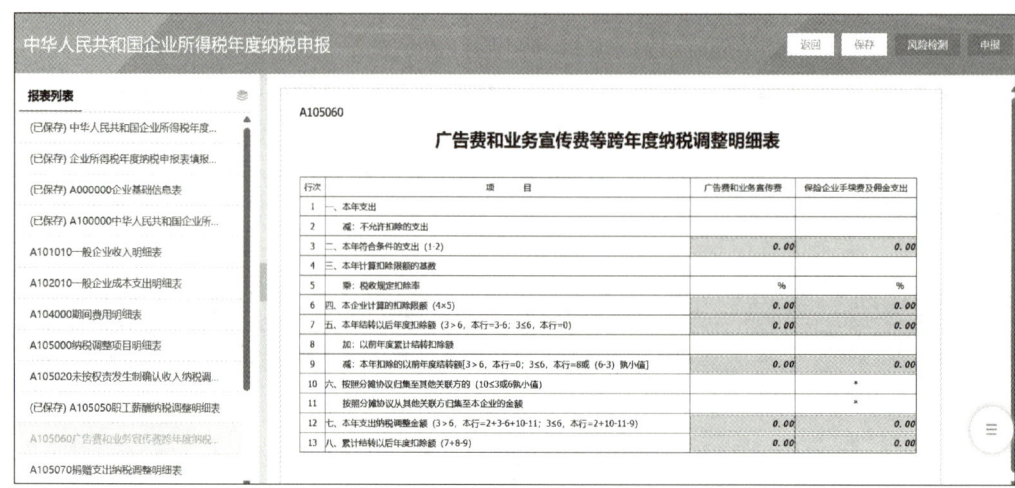

图 3-9　企业所得税年度纳税申报

点击【纳税申报】—【企业所得税年度申报】—【捐赠支出及纳税调整明细表】进入报表填写界面，如图 3-10 所示。

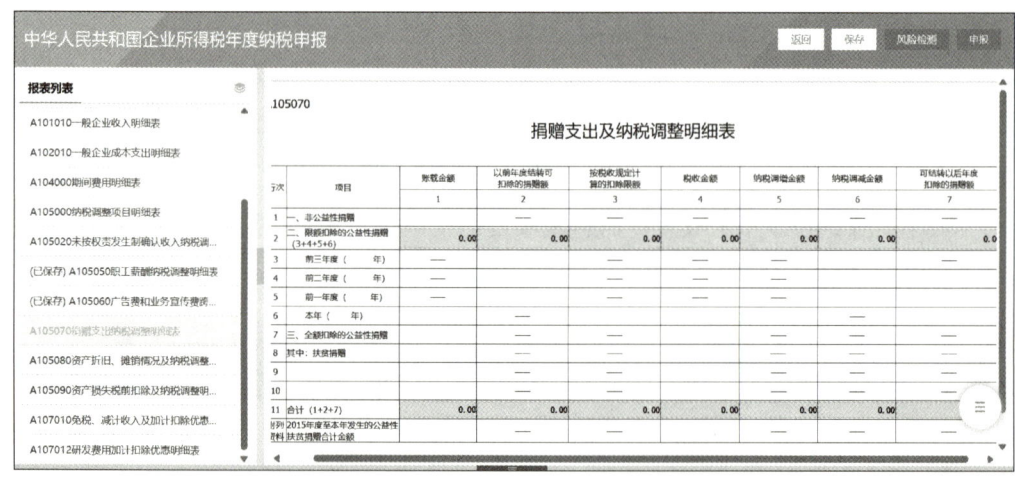

图 3-10　企业所得税年度纳税申报

表 3-8 职工薪酬支出及纳税调整明细表（A105050）

金额单位：元（列至角分）

行次	项目	账载金额	实际发生额	税收规定扣除率	以前年度累计结转扣除额	税收金额	纳税调整金额	累计结转以后年度扣除额
		1	2	3	4	5	6(1−5)	7(2+4−5)
1	一、工资薪金支出							*
2	其中：股权激励							*
3	二、职工福利费支出							*
4	三、职工教育经费支出							
5	其中：按税收规定比例扣除的职工教育经费							0.00
6	按税收规定全额扣除的职工培训费用							*
7	四、工会经费支出							*
8	五、各类基本社会保障性缴款							*
9	六、住房公积金							*
10	七、补充养老保险							*
11	八、补充医疗保险							*
12	九、其他							*
13	合计(1+3+4+7+8+9+10+11+12)							0.00

表3-9　广告费和业务宣传费跨年度纳税调整明细表(A105060)

金额单位：元(列至角分)

行次	项目	金额
1	一、本年广告费和业务宣传费支出	
2	减：不允许扣除的广告费和业务宣传费支出	
3	二、本年符合条件的广告费和业务宣传费支出(1-2)	
4	三、本年计算广告费和业务宣传费扣除限额的销售(营业)收入	
5	乘：税收规定扣除率	
6	四、本企业计算的广告费和业务宣传费扣除限额(4×5)	
7	五、本年结转以后年度扣除额(3>6,本行=3-6;3≤6,本行=0)	
8	加：以前年度累计结转扣除额	
9	减：本年扣除的以前年度结转额[3>6,本行=0;3≤6,本行=8或(6-3)孰小值]	
10	六、按照分摊协议归集至其他关联方的广告费和业务宣传费(10≤3或6孰小值)	
11	按照分摊协议从其他关联方归集至本企业的广告费和业务宣传费	
12	七、本年广告费和业务宣传费支出纳税调整金额(3>6,本行=2+3-6+10-11;3≤6,本行=2+10-11-9)	
13	八、累计结转以后年度扣除额(7+8-9)	

表3-10　捐赠支出及纳税调整明细表(A105070)

金额单位：元(列至角分)

行次	项目	账载金额	以前年度结转可扣除的捐赠额	按税收规定计算的扣除限额	税收金额	纳税调增金额	纳税调减金额	可结转以后年度扣除的捐赠额
		1	2	3	4	5	6	7
1	一、非公益性捐赠	0	*	*	*		*	*
2	二、全额扣除的公益性捐赠	—	*	*	0	*	*	*
3	三、限额扣除的公益性捐赠(4+5+6+7)							

续　表

行次	项目	账载金额	以前年度结转可扣除的捐赠额	按税收规定计算的扣除限额	税收金额	纳税调增金额	纳税调减金额	可结转以后年度扣除的捐赠额
		1	2	3	4	5	6	7
4	前三年度(　　年)	＊		＊	＊	＊		＊
5	前二年度(　　年)	＊		＊	＊	＊		
6	前一年度(　　年)	＊		＊	＊	＊		
7	本　　年(　　年)		＊				＊	
8	合计(1＋2＋3)							1 004 000.00

任务 四 核定征收方式下企业所得税核算与智能申报

任务描述

对于企业账簿不健全、会计资料残缺难以查账。不能准确计算并据实申报其应纳所得额的企业,经税务机关核定为核定征收企业所得税,税务机关核定应税所得率或核定应纳所得税额,企业按照要求填写纳税申报表(B类)。

本任务主要学习核定征收方式下企业所得税的计算以及企业所得税月(季)预缴纳税申报表(B类)填写与申报(以下简称企业所得税申报表)。

知识准备

核定征收下企业所得税所得额的计算方法主要有以下两种。

1. 按收入总额核定

按收入总额核定能正确核算(查实)收入总额,但不能核算(查实)成本费用总额的,按收入总额核定应纳税所得额,计算公式如下:

$$应纳税所得额＝应税收入额×应税所得率$$

2. 按成本费用核定

按成本费用核定能正确核算(查实)成本费用总额,但不能核算(查实)收入总额的,按成本费用总额核定应纳税所得额,计算公式如下:

$$应纳税所得额＝成本(费用)支出额÷(1－应税所得率)×应税所得率$$

任务实施

【任务3-9】核定征收企业所得税

南京尼龙商贸有限公司(以下简称尼龙公司)2024年第三季度季初从业人数200人,季末从业人数300人,季初资产总额为1 500万元,季末资产总额为3 000万元,从事国家非限制和禁止行业。2024年度前三季度自行申报营业收入总额为280万元、成本费用总额300万元,亏损20万元。前期实际已缴纳所得税额为0元。经税务机关审核,尼龙公司申报的收入总额无法核定,成本费用核算正确。假定对该公司采取按成本费用核定征收企业所得税,应税所得税税率为 9%。

要求:请根据以上业务描述,计算企业所得税应纳税所得额和应纳企业所得税税额,并填写企业所得税申报表。

一、业务分析及税款计算

应纳税所得额=(   )
应纳税额=(   )

任务实施
详解 3-9

二、会计核算

计提企业所得税,账务处理:

三、智能申报

(一) 电子税务局操作

(1)登录进入申报界面。以国家税务总局江苏省电子税务局为例,操作人员进入国家税务总局江苏省电子税务局网站(https://etax.jiangsu.chinatax.gov.cn/sso/login),点击【登录】按钮,选择企业采取【企业业务办理】,在账号、CA、电子证照、移动端扫码登录中选择登录方式;登录后,点击【我要办税】—【税费申报及缴纳】进入【企业所得税申报】界面,如图 3-11 所示。

图 3-11 企业所得税申报界面

（2）点击【纳税申报】—【企业所得税申报】—【企业所得税按季预缴申报（B类）】进入报表填写界面，如图3-12所示。

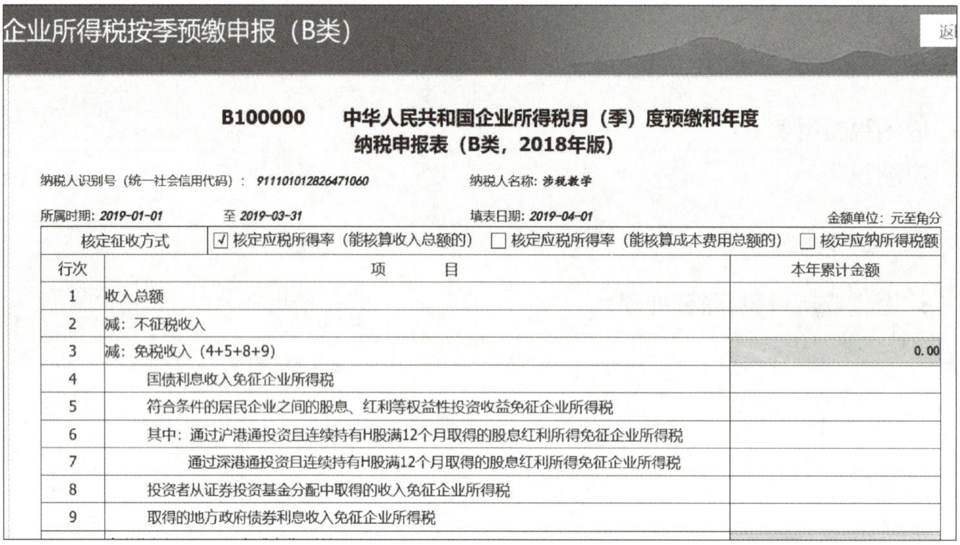

企业所得税按季预缴申报（B类）		返
B100000　中华人民共和国企业所得税月（季）度预缴和年度 纳税申报表（B类，2018年版）		

纳税人识别号（统一社会信用代码）：911101012826471060　　　　纳税人名称：涉税教学

所属时期：2019-01-01 至 2019-03-31　　　　填表日期：2019-04-01　　　　金额单位：元至角分

核定征收方式	☑核定应税所得率（能核算收入总额的）　□核定应税所得率（能核算成本费用总额的）　□核定应纳税所得额	
行次	项目	本年累计金额
1	收入总额	
2	减：不征税收入	
3	减：免税收入（4+5+8+9）	0.00
4	国债利息收入免征企业所得税	
5	符合条件的居民企业之间的股息、红利等权益性投资收益免征企业所得税	
6	其中：通过沪港通投资且连续持有H股满12个月取得的股息红利免征企业所得税	
7	通过深港通投资且连续持有H股满12个月取得的股息红利免征企业所得税	
8	投资者从证券投资基金分配中取得的收入免征企业所得税	
9	取得的地方政府债券利息收入免征企业所得税	

图3-12　企业所得税按季预缴申报（B类）界面

（二）申报表填列

填表说明。

（1）从业人数：纳税人填报第一季度至税款所属季度各季度的季初、季末、季度平均从业人员数量。

$$各季度平均值＝（季初值＋季末值）÷2$$

$$截至本税款所属期末季度平均值＝截至本税款所属期末各季度平均值之和÷相应季度数$$

（2）资产总额：纳税人填报第一季度至税款所属季度各季度的季初、季末、季度平均资产总额的金额。

$$各季度平均值＝（季初值＋季末值）÷2$$

$$截至本税款所属期末季度平均值＝截至本税款所属期末各季度平均值之和÷相应季度数$$

（3）小型微利企业：本纳税年度截至本期末的从业人数季度平均值不超过300人、资产总额季度平均值不超过5 000万元、应纳税所得额不超过300万元。

第12行：填写成本总额为（　　　　　　）；

第13行：填写应税所得率为（　　　　　　）；

第14行：填写应纳税所得额为（　　　　　　）；

第16行：填写应纳税所得额为（　　　　　　）。

应缴纳企业所得税为（　　　　　　），所得税减免为（　　　　　　）；

第17栏"符合条件的小型微利企业减免企业所得税"填写（　　　　　　）。

第 18 行：实际已缴纳所得税为（　　　　　）；

第 21 行：本期实际应补（退）所得税额为（　　　　　）。

企业所得税申报表如表 3-11 所示。

表 3-11　中华人民共和国企业所得税月（季）度预缴和年度纳税申报表（B 类）

（企业所得税申报表）

税款所属期间：　　　年　　月　　日至　　年　　月　　日

纳税人识别号：□□□□□□□□□□□□□□□□□□

纳税人名称：　　　　　　　　　　　　　　　金额单位：人民币元（列至角分）

项目			行次	累计金额
一、以下由按应税所得率计算应纳所得税额的企业填报				
应纳税所得额的计算	按收入总额核定应纳税所得额	收入总额	1	
		减：不征税收入	2	
		免税收入	3	
		其中：国债利息收入	4	
		地方政府债券利息收入	5	
		符合条件居民企业之间股息红利等权益性收益	6	
		符合条件的非营利组织收入	7	
		其他免税收入：	8	
		应税收入额（1 行－2 行－3 行）	9	
		税务机关核定的应税所得率（%）	10	
		应纳税所得额（9 行×10 行）	11	
	按成本费用核定应纳税所得额	成本费用总额	12	3 000 000.00
		税务机关核定的应税所得率（%）	13	9%
		应纳税所得额［12 行÷（100%－13 行）×13 行］	14	296 703.30
应纳所得税额的计算		税率（25%）	15	25%
		应纳所得税额（11 行×15 行或 14 行×15 行）	16	74 175.82
应补（退）所得税额的计算		减：符合条件的小型微利企业减免所得税额	17	66 758.24
		其中：减半征税	18	0.00
		已预缴所得税额	19	0.00
		应补（退）所得税额（16 行－17 行－19 行）	20	7 417.58

续　表

项目		行次	累计金额
二、以下由税务机关核定应纳所得税额的企业填报			
税务机关核定应纳所得税额		21	
预缴申报时填报	是否属于小型微利企业：　　　　是☑　　　　　　否□		
年度申报时填报	所属行业：	从业人数：	
	资产总额：	国家限制和禁止行业： 是□　　否□	

谨声明：此纳税申报表是根据《中华人民共和国企业所得税法》《中华人民共和国企业所得税法实施条例》和国家有关税收规定填报的，是真实的、可靠的、完整的。

法定代表人（签字）：　　　　年　　月　　日

纳税人公章： 会计主管： 填表日期：　　年　月　日	代理申报中介机构公章： 经办人： 经办人执业证件号码： 代理申报日期：　　年　月　日	主管税务机关受理专用章： 受理人： 受理日期：　　年　月　日

【税惠为民】

协调发展税费政策助力经营主体发展提质增效

协调发展是经济社会持续健康发展的内在要求，是高质量发展的重要衡量标准，要求坚持统筹兼顾、综合平衡，补齐短板、缩小差距，努力推动形成各区域各领域全面发展的景象。为深入贯彻落实协调发展理念，国家在支持民族地区发展、推动西部大开发战略、加快建设现代化产业体系，高质量建设海南自由贸易港等特定区域方面出台了多项税费优惠政策。

2023年3月，国家将符合条件的企业研发费用加计扣除比例由75%提高至100%，并明确作为一项制度性安排长期实施；在此基础上，进一步聚焦集成电路和工业母机行业高质量发展，对上述两个行业符合条件企业的研发费用加计扣除比例再提高至120%。同时，税务总局在原有10月份企业所得税预缴申报和年度汇算两个时段享受研发费用加计扣除政策的基础上，新增7月预缴申报期作为政策享受时点，引导企业更早更及时地享受政策红利。

税务部门将持续推进税收政策的落实，不断优化税费优惠政策精准推送流程，用更大力度、更实举措确保政策红利精准直达经营主体，充分释放创新激励政策效应，以政策落实的"加"力前行，帮助经营主体"减"负增效，推动高质量发展"乘"势而进。

资料来源：国家税务总局。

项目 四

个人所得税核算与智能申报

 知识目标 ～～～～～～～～～～～～～～～～～～～～～～～

　　1. 掌握工资薪金、劳务报酬、稿酬、特许权使用费、经营所得等各类收入类型及计税方法。

　　2. 掌握专项附加扣除及免税项目的适用规则。

　　3. 了解电子税务局，个税 APP 等智能申报工具的功能及操作逻辑。

 能力目标 ～～～～～～～～～～～～～～～～～～～～～～～

　　1. 能准确计算不同收入类型的预扣项缴税款与年度汇算清缴税额。

　　2. 能利用电子税务局完成企业代扣代缴申报及数据核对。

　　3. 能运用 Excel 表完成复杂场景的税款模拟计算。

💡 **素养目标** ～～～～～～～～～～～～～～～～～～～～～～～

　　1. 帮助学生养成遵守财经法规意识、责任意识和依法纳税意识。

　　2. 了解个人所得税的重要性，理解税收取之于民、用之于民的意义。

　　3. 体会个人所得税改革为民造福、公平的原则。

任务 一 综合所得应纳税额的核算与智能申报

任务描述

　　居民个人每一纳税年度内取得的综合所得包括：工资、薪金所得；劳务报酬所得；稿酬所得；特许权使用费所得。本任务主要学习个人所得税综合所得的计算、会计核算与纳税申报。

知识准备

一、综合所得——应纳税额的计算

（一）收入额的确定

不同项目计入收入额的比例如表 4-1 所示。

表 4-1　不同税目计入收入额的比例

税目	计入收入额的比例
工资、薪金所得	全额计入收入
劳务报酬所得	以收入减除 20% 费用后的余额为收入额
稿酬所得	
特许权使用费所得	收入减除 20% 费用后的余额为收入额，再减按 70% 计算

（二）扣除项目

扣除项目及具体内容如表 4-2 所示。

表 4-2　扣除项目及具体内容

扣除项目	具体内容
累计减除费用（生计费）	按 5 000 元/月累计或全年 6 万元
专项扣除	个人按照国家或省级政府规定的缴费比例或办法实际缴付的"三险一金"等，允许在个人应纳税所得额中扣除，超过规定比例和标准缴付的，超过部分并入个人当期的工资、薪金收入，计征个人所得税

续　表

扣除项目	具体内容
专项附加扣除	3岁以下婴幼儿照护、子女教育、继续教育、大病医疗、住房贷款利息、住房租金、赡养老人(共7项)
依法确定的其他扣除	(1) 个人缴付符合国家规定的企业年金、职业年金 (2) 个人购买符合国家规定的商业健康保险、税收递延型商业养老保险的支出等。其中,对购买符合规定的商业健康保险产品的支出,扣除限额为2 400元/年(200元/月)

(三) 综合所得——预扣预缴税额的计算

1. 工资、薪金所得预扣预缴税额的计算——累计预扣法

1) 计算步骤

累计预扣预缴应纳税所得额和本期应预扣预缴税额的计算公式如下:

$$累计预扣预缴\atop 应纳税所得额 = 累计收入 - 累计免税收入 - 累计减除费用$$

$$- 累计专项扣除 - 累计专项附加扣除$$

$$- 累计依法确定的其他扣除$$

$$本期应预扣\atop 预缴税额 = (累计预扣预缴应纳税所得额 \times 预扣率 - 速算扣除数)$$

$$- 累计已预扣预缴税额$$

2) 累计减除费用的具体规定

(1) 一般规定:

累计减除费用＝5 000元/月×纳税人当年截至本月在本单位的任职受雇月份数

(2) 对一个纳税年度内首次取得工资、薪金所得的居民个人:

累计减除费用＝5 000元/月×纳税人当年截至本月的累计月份数

提示:首次取得工资、薪金所得的居民个人,是指自纳税年度首月起至新入职时未取得工资、薪金所得或者未按照累计预扣法预扣预缴过连续性劳务报酬所得个人所得税的居民个人。

(3) 对于上一完整纳税年度内均在同一单位预扣预缴工资、薪金所得个人所得税,且全年累计工资、薪金收入(含奖金,不扣任何费用)不超过6万元的居民个人。

累计减除费用(从1月起)＝60 000(元)。

即在纳税人累计收入不超过6万元的月份,暂不预扣预缴个人所得税。

3) 累计专项附加扣除的确定

累计专项附加扣除为该员工在本单位截至当前月份符合政策条件的扣除金额。

4）预扣率及速算扣除数

个人所得税预扣率表如表4-3所示。

表4-3 个人所得税预扣率表一

（居民个人工资、薪金所得预扣预缴适用）

级数	累计应纳税所得额 含税级距	预扣率	速算扣除数（元）
1	不超过36 000元的	3％	0
2	超过36 000元至144 000元的部分	10％	2 520
3	超过144 000元至300 000元的部分	20％	16 920
4	超过300 000元至420 000元的部分	25％	31 920
5	超过420 000元至660 000元的部分	30％	52 920
6	超过660 000元至960 000元的部分	35％	85 920
7	超过960 000元的部分	45％	181 920

2. 劳务报酬所得、稿酬所得、特许权使用费所得预扣预缴税额的计算

1）扣缴方式

扣缴义务人向居民个人支付劳务报酬所得、稿酬所得、特许权使用费所得，按次或者按月预扣预缴个人所得税。

2）应纳税所得额的确定

应纳税所得额的确定如表4-4所示。

表4-4 应纳税所得额的确定

税目	减除费用	预扣预缴的应纳税所得额
劳务报酬所得	每次收入≤4 000元的，减除费用800元；每次收入＞4 000元的，减除20％，即乘以（1—20％）	以收入减除费用后的余额为应纳税所得额
特许权使用费所得		
稿酬所得		以减除费用后的余额，再减按70％作为应纳税所得额

3）预扣预缴税额的计算

（1）劳务报酬所得。

应预扣预缴税额＝预扣预缴应纳税所得额×预扣率－速算扣除数

个人所得税预扣率表如表4-5所示。

表 4-5　个人所得税预扣率表二

（居民个人劳务报酬所得预扣预缴适用）

级数	预扣预缴应纳税所得额	预扣率(%)	速算扣除数(元)
1	不超过 20 000 元的部分	20	0
2	超过 20 000 元至 50 000 元的部分	30	2 000
3	超过 50 000 元的部分	40	7 000

（2）稿酬所得、特许权使用费所得。

$$应预扣预缴税额＝预扣预缴应纳税所得额×预扣率 20\%$$

 任务实施

【任务 4-1】综合所得

上海盛大化妆品有限公司（以下简称盛大公司，纳税人识别号：91110105248639845S）为增值税一般纳税人。公司职员钱蒙（身份证号：320100198808020523），2024 年 1 月取得工资、薪金收入 20 000 元，2 月取得工资、薪金收入 50 000 元；每月个人缴纳的三险一金合计为 3 900 元，其中基本养老保险费 1 600 元，基本医疗保险费 400 元，失业保险费 100 元，住房公积金 1 900 元。钱蒙为独生子，父母年龄均超过 60 岁，每月可扣除赡养老人支出 3 000 元；名下无房，现租房居住，每月可扣除住房租金 1 500 元。

要求：请根据以上业务描述，请分别计算钱蒙 2024 年 1 月、2 月预扣预缴的个人所得税税额、进行相关账务处理并填写个人所得税扣缴申报表。

一、业务分析及税款计算

（1）2024 年 1 月预扣预缴的个人所得税税额：

每月费用扣除＝5 000（元）

每月专项扣除（"三险一金"）＝4 000（元）

每月专项附加扣除＝1 500（住房租金）＋3 000（赡养老人）＝4 500（元）

每月扣除项目合计＝5 000＋4 000＋4 500＝13 500（元）

累计应纳税所得额＝20 000－13 500＝6 500（元）

应纳税所得额不超过 36 000 元，适用税率为 3%。

1 月应预扣预缴税额＝6 500×3%＝195（元）

（2）2024 年 2 月预扣预缴的个人所得税税额：

每月费用扣除＝5 000（元）

每月专项扣除（"三险一金"）＝4 000（元）

每月专项附加扣除＝1 500（住房租金）＋3 000（赡养老人）＝4 500（元）

每月扣除项目合计＝5 000＋4 000＋4 500＝13 500（元）

累计应纳税所得额＝(20 000＋50 000)－13 500×2＝43 000(元)

应纳税所得额超过 36 000 元至 144 000 元的部分,适用税率为 10%。

2 月应预扣预缴税额＝43 000×10%－2 520－195＝1 585(元)

二、会计核算

(1) 2024 年 1 月企业代钱蒙预扣预缴的个税,账务处理:

借:应付职工薪酬   195.00

    贷:应交税费——应交个人所得税   195.00

(2) 2024 年 2 月企业代钱蒙预扣预缴的个税,账务处理:

借:应付职工薪酬   1 585.00

    贷:应交税费——应交个人所得税   1 585.00

三、智能申报

(一)电子税务局操作

1. 登录进入申报界面

从本地税务机关的官网上面下载自然人税收管理系统扣缴客户端,在电脑上进行安装。

2. 进行扣缴单位基本信息录入

按照提示录入企业代码、已实名认证人员(申报操作人员)信息、设置登录密码,然后登录软件。点击【自然人电子税务局】—点击【税款缴纳】,如图 4-1 和图 4-2 所示。

图 4-1 自然人电子税务局界面

3. 进行"人员信息采集"

完成对本单位员工个人基本信息的录入。可以逐个录入信息,也可以下载导入模板,在模板中填写后批量导入软件中,如图 4-3 所示。

4. 进行"专项附加扣除信息采集"

点击【下载更新】进行专项附加扣除的信息采集,手动添加人员专项附加扣除信息,

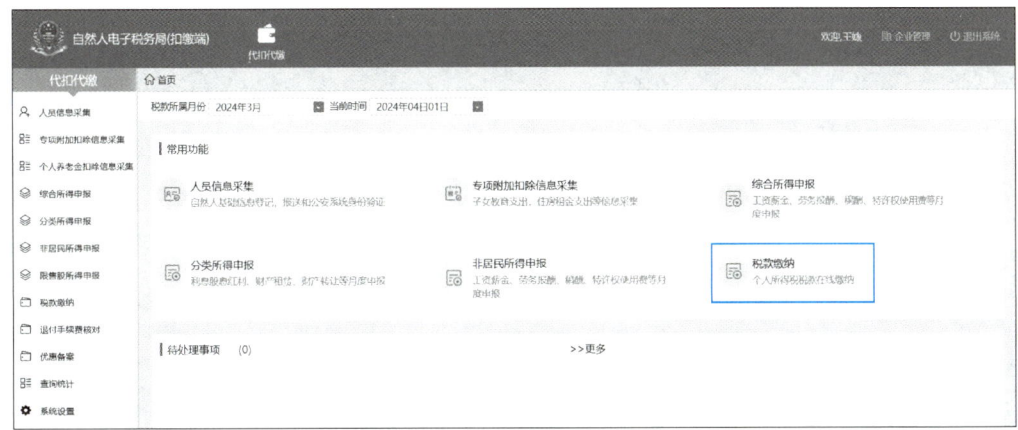

图 4‑2 税款缴纳界面

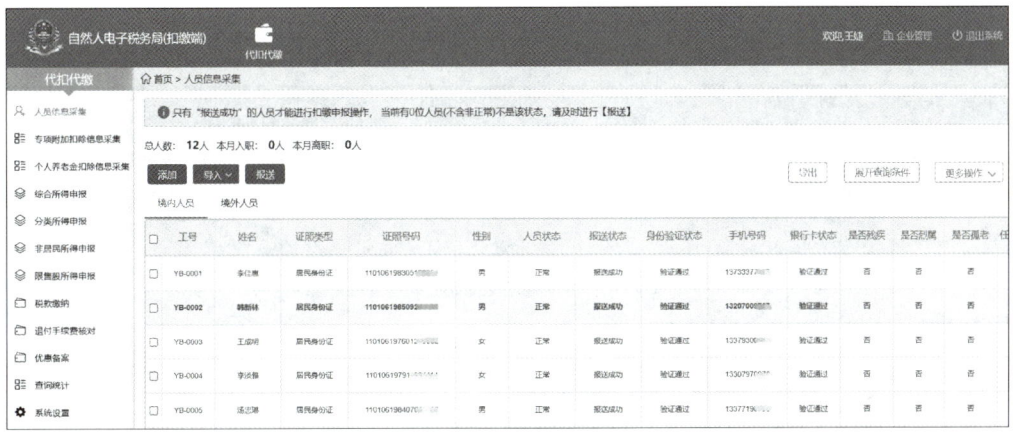

图 4‑3 人员信息采集界面

必须有人员的确认签字。点击【综合所得申报】—【填写】—【确定】—【导入】进行收入和扣缴税款数据录入,如图 4‑4 至图 4‑7 所示。

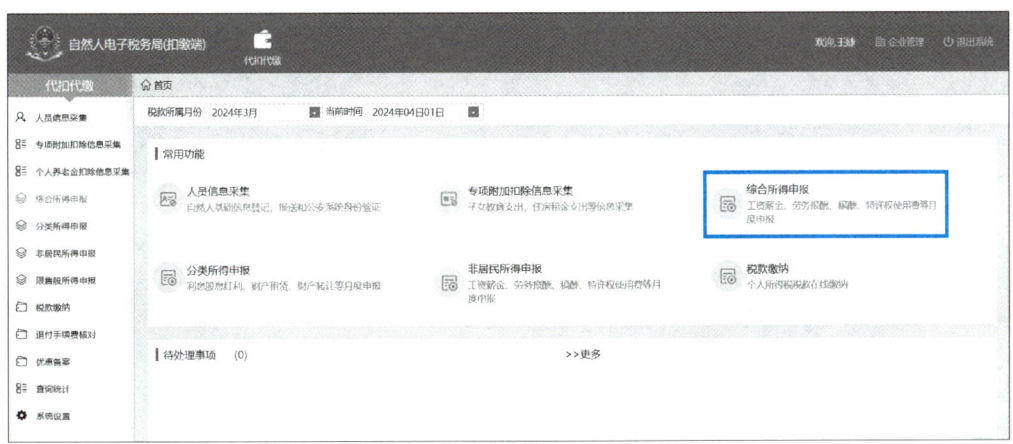

图 4‑4 综合所得申报界面

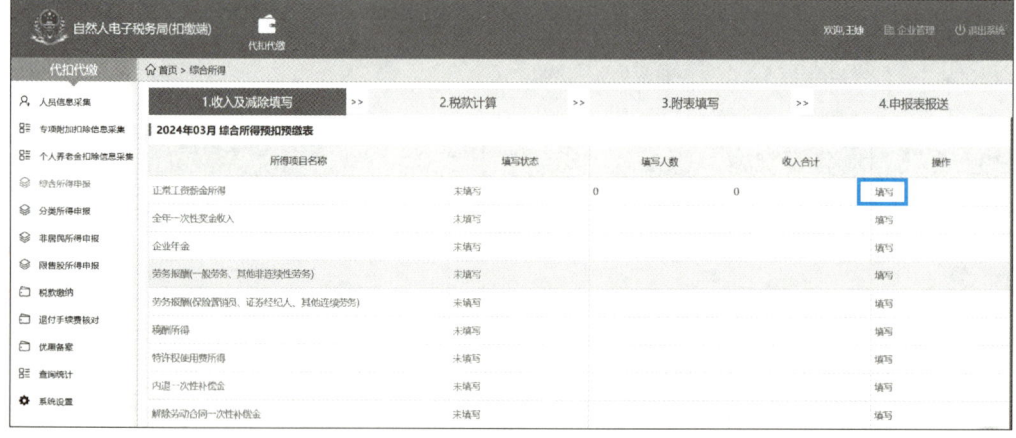

图 4 - 5 综合所得申报界面

图 4 - 6 正常工资薪金所得申报界面

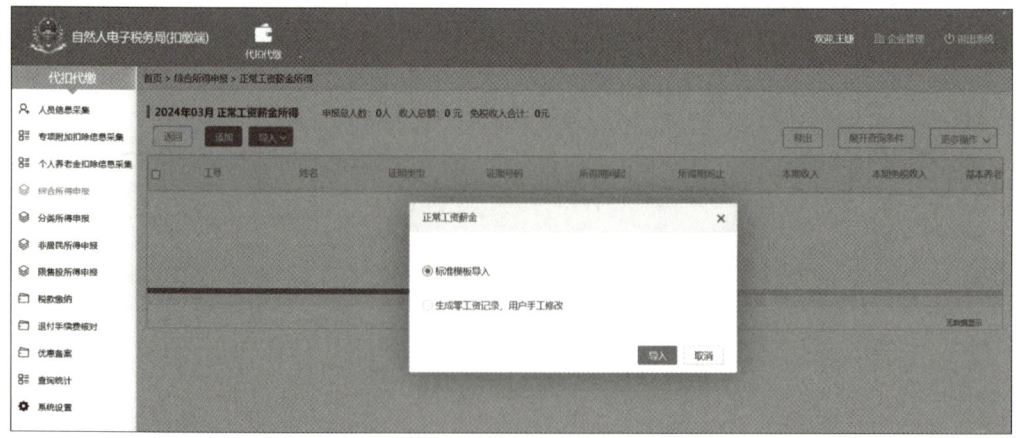

图 4 - 7 正常工资薪金所得申报界面

5. 发送申报

申报数据录入、保存以后，就可以点击【申报表报送】；选择需要报送的申报表，点击【发送申报】—【下一步，税款缴纳】，按提示完成操作就可以了。

(二) 申报表填列

1) 2024 年 1 月填表说明

(1) 第 2 列：钱蒙。

(2) 第 3 列：居民身份证。

(3) 第 4 列：320100198808020523。

(4) 第 5 列：91110105248639845S。

(5) 第 6 列：否。

(6) 第 7 列：工资、薪金所得。

(7) 第 8 列：20 000.00 元，本月工资薪金收入为 20 000 元。

(8) 第 11 列：5 000.00 元，本月减除费用为 5 000 元。

(9) 第 12 列：1 600.00 元，基本养老保险费 1 600 元。

(10) 第 13 列：400.00 元，基本医疗保险费 400 元。

(11) 第 14 列：100.00 元，失业保险费 100 元。

(12) 第 15 列：1 900.00 元，住房公积金 1 900 元。

(13) 第 22 列：20 000.00 元，累计收入额 20 000 元。

(14) 第 23 列：5 000.00 元，累计减除费用＝5 000×1＝5 000(元)。

(15) 第 24 列：4 000.00 元，累计专项扣除＝1 600＋400＋100＋1 900＝4 000(元)。

(16) 第 26 列：2 000.00 元，累计赡养老人支出＝3 000×1＝3 000(元)。

(17) 第 28 列：1 500.00 元，累计住房租金＝1 500×1＝1 500(元)。

(18) 第 35 列：7 500.00 元，应纳税所得额＝20 000－5 000－4 000－3 000－1 500＝6 500(元)。

(19) 第 36 列：3%，查看综合所得个人所得税预扣率表可知，预扣率为 3%，速算扣除数为 0。

(20) 第 37 列：0，查看综合所得个人所得税预扣率表可知，预扣率为 3%，速算扣除数为 0。

(21) 第 38 列：195 元，应纳税额＝6 500×3%－0＝195(元)。

(22) 第 41 列：195 元，根据第 38 列，可知应补税款 195 元。

盛大公司 2024 年 1 月《个人所得税扣缴申报表》的填写如表 4－6 所示。

2) 2024 年 2 月填表说明

(1) 第 2 列：钱蒙。

(2) 第 3 列：居民身份证。

(3) 第 4 列：320100198808020523。

(4) 第 5 列：91110105248639845S。

(5) 第 6 列：否。

(6) 第 7 列：工资、薪金所得。

（7）第 8 列：50 000.00 元，2 月工资薪金收入为 50 000 元。

（8）第 11 列：5 000.00 元，本月减除费用为 5 000 元。

（9）第 12 列：1 600.00 元，基本养老保险费 1 600 元。

（10）第 13 列：400.00 元，基本医疗保险费 400 元。

（11）第 14 列：100.00 元，失业保险费 100 元。

（12）第 15 列：1 900.00 元，住房公积金 1 900 元。

（13）第 22 列：70 000.00 元，累计收入额＝20 000＋50 000＝70 000（元）。

（14）第 23 列：10 000.00 元，累计减除费用＝5 000×2＝10 000（元）。

（15）第 24 列：8 000.00 元，累计专项扣除＝4 000×2＝8 000（元）。

（16）第 26 列 4 000.00 元，累计赡养老人支出＝3 000×2＝6 000（元）。

（17）第 28 列：3 000.00 元，累计住房租金＝1 500×2＝3 000（元）。

（18）第 35 列：7 500.00 元，应纳税所得额＝70 000－10 000－8 000－6 000－3 000＝43 000（元）。

（19）第 36 列：10％，查看综合所得个人所得税预扣率表可知，预扣率为 10％。

（20）第 37 列：2 520.00 元，查看综合所得个人所得税预扣率表可知，速算扣除数为 2 520 元。

（21）第 38 列：1 780.00 元，应纳税额＝43 000×10％－2 520＝1 780（元）。

（22）第 41 列：1 585.00 元，可知应补税款＝1 780－195＝1 585（元）。

盛大公司 2024 年 2 月个人所得税扣缴申报表的填写如表 4-7 所示。

1. 2024 年 1 月个人所得税扣缴申报表

税款所属期：2024 年 01 月 01 日至 2024 年 01 月 31 日

扣缴义务人名称：上海盛大化妆品有限公司

扣缴义务人纳税人识别号（统一社会信用代码）：91110105248639845S

表 4-6 个人所得税扣缴申报表

金额单位：人民币元（列至角分）

序号	姓名	身份证件类型	身份证件号码	纳税人识别号	是否为非居民个人	所得项目	收入额计算-收入	费用	免税收入	减除费用	基本养老保险费	基本医疗保险费	失业保险费	住房公积金	年金	商业健康保险	税延养老保险	财产原值	允许扣除的税费	其他	累计收入额	累计减除费用	累计专项扣除	子女教育	赡养老人	住房贷款利息	住房租金	继续教育	3岁以下婴幼儿照护	累计个人养老金	累计其他扣除	减按计税比例	准予扣除的捐赠额	应纳税所得额	税率/预扣率	速算扣除数	应纳税额	减免税额	已缴税额	应补/退税额	备注
1	2	3	4	5	6	7	8	9	10	11	12	13	14	15	16	17	18	19	20	21	22	23	24	25	26	27	28	29	30	31	32	33	34	35	36	37	38	39	40	41	42
1	钱蒙	居民身份证	320100198808020523	91110105248639845S	否	工资、薪金所得	20 000.00			5 000.00	1 600.00	400.00	100.00	1 900.00							20 000.00	5 000.00	3 900.00		3 000.00		1 500.00							6 500.00	3.00%	0.00	195.00			195.00	
合计							20 000.00			5 000.00	1 600.00	400.00	100.00	1 900.00							20 000.00	5 000.00	3 900.00		9 000.00		1 500.00							6 500.00	3.00%	0.00	195.00			1 585.00	

谨声明：本扣缴申报表是根据国家税收法律法规及相关规定填报的，是真实的、可靠的、完整的。

扣缴义务人（签章）：

代理机构签章：

经办人签字：

受理人：

受理税务机关（章）：

代理机构统一社会信用代码：

经办人身份证件号码：

受理日期：　年　月　日

表 4-7 个人所得税扣缴申报表

2. 2024 年 2 月个人所得税扣缴申报表

税款所属期：2024 年 02 月 01 日至 2024 年 02 月 29 日

扣缴义务人名称：上海盛大化妆品有限公司

扣缴义务人纳税人识别号（统一社会信用代码）：91110105248639845S

金额单位：人民币元（列至角分）

序号	姓名	身份证件类型	身份证件号码	纳税人识别号	是否为非居民个人	所得项目	本月（次）情况 收入额计算			减除费用	本月（次）情况 专项扣除				其他扣除							累计情况 累计收入额	累计减除费用	累计专项扣除	累计专项附加扣除						累计个人养老金	累计其他扣除	减按计税比例	准予扣除的捐赠额	税款计算 应纳税所得额	税率/预扣率	速算扣除数	应纳税额	减免税额	已缴税额	应补/退税额	备注
							收入	费用	免税收入		基本养老保险费	基本医疗保险费	失业保险费	住房公积金	年金	商业健康保险	税延养老保险	财产原值	允许扣除的税费	其他				子女教育	赡养老人	住房贷款利息	住房租金	继续教育	3岁以下婴幼儿照护												
1	2	3	4	5	6	7	8	9	10	11	12	13	14	15	16	17	18	19	20	21	22	23	24	25	26	27	28	29	30	31	32	33	34	35	36	37	38	39	40	41	42
1	钱蒙	居民身份证	320100198808020523	91110105248639845S	否	工资、薪金所得	50 000.00			5 000.00	1 600.00	400.00	100.00	1 900.00							70 000.00	10 000.00	8 000.00		6 000.00		3 000.00							43 000.00	10.00%	2 520.00	1 780.00			1 585.00	
合计							50 000.00			5 000.00	1 600.00	400.00	100.00	1 900.00							70 000.00	10 000.00	7 800.00		6 000.00		3 000.00							43 000.00	10.00%	2 520.00	1 780.00			1 585.00	

谨声明：本扣缴申报表是根据国家税收法律法规及相关规定填报的，是真实的、可靠的、完整的。

扣缴义务人（签章）：

扣缴义务人经办人签字：　　　　　　　　　年　月　日

代理机构统一社会信用代码：

代理机构签章：

经办人签字：

代理机构统一社会信用代码：

经办人身份证件号码：

受理税务机关（章）：

受理人：

受理日期：　　　　年　月　日

任务实施

【任务 4‑2】其他综合所得

接[任务 4‑1]钱蒙 2024 年 3 月取得所得如下：

(1) 工资薪金收入 15 000 元。

(2) 从事化妆师培训，取得劳务报酬收入 50 000 元。

(3) 编写美容化妆培训教材，印刷成册，取得相关公司支付的稿酬所得 100 000 元。

(4) 转让个人提供的专利权，取得相关公司支付的特许权使用费 20 000 元。

要求：请计算钱蒙 2024 年 3 月应预扣预缴的个人所得税税额、进行相关账务处理并填写个人所得税扣缴申报表。

任务实施
详解4‑2

一、业务分析及税款计算

1. 工资薪金收入

每月费用扣除＝（　　　　　）。

每月专项扣除（"三险一金"）＝（　　　　　　　　）。

每月专项附加扣除＝1 500（住房租金）＋3 000（赡养老人）＝（　　　　　　　）。

每月扣除项目合计＝（　　　　　　　　　　　　）。

累计应纳税所得额＝（　　　　　　　　　　）。

应纳税所得额超过 36 000 至 144 000 元的部分，适用税率为（　　　　　　）。

本期应预扣预缴税额＝（　　　　　　　　　　　　　）。

2. 劳务报酬收入

劳务报酬所得＝（　　　　　）。

劳务报酬所得费用＝（　　　　　　）。

应纳税所得额＝（　　　　　）。

查看居民个人劳务报酬所得预扣预缴税率表可知，所得额为 40 000 元时，预扣率（税率）为（　　　　），速算扣除数为（　　　　　）。

本期应预扣预缴税额＝（　　　　　　　　　　　　）。

3. 稿酬收入

稿酬所得＝（　　　　　）。

稿酬所得费用＝（　　　　　　）。

稿酬所得免税收入＝（　　　　　　　　　）。

应纳税所得额＝（　　　　　　　　　）。

稿酬所得、特许权使用费所得适用预扣率（　　　　　　）。

本期应预扣预缴税额＝（　　　　　）。

4. 特许权使用费所得

特许权使用费所得＝（　　　　　　）。

特许权使用费所得费用＝（　　　　　）。

应纳税所得额＝（　　　　　　）。

稿酬所得、特许权使用费所得适用预扣率（　　　　　　）。

本期应预扣预缴税额＝（　　　　　　）。

二、会计核算

2024 年 3 月账务处理：

三、智能申报

（一）申报表填列

填表说明。

1）第 1 行

（1）第 2 列：钱蒙。

（2）第 3 列：居民身份证。

（3）第 4 列：320100198808020523。

（4）第 5 列：91110105248639845S。

（5）第 6 列：否。

（6）第 7 列：工资、薪金所得。

（7）第 8 列：工资薪金收入＝（　　　　　　）。

（8）第 11 列：减除费用＝（　　　　　　）。

（9）第 12 列：基本养老保险费＝（　　　　　　）。

（10）第 13 列：基本医疗保险费＝（　　　　　　）。

（11）第 14 列：失业保险费＝（　　　　　　）。

（12）第 15 列：住房公积金＝（　　　　　　）。

（13）第 22 列：累计收入额＝（　　　　　　）。

（14）第 23 列：累计减除费用＝（　　　　　　）。

（15）第 24 列：累计专项扣除＝（　　　　　　）。

（16）第 26 列：累计赡养老人支出＝（　　　　　　）。

（17）第 28 列：累计住房租金＝（　　　　　　）。

（18）第 35 列：应纳税所得额＝（　　　　　　）。

（19）第 36 列：查看综合所得个人所得税预扣率表可知，预扣率为（　　　　　　）。

（20）第 37 列：查看综合所得个人所得税预扣率表可知，速算扣除数为（　　　　　　）。

（21）第 38 列：应纳税额＝（　　　　　）。

（22）第 41 列：可知应补税款＝（　　　　　）。

2）第 2 行

（1）第 2 行第 7 列：劳务报酬所得。

（2）第 2 行第 8 列：50 000.00 元。

（3）第 2 行第 9 列：劳务报酬所得费用＝（　　　　　）。

（4）第 2 行第 35 列：应纳税所得额＝（　　　　　）。

（5）第 2 行 36 列：查看居民个人劳务报酬所得预扣预缴税率表可知，所得额为 40 000 元时，预扣率（税率）为（　　　　　），速算扣除数为（　　　　　）。

（6）第 2 行 37 列：查看居民个人劳务报酬所得预扣预缴税率表可知，所得额为 40 000 元时，预扣率（税率）为（　　　　　）％，速算扣除数为（　　　　　）元。

（7）第 2 行第 38 列：应纳税额＝（　　　　　）。

3）第 3 行

（1）第 3 行第 7 列：稿酬所得。

（2）第 3 行第 8 列：100 000.00 元。

（3）第 3 行第 9 列：稿酬所得费用＝（　　　　　）。

（4）第 3 行第 10 列：稿酬所得免税收入＝（　　　　　）。

（5）第 3 行第 35 列：应纳税所得额＝（　　　　　）。

（6）第 3 行第 36 列：稿酬所得、特许权使用费所得适用预扣率（　　　　　）。

（7）第 3 行第 38 列：本期应预扣预缴税额＝（　　　　　）。

4）第 4 行

（1）第 4 行第 7 列：特许权使用费所得。

（2）第 4 行第 8 列：200 000.00 元。

（3）第 4 行第 9 列：特许权使用费所得费用＝（　　　　　）。

（4）第 4 行第 35 列：应纳税所得额＝（　　　　　）。

（5）第 4 行第 36 列：稿酬所得、特许权使用费所得适用预扣率（　　　　　）。

（6）第 3 行第 38 列：本期应预扣预缴税额＝（　　　　　）。

盛大公司 2024 年 3 月个人所得税扣缴申报表如表 4－8 所示。

表4－8 个人所得税扣缴申报表

2024 年 3 月个人所得税扣缴申报表

税款所属期：　　年　　月　　日至　　年　　月　　日

扣缴义务人名称：

扣缴义务人纳税人识别号（统一社会信用代码）：

金额单位：人民币元（列至角分）

序号	姓名	身份证件类型	身份证件号码	纳税人识别号	是否为非居民个人	所得项目	本月（次）情况															累计情况														税款计算							备注
							收入额计算			减除费用	专项扣除				其他扣除							累计收入额	累计减除费用	累计专项扣除	累计专项附加扣除					累计个人养老金	累计其他扣除	减按计税比例	准予扣除的捐赠额	应纳税所得额	税率/预扣率	速算扣除数	应纳税额	减免税额	已缴税额	应补/退税额	
							收入	费用	免税收入		基本养老保险费	基本医疗保险费	失业保险费	住房公积金	年金	商业健康保险	税延养老保险	财产原值	允许扣除的税费	其他				子女教育	赡养老人	住房贷款利息	住房租金	继续教育	3岁以下婴幼儿照护												
1	2	3	4	5	6	7	8	9	10	11	12	13	14	15	16	17	18	19	20	21	22	23	24	25	26	27	28	29	30	31	32	33	34	35	36	37	38	39	40	41	42
合　计																																									

谨声明：本扣缴申报表是根据国家税收法律法规及相关法规规定填报的，是真实的、可靠的、完整的。

扣缴义务人（签章）：　　　　　　　　　　　　　　　　年　　月　　日

代理机构签章：　　　　　　　　　　代理机构统一社会信用代码：

经办人签字：　　　　　　　　　　　经办人身份证件号码：

受理人：　　　　　　　　　　　　　受理税务机关（章）：

受理日期：　　年　　月　　日

任务 二 经营所得应纳税额的核算与智能申报

任务描述

经营所得是指个体工商户从事生产、经营活动取得的所得,个人独资企业投资人、合伙企业的个人合伙人来源于境内注册的个人独资企业、合伙企业生产、经营的所得;个人依法从事办学、医疗、咨询以及其他有偿服务活动取得的所得;个人对企业、事业单位承包经营、承租经营以及转包、转租取得的所得;个人从事其他生产、经营活动取得的所得。本任务主要学习个人所得税经营所得的计算、会计核算与纳税申报。

该项经济业务的主体是个体工商户业主,进行月度(季度)申报业务,且没有在中国境内两处以上取得经营所得,所以选择填写"个人所得税经营所得纳税申报表(A表)"(以下简称个人所得税纳税申报表)。

知识准备

一、经营所得——应纳税额的计算

(一) 应纳税所得额的确定

1. 一般情形——查账征收

应纳税所得额＝收入总额－成本－费用－损失－亏损弥补

2. 特殊情形——核定征收

从事生产、经营活动,未提供完整、准确的纳税资料,不能正确计算应纳税所得额的,由主管税务机关核定应纳税所得额或者应纳税额。

(二) 经营所得应纳税额的计算

1. 费用减除、专项扣除和专项附加扣除

取得经营所得的个人,没有综合所得的,计算其每一纳税年度的应纳税所得额时,应当减除费用6万元、专项扣除、专项附加扣除以及依法确定的其他扣除。专项附加扣除在办理汇算清缴时减除。

2. 相关支出与扣除项目

扣除项目及税前扣除规定如表4-9所示。

表 4-9 扣除项目及税前扣除规定

扣除项目	税前扣除规定	
生产经营费用和个人、家庭费用	划分清晰	据实扣除
	混用，难以分清的费用	"40%"视为与生产经营有关的费用，准予扣除
工资、薪金	职工	据实扣除
	业主本人	不得扣除：实发工资 可以扣除：6万元＋专项扣除＋专项附加扣除＋其他扣除 注意：扣除前提是该业主无综合所得；专项附加扣除在办理汇算清缴时扣除
三险一金	在规定范围和标准内据实扣除	
工会经费、职工福利费、职工教育经费	职工	以"实发工资薪金总额"为计算依据
	业主本人	以"当地上年度社会平均工资3倍"为计算依据
	职工教育经费	扣除比例为2.5%
补充养老、补充医疗保险	职工	分别不超过实发工资薪金总额的5%的部分准予扣除
	业主本人	分别不超过"当地上年度社会平均工资3倍"的5%的部分准予扣除
捐赠	公益性捐赠	不超过"应纳税所得额30%"的部分可以扣除
		符合法定条件的准予"全额扣除"
	非公益性捐赠	不得扣除
购置研发专用设备	单价＜10万元	准予一次性全额扣除
	单价≥10万元	按固定资产管理
摊位费、行政性收费、协会会费	据实扣除	

3. 应纳税额的计算

（1）个体工商户的生产、经营所得应纳税额的计算公式为：

$$应纳税额＝（全年收入总额－成本、费用、税金、损失、$$
$$其他支出以及以前年度亏损）×适用税率$$
$$－速算扣除数$$

（2）对企业事业单位的承包经营、承租经营所得应纳税额的计算公式：

应纳税额＝（纳税年度收入总额－必要费用）×适用税率－速算扣除数

4. 经营所得适用 5%～35% 的五级超额累进税率

个人所得税税率表如表 4－10 所示。

表 4－10　个人所得税税率表（经营所得适用）

级数	全年应纳税所得额	税率	速算扣除数
1	不超过 30 000 元的	5%	0
2	超过 30 000 元至 90 000 元的部分	10%	1 500
3	超过 90 000 元至 300 000 元的部分	20%	10 500
4	超过 300 000 元至 500 000 元的部分	30%	40 500
5	超过 500 000 元的部分	35%	65 500

5. 税收优惠

对个体工商户经营所得年应纳税所得额不超过 100 万元的部分，在现行优惠政策基础上，再减半征收个人所得税。

（三）个人所得税生产经营所得纳税申报表的填写

1. 个人所得税经营所得纳税申报表 A 表、B 表、C 表

1）A 表的适用对象及报送期限

适用对象：适用于查账征收和核定征收的个体工商户业主、个人独资企业投资人、合伙企业个人合伙人、承包承租经营者个人以及其他从事生产、经营活动的个人在中国境内取得经营所得，办理个人所得税预缴纳税申报时，向税务机关报送。

报送期限：纳税人取得经营所得，应当在月度或者季度终了后 15 日内预缴纳税申报。

2）B 表的适用对象及报送期限

适用对象：适用于个体工商户业主、个人独资企业投资人、合伙企业个人合伙人、承包承租经营者个人以及其他从事生产、经营活动的个人在中国境内取得经营所得，且实行查账征收的，在办理个人所得税汇算清缴纳税申报时，向税务机关报送。

报送期限：纳税人在取得经营所得的次年 3 月 31 日前，向税务机关办理汇算清缴。

3）C 表的适用对象及报送期限

适用对象：适用于个体工商户业主、个人独资企业投资人、合伙企业个人合伙人、承包承租经营者个人以及其他从事生产、经营活动的个人在中国境内两处以上取得经营所得，办理合并计算个人所得税的年度汇总纳税申报时，向税务机关报送。

报送期限：纳税人从两处以上取得经营所得，应当于取得所得次年 3 月 31 日前办理年度汇总纳税申报。

任务实施

【任务4-3】经营所得

吴迪与张胜男在徐州共同创立徐州飞燕企业咨询合伙企业(以下简称飞燕公司,纳税识别号：91440606MA5W2GUZ7X),合伙协议约定利润分配比例吴迪(身份证号：320303198506221512)占60％,张胜男占40％,征收方式选择查账征收(据实预缴)。2024年3月飞燕公司发生业务如下：

(1)累计实现收入100万元,累计发生成本费用72万元。

(2)吴迪每月缴纳三险一金2 220元,其中基本养老保险费800元,基本医疗保险费200元,失业保险费20元,住房公积金1 200元。

(3)本年已累计缴纳经营所得个人所得税10 012元。

要求：请计算吴迪2024年3月应预扣预缴的个人所得税税额,填写该企业需要填写的《个人所得税纳税申报表》。

一、业务分析及税款计算

2024年3月吴迪应预扣预缴的个人所得税的税额：

收入总额＝1 000 000(元)

成本费用＝720 000(元)

利润总额＝1 000 000－720 000＝280 000(元)

按照合同约定,合伙企业利润分配吴迪个人占比60％。

投资者减除费用＝5 000×3＝15 000(元)

基本养老保险费＝800×3＝2 400(元)

基本医疗保险费＝200×3＝600(元)

失业保险费＝20×3＝60(元)

住房公积金＝1 200×3＝3 600(元)

应纳税所得额＝280 000×60％－21 660＝146 340(元)

查看经营所得税率表可知,应纳税所得额146 340元,税率为20％,速算扣除数为10 500元。

二、会计核算

2024年3月企业代吴迪预扣预缴的个税：

(1)企业计提时,账务处理：

借：所得税费用 8 756.00

贷：应交税费——应交个人所得税 8 756.00

(2)实际缴纳个人所得税时,账务处理：

借：应交税费——应交个人所得税 8 756.00

贷：库存现金/银行存款 8 756.00

三、智能申报

填写说明。

(1) 第 1 行：1 000 000.00 元。

(2) 第 2 行：720 000.00 元。

(3) 第 6 行：60%，吴迪经营利润分配比例为 60%。

(4) 第 8 行：15 000.00 元，投资者减除费用=5 000×3=15 000 元。

(5) 第 10 行：2 400.00 元，基本养老保险费=800×3=2 400 元。

(6) 第 11 行：600.00 元，基本医疗保险费=200×3=600 元。

(7) 第 12 行：60.00 元，失业保险费=20×3=60 元。

(8) 第 13 行：3 600.00 元，住房公积金=1 200×3=3 600 元。

(9) 第 19 行：146 340.00 元，应纳税所得额=280 000×60%－21 660=146 340 元。

(10) 第 20 行：20%，查看经营所得税率表可知，应纳税所得额 146 340 元，税率为 20%，速算扣除数为 10 500 元。

(11) 第 21 行：10 500.00 元，查看经营所得税率表可知，应纳税所得额 146 340 元，税率为 20%，速算扣除数为 10 500 元。

(12) 第 24 行：10 012.00 元，本年已缴税额经营所得个人所得税 10 012 元填列。

飞燕公司 2024 年 3 月个人所得税纳税申报表的填写如表 4－11 所示。

表 4－11 个人所得税经营所得纳税申报表(A 表)
(个人所得税纳税申报表)

税款所属期：2024 年 03 月 01 日至 2024 年 03 月 31 日
纳税人姓名：吴迪
纳税人识别号：3203031985062221512　　　　　　　　金额单位：人民币元(列至角分)

被投资单位信息			
名称	徐州飞燕企业咨询合伙企业		
纳税人识别号(统一社会信用代码)	91440606MA5W2GUZ7X		
征收方式	☑查账征收(据实预缴)　　□查账征收(按上年应纳税所得额预缴) □核定应税所得率征收 □核定应纳税所得额征收　　□税务机关认可的其他方式_____		
项目		行次	金额/比例
一、收入总额		1	1 000 000.00
二、成本费用		2	720 000.00
三、利润总额(3=1－2)		3	280 000.00
四、弥补以前年度亏损		4	

项目	行次	金额/比例
五、应税所得率	5	
六、合伙企业个人合伙人分配比例	6	60％
七、允许扣除的个人费用及其他扣除(7＝8＋9＋14)	7	21 660.00
(一) 投资者减除费用	8	15 000.00
(二) 专项扣除(9＝10＋11＋12＋13)	9	6 660.00
1. 基本养老保险费	10	2 400.00
2. 基本医疗保险费	11	600.00
3. 失业保险费	12	60.00
4. 住房公积金	13	3 600.00
(三) 依法确定的其他扣除(14＝15＋16＋17)	14	0
1	15	
2	16	
3	17	
八、准予扣除的捐赠额(附报《个人所得税公益慈善事业捐赠扣除明细表》)	18	
九、应纳税所得额	19	146 340.00
十、税率	20	20％
十一、速算扣除数	21	10 500.00
十二、应纳税额(21＝18×19－20)	22	18 768.00
十三、减免税额(附报《个人所得税减免税事项报告表》)	23	
十四、已缴税额	24	10 012.00
十五、应补/退税额(24＝21－22－23)	25	8 756.00
备注		

谨声明：本表是根据国家税收法律法规及相关规定填报的，是真实的、可靠的、完整的。	
纳税人签字：　　　　　　　　年　　月　　日	
经办人： 经办人身份证件号码： 代理机构签章： 代理机构统一社会信用代码：	受理人： 受理税务机关(章)： 受理日期：　　　年　　月　　日

国家税务总局监制

任务 三 个人所得税汇算清缴与智能申报

 任务描述

个人所得税汇算清缴指的是在居民个人已预缴税款的基础上进行"查遗补漏、汇总收支、按年算账、多退少补"。通过本任务的学习,明确汇算清缴的相关法律法规和最新政策,掌握汇算清缴的操作流程;能够在汇算清缴申报期内,正确采集员工综合所得额、专项附加扣除以及各种扣除信息。

 知识准备

根据《国家税务总局关于个人所得税自行纳税申报有关问题的公告》(国家税务总局公告 2018 年第 62 号)第一条规定:"需要办理汇算清缴的纳税人,应当在取得所得的次年 3 月 1 日至 6 月 30 日内,向任职、受雇单位所在地主管税务机关办理纳税申报,并报送《个人所得税年度自行纳税申报表》"。

1. 需要进行个人所得税汇算清缴的情况

(1) 从两处以上取得综合所得,且综合所得年收入额减除专项扣除的余额超过 6 万元;

(2) 取得劳务报酬所得、稿酬所得、特许权使用费所得中一项或者多项所得,且综合所得年收入额减除专项扣除的余额超过 6 万元;

(3) 纳税年度内预缴税额低于应纳税额;

(4) 纳税人申请退税。

2. 不需要进行个人所得税汇算清缴的情况

(1) 综合所得年收入不超过 12 万元,不论补税金额多少均不需要办理;

(2) 补税金额不超过 400 元,不论综合所得年收入高低,也不需要办理;

(3) 已预缴税额与年度纳税额一致;

(4) 纳税人自愿放弃退税。

 任务实施

【任务 4-4】年度汇算清缴

(一) 史婷婷基本情况

姓名:史婷婷。

身份证号：320103198208080023。

手机号码：13738607676。

电子邮箱：stt13738607676@163.com。

邮政编码：221000。

联系地址：江苏省徐州市泉山区万松街道万松园横路68号。

银行账号：6214856514302738。

开户银行名称：江苏银行(徐州分行营业部)。

开户银行省份：江苏省。

（二）个人所得详情

史婷婷受雇于徐州市云燕软件有限公司(以下简称云燕公司，纳税识别号：91420100176881208B)。2024年史婷婷取得的综合所得如下：

（1）2024年度平均每月工资20 000元，基本养老保险(个人)、基本医疗保险(个人)、公积金(个人)分别为1 600元、400元、2 000元，子女教育(与丈夫各扣除50%)、住房贷款利息、赡养老人(非独生子女，兄妹三人各扣除100元)专项附加扣除均为1 000元/月，全年累计预扣预缴个人所得税12 480元。

（2）2024年取得全年一次性奖金20 000元，预扣预缴个人所得税600元，选择不并入当年综合所得。

（3）利用业余时间授课，培训机构累计支付劳务报酬60 000元，累计预扣预缴个人所得税9 600元。

（4）将授课讲义出版成书籍，取得稿酬所得80 000元，出版社预扣预缴个人所得税8 960元。

要求：根据以上业务填写申报个人所得税税年度汇算申报表。

一、业务分析及税款计算

任务实施
详解4-4

工资、薪金金额＝（　　　　　　）

收入合计＝（　　　　　　）

减除费用＝（　　　　　　）

基本养老保险费＝（　　　　　　）

基本医疗保险费＝（　　　　　　）

住房公积金＝（　　　　　　）

子女教育＝（　　　　　　）

住房贷款利息＝（　　　　　　）

赡养老人＝（　　　　　　）

查找综合所得税率，应纳税所得额为（　　　　　　），对应的税率为（　　　　　　），速算扣除数为（　　　　　　）。

已缴税额＝（　　　　　　）

二、智能申报

填表说明。

（1）第 2 行：工资薪金金额＝（　　　　　　）。

（2）第 10 行：减除费用＝（　　　　　　）。

（3）第 12 行：基本养老保险费＝（　　　　　　）。

（4）第 13 行：基本医疗保险费＝（　　　　　　）。

（5）第 15 行：住房公积金＝（　　　　　　）。

（6）第 17 行：子女教育＝（　　　　　　）。

（7）第 20 行：住房贷款利息＝（　　　　　　）。

（8）第 22 行：赡养老人＝（　　　　　　）。

（9）第 31 行：查找综合所得个人所得税税率表可知，应纳税所得额为（　　　　　）对应的税率为（　　　　　　）。

（10）第 32 行：1 查找综合所得个人所得税税率表可知，应纳税所得额为（　　　　　）对应的速算扣除数为（　　　　　　）。

（11）第 43 行：已缴税额为（　　　　　　）。

史婷婷 2023 年《个人所得税年度自行纳税申报表（A 表）》如表 4－12 所示。

表 4－12　个人所得税年度自行纳税申报表（A 表）

（仅取得境内综合所得年度汇算适用）

税款所属期：　　　年　　月　　日至　　年　　月　　日

纳税人姓名：

纳税人识别号：　　　　　　　　　　　　　　　　　　　　　金额单位：

基本情况					
手机号码		电子邮箱		邮政编码	
联系地址					
纳税地点（单选）					
1. 有任职受雇单位的，需选本项并填写"任职受雇单位信息"：				任职受雇单位所在地	
任职受雇单位信息	名称				
	纳税人识别号				
2. 没有任职受雇单位的，可以从本栏次选择一地：				□户籍所在地 □经常居住地	
户籍所在地/经常居住地		省（区、市）　　　市　　　区（县）　　　街道（乡、镇）			
申报类型（单选）					
□首次申报		□更正申报			
综合所得个人所得税计算					

续　表

项目	行次	金额
一、收入合计(第1行＝第2行＋第3行＋第4行＋第5行)	1	
(一)工资、薪金	2	
(二)劳务报酬	3	
(三)稿酬	4	
(四)特许权使用费	5	
二、费用合计[第6行＝(第3行＋第4行＋第5行)×20%]	6	
三、免税收入合计(第7行＝第8行＋第9行)	7	
(一)稿酬所得免税部分[第8行＝第4行×(1－20%)×30%]	8	
(二)其他免税收入(附报《个人所得税减免税事项报告表》)	9	
四、减除费用	10	
五、专项扣除合计(第11行＝第12行＋第13行＋第14行＋15行)	11	
(一)基本养老保险费	12	
(二)基本医疗保险费	13	
(三)失业保险费	14	
(四)住房公积金	15	
六、专项附加扣除合计(附报《个人所得税专项附加扣除信息表》)(第16行＝第17行＋第18行＋第19行＋第20行＋第21行＋第22行)	16	
(一)子女教育	17	
(二)继续教育	18	
(三)大病医疗	19	
(四)住房贷款利息	20	
(五)住房租金	21	
(六)赡养老人	22	
七、其他扣除合计(第23行＝第24行＋第25行＋第26行＋第27行＋第28行)	23	
(一)年金	24	

项目	行次	金额
（二）商业健康保险（附报《商业健康保险税前扣除情况明细表》）	25	
（三）税延养老保险（附报《个人税收递延型商业养老保险税前扣除情况明细表》）	26	
（四）允许扣除的税费	27	
（五）其他	28	
八、准予扣除的捐赠额（附报《个人所得税公益慈善事业捐赠扣除明细表》）	29	
九、应纳税所得额 （第 30 行＝第 1 行－第 6 行－第 7 行－第 10 行－第 11 行－第 16 行－第 23 行－第 29 行）	30	
十、税率（％）	31	
十一、速算扣除数	32	
十二、应纳税额（第 33 行＝第 30 行×第 31 行－第 32 行）	33	
全年一次性奖金个人所得税计算 **（无住所居民个人预判为非居民个人取得的数月奖金，选择按全年一次性奖金计税的填写本部分）**		
一、全年一次性奖金收入	34	
二、准予扣除的捐赠额（附报《个人所得税公益慈善事业捐赠扣除明细表》）	35	
三、税率（％）	36	
四、速算扣除数	37	
五、应纳税额［第 38 行＝（第 34 行－第 35 行）×第 36 行－第 37 行］	38	
税额调整		
一、综合所得收入调整额（需在"备注"栏说明调整具体原因、计算方式等）	39	
二、应纳税额调整额	40	
应补/退个人所得税计算		
一、应纳税额合计（第 41 行＝第 33 行＋第 38 行＋第 40 行）	41	
二、减免税额（附报《个人所得税减免税事项报告表》）	42	
三、已缴税额	43	
四、应补/退税额（第 44 行＝第 41 行－第 42 行－第 43 行）	44	

续　表

无住所个人附报信息			
纳税年度内在中国境内居住天数		已在中国境内居住年数	
退税申请 （应补/退税额小于 0 的填写本部分）			
□申请退税（需填写"开户银行名称""开户银行省份""银行账号"）			□放弃退税
开户银行名称		开户银行省份	
银行账号			
备注			
谨声明：本表是根据国家税收法律法规及相关规定填报的，本人对填报内容（附带资料）的真实性、可靠性、完整性负责。 <div align="right">纳税人签字：史婷婷　2023 年 12 月 31 日</div>			
经办人签字： 经办人身份证件类型： 经办人身份证件号码： 代理机构签章： 代理机构统一社会信用代码：		受理人： 受理税务机关（章）： 受理日期：　　　　年　　月　　日	

国家税务总局监制

【税惠为民】

个税改革更好惠及民生

专项附加扣除来自 2019 年开始实施的新个税法，诸多纳税人从中受益。令人关注的是，这项改革持续推进，在 2022 年新设 3 岁以下婴幼儿照护的扣除项目之后，2023 年 1 月 1 日起，又大幅提高了 3 岁以下婴幼儿照护、子女教育和赡养老人 3 项专项附加扣除标准。这一直接惠及"上有老下有小"群体的政策，进一步减轻了居民生育、抚养和赡养的负担，充分体现了减税的精准性、有效性。

实际上，2023 年实施的个税减税政策不仅仅是"一老一小"扣除政策。比如，延续实施全年一次性奖金单独计税、换购住房个人所得税退税、年度汇算清缴补税金额不超过 400 元可免于办理个税综合所得汇算清缴等优惠政策。这些政策直接关系一系列民生事项，有效减轻居民税收负担，增强居民消费能力。此外，在征管层面，个税汇缴优先保障"上有老下有小"、看病负担较重的纳税人快速获得退税红利，惠及超 3 300 万人。

个人所得税是和广大居民关系最密切的税种。个人所得税改革一系列措施传递出明确信号，也就是个税改革逐步推进、深化，持续惠及百姓民生。中央经济工作会议提出，"要谋划新一轮财税体制改革"。个人所得税在新一轮财税体制改革中，如何进一步优化、完善，值得期待。

从方向上看，改革主要聚焦在两个方面，即优化个人所得税综合所得征收范围、完善专项附加扣除项目和标准。2019年开始实施的个税改革，初步构建了综合与分类相结合的个人所得税模式，这在税制改革史上具有里程碑意义。其中，综合所得的收入额包括工资薪金、劳务报酬、稿酬、特许权使用费，进行合并计征。除此之外，纳税收入还包括经营所得、利息、股息、红利所得、财产租赁所得、财产转让所得、偶然所得以及其他所得，实行分类计征。下一步，合理扩大综合所得征收范围，有利于促进税制更为公平、合理和科学。

实施专项附加扣除以来，已先后增加过一次项目、提高过一次标准。通过适当增加专项附加扣除项目、提高扣除标准，可以进一步减轻百姓民生支出的负担，更好地体现税收量能负担原则，让改革发展成果更多更公平惠及全体人民，进一步改善和保障民生。因此，有必要根据经济社会发展、民生支出变化情况，适时调整专项附加扣除范围和标准，让人民群众有更多获得感。

个人所得税与百姓生活息息相关，更关系国家治理现代化。随着个人所得税制度更加完善，改革红利将更多惠及中低收入群体，收入调节功能也会进一步发挥，个人所得税在国家治理中的作用更加凸显。

资料来源：国家税务总局。

项目五
其他税费核算与智能申报

 知识目标

1. 了解其他税费的概念、纳税义务人以及征税范围。
2. 理解其他税费应纳税额的计税依据和税率。
3. 掌握其他税费应纳税额的计算方法和账务处理。
4. 掌握其他税费申报表的填写与申报。

 能力目标

1. 能够根据经济业务进行相应的税款计算和账务处理。
2. 能够正确填写增值税及附加税费申报表。

素养目标

1. 提升学生数字化工作能力,培养学生严谨细致的会计职业素养。
2. 提升学生业财税融合的能力,增强学生风险防控的意识。

任务 一 印花税核算与智能申报

任务描述

本任务主要学习印花税的纳税人、征税范围、计税依据、应纳税额、税收优惠、会计核算以及纳税申报。

知识准备

一、印花税税率

印花税采用比例税率。比例税率分为 5 档，即 0.05‰、0.3‰、1‰、0.5‰ 和 0.25‰。具体税目如表 5-1 所示。

表 5-1 印花税的税率及税目

税率	税目
0.05‰	借款合同、融资租赁合同
0.3‰	买卖合同、承揽合同、建设工程合同、运输合同、技术合同和商标专用权、著作权、专利权、专有技术使用权转让书据
1‰	租赁合同、保管合同、仓储合同、财产保险合同和证券交易
0.5‰	土地使用权出让书据、土地使用权、房屋等建筑物、构筑物所有权转让书据和股权转让书据
0.25‰	营业账簿

二、印花税的计税依据和应纳税额的计算

(一) 计税依据

1. 一般规定

印花税计税依据如表 5-2 所示。

表 5-2 印花税计税依据

应税凭证	计税依据
应税合同	合同所列的金额,不包括列明的增值税税款 合同中价款或者报酬与增值税税款未分开列明的,按合计金额确定
应税产权转移书据	产权转移书据所列的金额,不包括列明的增值税税款 产权转移书据中价款与增值税税款未分开列明的,按合计金额确定
应税营业账簿	账簿记载的实收资本(股本)、资本公积合计金额
证券交易	成交金额:证券交易无转让价格的,按照办理过户登记手续时该证券前一个交易日收盘价计算确定计税依据;无收盘价的,按照证券面值计算确定计税依据

2. 应税合同、产权转移书据未列明金额的情况

(1)印花税的计税依据按照实际结算的金额确定;

(2)计税依据按照前款规定仍不能确定的,按照书立合同、产权转移书据时的市场价格确定;

(3)依法应当执行政府定价或者政府指导价的,按照国家有关规定确定。

(二)应纳税额的计算

应纳税额的计算公式为:

应纳税额＝应税凭证和证券交易计税金额×适用税率

(1)同一应税凭证载有两个以上税目事项并分别列明金额的,按照各自适用的税目税率分别计算应纳税额;未分别列明金额的,从高适用税率。

(2)同一应税凭证由两方以上当事人书立的,按照各自涉及的金额分别计算应纳税额。

(3)已缴纳印花税的营业账簿,以后年度记载的实收资本(股本)、资本公积合计金额比已缴纳印花税的实收资本(股本)、资本公积合计金额增加的,按照增加部分计算应纳税额。

【任务 5-1】印花税计算

北京盛华贸易有限公司(以下简称盛华公司,纳税人识别号:91110311M921P37980)为增值税一般纳税人。2024 年 6 月盛华公司发生业务如下:

(1)6 月 2 日,向中国农业银行申请 4 年期的借款,签订合同取得借款金额 10 000 000.00 元,年利率为 6.8%。

(2)6 月 9 日,签订转让专利权合同 1 份,合同记载金额为 2 300 000.00 元。

(3)6 月 12 日,签订买卖合同 3 份,共记载金额 500 000.00 元。

假设本季度仅发生以上印花税应税行为。

要求：请根据以上业务描述，完成印花税应纳税额，并填写印花税申报表。

任务实施
详解 5-1

一、业务分析及税款计算

（1）6 月 2 日，应税凭证为借款合同，征税范围属于合同和具有合同性质的凭证。

应纳印花税额＝应税凭证计税金额×适用税率＝（　　　　　　　　　　　　　　）。

（2）6 月 9 日，应税凭证为专利权转让合同，征税范围属于产权转移书据。

应纳印花税额＝（　　　　　　　　　　　　　）。

（3）6 月 12 日，应税凭证为买卖合同，征税范围属于合同或具有合同性质的凭证。

应纳印花税额＝（　　　　　　　　　　　　　）。

二、会计核算

（1）6 月 2 日，账务处理：

（2）6 月 9 日，账务处理：

（3）6 月 12 日，账务处理：

三、智慧申报

（一）电子税务局操作

自 2021 年 6 月 1 日起，纳税人申报缴纳城镇土地使用税、房产税、车船税、印花税、耕地占用税、资源税、土地增值税、契税、环境保护税、烟叶税中一个或多个税种时，使用财产和行为税纳税申报表，该申报表由一张主表和一张减免税附表组成，主表为纳税情况，附表为申报享受的各类减免税情况。纳税申报前，需先维护税源信息。税源信息没有变化的，确认无变化后直接进行纳税申报；税源信息有变化的，通过填报税源明细表进行数据更新维护后再进行纳税申报。

1. 按期申报前置条件

按期申报印花税的纳税人，完成印花税税种信息认定，印花税买卖合同税收品目，如图 5－1 所示。点击【我的信息】—【纳税人信息】—【税（费）种认定信息】可查询税种认定信息。若不存在按期申报的税种认定，则需要先到税务机关办理相应的税种信息认定，按次申报时，无需认定印花税税种信息。

	征收项目	税收品目	纳税期限	有效期起	有效期止
1	地方教育附加	增值税地方教育附加	次	2019-04-01	9999-12-31
2	教育费附加	增值税教育费附加	次	2019-04-01	9999-12-31
3	增值税	安装服务	次	2019-04-01	9999-12-31
4	增值税	通用设备	月	2021-06-01	9999-12-31
5	教育费附加	增值税教育费附加	月	2021-06-01	9999-12-31
6	地方教育附加	增值税地方教育附加	月	2021-06-01	9999-12-31
7	城市维护建设税	市区（增值税附征）	月	2021-06-01	9999-12-31
8	印花税	买卖合同	季	2022-07-01	2099-12-31

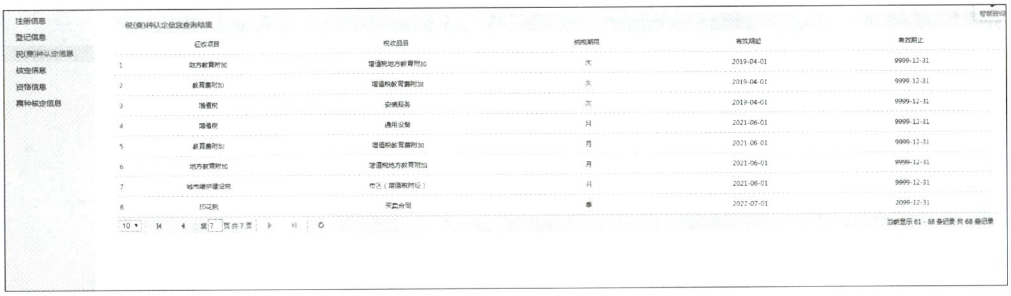

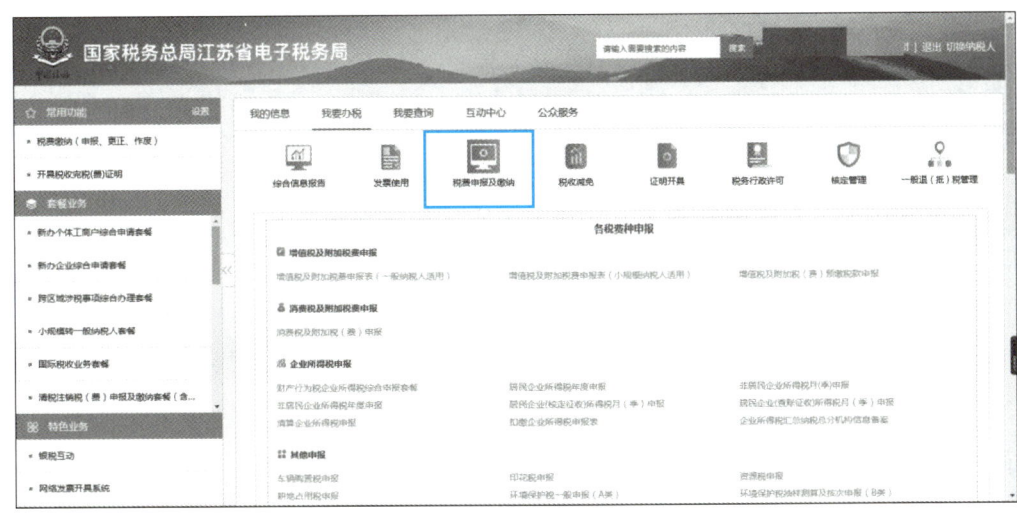

图 5－1　税种认定信息查询结果

2. 申报流程

（1）登录进入申报界面。以国家税务总局江苏省电子税务局为例，操作人员进入国家税务总局江苏省电子税务局网站（https://etax.jiangsu.chinatax.gov.cn/sso/login），点击【登录】按钮，选择企业采取【企业业务办理】，在账号、CA、电子证照、移动端扫码登录中选择登录方式；登录后，点击【我要办税】—【税费申报及缴纳】，如图 5－2 所示，进入【财产行为税企业所得税综合申报套餐】界面。

图 5－2　税费申报界面

（2）点击【综合申报】—【财产行为税企业所得税综合申报套餐】，进入报表填写界面，如图5-3所示。

图5-3 印花税纳税申报

（二）申报表填列

填表说明。

1）第1行

（1）第2列：税种印花税。

（2）第3列：借款合同。

（3）第4列：2024.04.01。

（4）第5列：2024.06.31。

（5）第6列：（　　　　　　）。

（6）第7列：0.05‰。

（7）第8列：应纳税额=（　　　　　　）。

2）第2行

（1）第2列：印花税。

（2）第3列：产权转移书据。

（3）第4列：2024.04.01。

（4）第5列：2024.06.31。

（5）第6列：（　　　　　　）。

（6）第7列：0.5‰。

（7）第8列：应纳税额=（　　　　　　）。

3）第3行

（1）第2列：印花税。

（2）第3列：买卖合同。

（3）第4列：2024.04.01。

（4）第5列：2024.06.31。

（5）第6列：（　　　　　）。

（6）第7列：0.3‰。

（7）第8列：应纳税额＝（　　　　　）。

4）第4行

第8列，合计应纳税额＝（　　　　　）。

填写财产和行为纳税申报表，如表5-3所示。

表5-3　财产和行为税纳税申报表

纳税人识别号（统一社会信用代码）：□□□□□□□□□□□□□□□□□□□□

纳税人_____　　　　　　　　名称：　　　　　　金额单位：人民币元（列至角分）

序号	税种	税目	税款所属期起	税款所属期止	计税依据	税率	应纳税额	减免税额	已缴税额	应补（退）税额
1										
2										
3										
4	合计									

声明：此表是根据国家税收法律法规及相关规定填写的，本人（单位）对填报内容（及附带资料）的真实性、可靠性、完整性负责。

纳税人（签章）：　　　　年　　月　　日

经办人：
经办人身份证号：
代理机构签章：
代理机构统一社会信用代码：

受理人：
受理税务机关（章）：
受理日期：　　年　　月　　日

任务 二 房产税核算与智能申报

 任务描述

本任务主要学习房产税的纳税人、征税范围、计税依据、应纳税额的计算、会计核算以及纳税申报。

 **知识准备**

一、房产税的税率

房产税税率如表 5-4 所示。

表 5-4 房产税税率

	形式		比例税率
税率	从价计税		1.2%
	从租计征	12%/4%	(1) 个人出租住房,不分用途,按 4% 的税率征收房产税 (2) 对企事业单位、社会团体以及其他组织向个人、专业化规模化住房租赁企业出租住房的,减按 4% 的税率征收房产税

二、房产税的计税依据及应纳税额的计算

(一) 基本规定

房产税计税依据及应纳税额计算如表 5-5 所示。

表 5-5 房产税计税依据及应纳税额计算

	计税依据	房产余值(原值减除规定比例后的剩余价值)
从价计征	房产原值	(1) 按照会计制度规定,在账簿"固定资产"科目中记载的房屋原价 (2) 房产原值应包括与房屋不可分割的各种附属设备或一般不单独计算价值的配套设施(如过道等) (3) 凡以房屋为载体,不可随意移动的附属设备或配套设施(如中央空调、智能化楼宇设备等),不论会计上如何核算,一并征税 (4) 纳税人对原有房屋进行改建、扩建,要相应增加房屋原值:

续　表

		更换房屋附属设备和配套设施	在将其价值计入房产原值时,可扣减原来相应设备和设施的价值(一加一减)
从价计征	房产原值	附属设备和配套设施中易损坏,需要经常更换的零配件	更新后不再计入房产原值(不加不减)
	应纳税额	全年应纳税额=应税房产原值×(1-扣除比例)×1.2%	
	适用范围	自用房屋、房产投资联营共担风险、融资租入房屋	
从租计征	计税依据	不含增值税的租金收入	
	应纳税额	应纳税额=(不含增值税)租金收入×12%(或4%)	
	适用范围	出租房屋、房产投资联营收固定收入 【提示】要特别关注年度中间发生房产用途改变时,房产税的计算	

(二)以房产投资联营的计税规定

房产税联营方式相关规定如表5-6所示。

表5-6　房产税联营方式相关规定

联营方式	纳税人	计税方法	计税依据
投资者参与投资利润分红、共担风险的	被投资方	从价计征	房产余值
以房产投资收取固定收入、不承担经营风险的	投资方	从租计征	租金收入

(三)融资租赁房屋的计税规定

融资租赁房屋的房产税,由承租人自融资租赁合同约定开始日的次月起依照房产余值缴纳房产税。合同未约定开始日的,由承租人自合同签订的次月起依照房产余值缴纳房产税。

 **任务实施**

【任务5-2】房产税计算

北京华昌贸易有限公司(纳税人识别号:911102137923G57937)为增值税一般纳税人。2024年,北京华昌贸易有限公司房屋明细表如表5-7所示,当地政府规定的减除率为20%,房产税按年计征,计算年末应纳房产税并进行相关的会计处理。

北京华昌贸易有限公司的房产税包括从价计征和从租计征两部分,纳税人出租、出借房产,自交付出租、出借房产次月起,缴纳房产税。

要求:请根据以上业务描述,核算北京华昌贸易有限公司所要缴纳的房产税,进行相应的会计处理,并填写房产税申报表。

表 5-7 2024 年北京华昌贸易有限公司房屋明细表

房屋名称	建造或出租时间	房屋原值(万元)	房屋面积(平方米)	房屋用途
办公楼	2020 年 2 月	600	8 000	行政办公
一车间	2020 年 9 月	300	3 000	生产
综合楼	2021 年 5 月	400	5 000	食堂、浴室
甲仓库	2021 年 2 月	150	2 000	存储材料
乙仓库	2024 年 1 月	150	2 000	出租,年租金 10 万元
合计		1 600	20 000	

任务实施
详解 5-2

一、业务分析及税款计算

房产税应纳税额计算表如表 5-8 所示。

表 5-8 房产税应纳税额计算表

2024 年 12 月 31 日 金额单位:元

房屋名称	房产原值	按房产余值计征房产税				按租金收入计征房产税			全年应纳税额	已纳税额	应补(退)税额
		扣除率	房产余值	适用税率	应纳税额	租金收入	适用税率	应纳税额			
办公楼	6 000 000	20%	4 800 000	1.2%	( )				( )		
一车间	3 000 000	20%	2 400 000	1.2%	( )				( )		
综合楼	4 000 000	20%	3 200 000	1.2%	( )				( )		
1 号仓库	1 500 000	20%	1 200 000	1.2%	( )				( )		
2 号仓库	1 500 000	20%				100 000	12%	( )	( )		
合计									( )		

二、会计核算

账务处理:

三、智慧申报

（一）电子税务局操作

自 2021 年 6 月 1 日起，纳税人申报缴纳城镇土地使用税、房产税、车船税、印花税、耕地占用税、资源税、土地增值税、契税、环境保护税、烟叶税中一个或多个税种时，填报财产和行为税纳税申报表，该申报表由一张主表和一张减免税附表组成，主表为纳税情况，附表为申报享受的各类减免税情况。纳税申报前，需先维护税源信息。税源信息没有变化的，确认无变化后直接进行纳税申报；税源信息有变化的，通过填报税源明细表进行数据更新维护后再进行纳税申报。详细操作见任务一。

（二）申报表填列

填表说明。

1）第 1 行

（1）第 2 列：房产税。

（2）第 3 列：房屋建筑物。

（3）第 4 列：2024.01.01。

（4）第 5 列：2024.12.31。

（5）第 6 列：（　　　　）。

（6）第 7 列：1.2％。

（7）第 8 列：应纳税额为（　　　　）。

2）第 2 行

（1）第 2 列：房产税。

（2）第 3 列：房屋建筑物。

（3）第 4 列：2024.01.01。

（4）第 5 列：2024.12.31。

（5）第 6 列：（　　　　）。

（6）第 7 列：1.2％。

（7）第 8 列：应纳税额为（　　　　）。

3）第 3 行

（1）第 2 列：房产税。

（2）第 3 列：房屋建筑物。

（3）第 4 列：2024.01.01。

（4）第 5 列：2024.12.31。

（5）第 6 列：（　　　　）。

（6）第 7 列：1.2％。

（7）第 8 列：应纳税额为（　　　　）。

4）第 4 行

（1）第 2 列：房产税。

（2）第 3 列：房屋建筑物。

（3）第 4 列：2024.01.01。

（4）第 5 列：2024.12.31。

（5）第 6 列：（　　　　）。

（6）第 7 列：1.2％。

（7）第 8 列：应纳税额＝（　　　　）。

5）第 5 行

（1）第 2 列：房产税。

（2）第 3 列：房屋建筑物。

（3）第 4 列：2024.01.01。

（4）第 5 列：2024.12.31。

（5）第 6 列：（　　　　）。

（6）第 7 列：12％。

（7）第 8 列：应纳税额为（　　　　）。

6）第 6 行

第 8 列，合计应纳税额为（　　　　）。

（三）纳税申报表填写

财产和行为税纳税申报表如表 5-9 所示。

表 5-9　财产和行为税纳税申报表

纳税人识别号（统一社会信用代码）：□□□□□□□□□□□□□□□□□□□□□□□□

纳税人＿＿＿＿＿＿＿＿　　　　名称：　　　　　　金额单位：人民币元（列至角分）

序号	税种	税目	税款所属期起	税款所属期止	计税依据	税率	应纳税额	减免税额	已缴税额	应补（退）税额
1										
2										
3										
4										
5										
6	合计									

声明：此表是根据国家税收法律法规及相关规定填写的，本人（单位）对填报内容（及附带资料）的真实性、可靠性、完整性负责。

纳税人（签章）：　　　年　月　日

经办人：
经办人身份证号：
代理机构签章：
代理机构统一社会信用代码：

受理人：
受理税务机关（章）：
受理日期：　　　年　月　日

任务 三 车船税核算与智能申报

 任务描述

本任务主要学习车船税的纳税人、征税范围、计税依据、应纳税额的计算、会计核算以及纳税申报。

 知识准备

车船税应纳税额计算的相关规定如表5-10所示。

表5-10　车船税应纳税额计算的相关规定

税目		计税单位	计税依据	应纳税额
乘用车		每辆	辆数	应纳税额＝辆数×适用年基准税额
摩托车				
商用客车（包括电车）				
商用货车：半挂牵引车、三轮汽车和低速载货汽车等		整备质量每吨	整备质量吨位数	应纳税额＝整备质量吨位数×适用年基准税额
其他车辆：专用作业车、轮式专用机械车（不包括拖拉机）				
挂车				应纳税额＝整备质量吨位数×货车适用年基准税额×50%
船舶	机动船舶	净吨位每吨	净吨位数	应纳税额＝净吨位数×适用年基准税额
	拖船、非机动驳船			应纳税额＝净吨位数×机动船舶适用年基准税额×50%
	游艇	艇身长度每米	艇身长度	应纳税额＝艇身长度×适用年基准税额

任务实施

【任务 5-3】车船税计算

北京景山有限公司(以下简称景山公司,纳税人识别号：911301127721M55931)为增值税一般纳税人,主要从事卷烟、酒类、高档化妆品的零售、批发等业务。2024 年 12 月景山公司典型业务如下：

(1)有用载货汽车 3 辆(货车整备质量全部为 10 吨)。已知载货汽车每吨年税额 80 元。

(2)拥有乘人大客车 1 辆;小客车 1 辆。已知乘人大客车每辆年税额 800 元,小客车每辆年税额 700 元。

(3)拥有机动船舶 10 艘,每艘净吨位为 150 吨。已知机动船舶适用年基准税额为每吨 3 元。

要求：依据最新税收政策,完成车船税应纳额的核算并填写纳税申报表。

任务实施
详解 5-3

一、业务分析及税款计算

(1)应纳车船税税额＝(　　　　　　　　　　)。

(2)应纳车船税税额＝辆数×适用年税额,

应纳车船税税额＝(　　　　　　　　　　)。

(3)机动船舶的应纳税额＝净吨位数×适用年基准税额,

应纳车船税税额＝(　　　　　　　　　　)。

二、会计核算

(1)载货汽车,账务处理：

(2)客车,账务处理：

（3）机动船舶，账务处理：

三、智慧申报

（一）电子税务局操作

自 2021 年 6 月 1 日起，纳税人申报缴纳城镇土地使用税、房产税、车船税、印花税、耕地占用税、资源税、土地增值税、契税、环境保护税、烟叶税中一个或多个税种时，填报财产和行为税纳税申报表，该申报表由一张主表和一张减免税附表组成，主表为纳税情况，附表为申报享受的各类减免税情况。纳税申报前，需先维护税源信息。税源信息没有变化的，确认无变化后直接进行纳税申报；税源信息有变化的，通过填报税源明细表进行数据更新维护后再进行纳税申报。详细操作见任务一。

（二）申报表填列

填表说明。

1）第 1 行

（1）第 2 列：车船税。

（2）第 3 列：载货汽车。

（3）第 4 列：2024.01.01。

（4）第 5 列：2024.12.31。

（5）第 6 列：（　　　　）。

（6）第 7 列：（　　　　）。

（7）第 8 列：应纳税额为（　　　　）。

2）第 2 行

（1）第 2 列：车船税。

（2）第 3 列：大客车。

（3）第 4 列：2024.01.01。

（4）第 5 列：2024.12.31。

（5）第 6 列：1。

（6）第 7 列：（　　　　）。

（7）第 8 列：应纳税额为（　　　　）。

3）第 3 行

（1）第 2 列：车船税。

（2）第 3 列：小客车。

（3）第 4 列：2024.01.01。

（4）第 5 列：2024.12.31。

（5）第 6 列：1。

（6）第 7 列：（　　　　）。

（7）第 8 列：（　　　　），应纳税额为（　　　　）。

4）第 4 行

（1）第 2 列：车船税。

（2）第 3 列：机动船舶。

（3）第 4 列：2024.01.01。

（4）第 5 列：2024.12.31。

（5）第 6 列：（　　　　）。

（6）第 7 列：3。

（7）第 8 列：（　　　　），应纳税额为（　　　　）。

5）第 5 行

第 8 列，合计应纳税额为（　　　　）。

填写财产和行为纳税申报表，如表 5-11 所示。

表 5-11　财产和行为税纳税申报表

纳税人识别号（统一社会信用代码）：□□□□□□□□□□□□□□□□□□□

纳税人＿＿＿＿＿＿＿＿　　　　　　　名称：　　　　　　金额单位：人民币元（列至角分）

序号	税种	税目	税款所属期起	税款所属期止	计税依据	税率	应纳税额	减免税额	已缴税额	应补（退）税额
1										
2										
3										
4										
5	合计									

声明：此表是根据国家税收法律法规及相关规定填写的，本人（单位）对填报内容（及附带资料）的真实性、可靠性、完整性负责。

纳税人（签章）：　　　年　月　日

经办人：

经办人身份证号：

代理机构签章：

代理机构统一社会信用代码：

受理人：

受理税务机关（章）：

受理日期：　　年　月　日

任务 四 契税核算与智能申报

  任务描述

本任务主要学习契税的纳税人、征税范围、计税依据、应纳税额的计算、会计核算以及纳税申报。

  知识准备

一、税率

契税采用3%～5%的幅度比例税率。

二、契税计税依据和应纳税额的计算

1. 成交价格

土地使用权出让、土地使用权出售、房屋买卖计征契税的成交价格不含增值税。契税的成交价格规定如表5－12所示。

表5－12 契税的成交价格规定

情形		成交价格
土地使用权及所附建筑物、构筑物等转让		承受方应交付的总价款
土地使用权出让		土地出让金、土地补偿费、安置补助费、地上附着物和青苗补偿费、征收补偿费、城市基础设施配套费、实物配建房屋等应交付的货币以及实物、其他经济利益对应的价款
房屋附属设施（包括停车位、机动车库、非机动车库、顶层阁楼、储藏室及其他房屋附属设施）	与房屋为同一不动产单元	承受方应交付的总价款，并适用与房屋相同的税率
	与房屋为不同不动产单元	转移合同确定的成交价格，并按当地确定的适用税率计税
承受已装修房屋		包括装修费用在内的费用计入承受方应交付的总价款

2. 核定价格

土地使用权赠与、房屋赠与以及其他没有价格的转移土地、房屋权属行为。

3. 互换价格差额

土地使用权互换、房屋互换。契税互换价格的基本规定如表 5-13 所示。

表 5-13　契税互换价格的基本规定

互换价格	计税依据
互换价格相等的	零
互换价格不相等的	差额,由支付差额的一方缴纳

4. 土地出让价款与成交价格

以划拨方式取得土地使用权计税依据的基本规定如表 5-14 所示。

表 5-14　以划拨方式取得土地使用权计税依据的基本规定

情形		计税依据
以划拨方式取得的土地使用权	经批准改为出让方式重新取得该土地使用权的	补缴的土地出让价款
	后经批准转让房地产　划拨土地性质改为出让的	分别以补缴的土地出让价款和房地产权属转移合同确定的成交价格
	后经批准转让房地产　划拨土地性质未发生改变的	房地产权属转移合同确定的成交价格

5. 核定价格与差额

纳税人申报的成交价格、互换价格差额明显偏低且无正当理由的,由税务机关依照《中华人民共和国税收征收管理法》的规定核定。

 **任务实施**

【任务 5-4】契税计算

北京景山有限公司(以下简称景山公司,纳税人识别号:911372117323G51932)为增值税一般纳税人。2024 年 6 月 5 日景山公司发生如下交易:

(1)通过“招拍挂”方式从政府受让一宗土地使用权,成交价格为 2 180 万元,取得财政票据。从北京华瑞公司购买一宗土地使用权,含增值税成交价为 1 090 万元,取得北京华瑞公司开具的增值税专用发票。已知增值税税率为 9%,适用契税税率为 4%。

(2)以 1 200 万元(不含增值税)购入一幢旧写字楼作为办公用房,该写字楼原值 2 800 万,已计提折旧 800 万元,适用契税税率为 3%。

（3）用一辆价值 80 万元的车与王某价值 200 万元的住房交换，用作员工宿舍，并向王某支付差价 120 万元，适用契税税率为 3%。

要求：计算景山公司上述业务应纳契税税额。

一、业务分析及税款计算

任务实施
详解 5-4

（1）土地使用权出让、出售，房屋买卖，以土地、房屋权属转移合同确定的不含增值税成交价格为计税依据。从政府受让土地使用权取得财政票据的成交价格不含增值税，无须价税分离。从北京华瑞公司购买土地使用权明确成交价含增值税，需要价税分离。

应纳契税税额＝（　　　　　　　　　　　）

（2）土地使用权出售、房屋买卖，其计税价格为成交价格。

应纳契税税额＝（　　　　　　　　　　　）

（3）公司以车换房，属于以实物交换房产的情形（而不是土地、房屋权属互换），计税依据为应付的货币、实物及其他经济利益，即 200 万元。

应纳契税税额＝（　　　　　　　　　　　）

二、会计核算

（1）购买土地使用权，账务处理：

（2）购入办公用房，账务处理：

（3）实物交换房产，账务处理：

三、智慧申报

（一）电子税务局操作

自 2021 年 6 月 1 日起，纳税人申报缴纳城镇土地使用税、房产税、车船税、印花税、耕地占用税、资源税、土地增值税、契税、环境保护税、烟叶税中一个或多个税种时，填报财产和行为税纳税申报表。该申报表由一张主表和一张减免税附表组成，主表为纳税情况，附表为申报享受的各类减免税情况。纳税申报前，需先维护税源信息。税源信息没有变化的，确认无变化后直接进行纳税申报；税源信息有变化的，通过填报税源明细表进行数据更新维护后再进行纳税申报。详细操作见任务一。

（二）申报表填列

填表说明：

1）第 1 行

（1）第 2 列：契税。

（2）第 4 列：2024.06.01。

（3）第 5 列：2024.06.10。

（4）第 6 列：（　　　　）。

（5）第 7 列：4%。

（6）第 8 列：应纳税额为（　　　　）。

2）第 2 行

（1）第 2 列：契税。

（2）第 4 列：2024.06.01。

（3）第 5 列：2024.06.10。

（4）第 6 列：（　　　　）。

（5）第 7 列：3%。

（6）第 8 列：应纳税额为（　　　　）。

3）第 3 行

（1）第 2 列：契税。

（2）第 4 列：2024.06.01。

（3）第 5 列：2024.06.10。

（4）第 6 列：(　　　　)。

（5）第 7 列：3‰。

（6）第 8 列：应纳税额为(　　　　)。

4）第 4 行

第 8 列，合计应纳税额为(　　　　)。

填写财产和行为纳税申报表如表 5－15 所示。

表 5－15　财产和行为税纳税申报表

纳税人识别号(统一社会信用代码)：□□□□□□□□□□□□□□□□□□

纳税人＿＿＿＿＿＿＿　　　　　名称：　　　　　金额单位：人民币元(列至角分)

序号	税种	税目	税款所属期起	税款所属期止	计税依据	税率	应纳税额	减免税额	已缴税额	应补(退)税额
1										
2										
3										
4	合计									

声明：此表是根据国家税收法律法规及相关规定填写的,本人(单位)对填报内容(及附带资料)的真实性、可靠性、完整性负责。

纳税人(签章)：　　年　月　日

经办人：
经办人身份证号：
代理机构签章：
代理机构统一社会信用代码：

受理人：
受理税务机关(章)：
受理日期：　　年　月　日

任务 五 关税核算与智能申报

任务描述

本任务主要学习关税的纳税人、征税范围、计税依据、应纳税额的计算、会计核算以及纳税申报。

知识准备

一、关税税率

进口货物适用何种关税税率是以进口货物的原产地为标准的。分为最惠国税率、协定税率、特惠税率、关税配额税率、暂定税率和普通税率。

（一）最惠国税率

最惠国税率适用于以下情形：

（1）原产于与我国共同适用最惠国条款的世界贸易组织成员或者地区的进口货物；

（2）原产于与我国签订含有相互给予最惠国待遇的双边贸易协定的国家或者地区的进口货物；

（3）原产于我国的进口货物。

（二）协定税率

对原产于与我国签订含有关税优惠条款的区域性贸易协定的国家或者地区的进口货物，按协定税率征收关税。

（三）特惠税率

对原产于与我国签订含有特殊关税优惠条款的贸易协定的国家或者地区的进口货物，按特惠税率征税。

（四）关税配额税率

关税配额是进口国限制进口货物数量的措施，把征收关税和进口配额相结合以限制进口。对于在配额内进口的货物可以适用较低的关税配额税率，对于配额之外的则适用较高税率。

（五）暂定税率

暂定税率是指在最惠国税率的基础上，对于一些国内需要降低进口关税的货物，以及出于国际双边关系的考虑需要个别安排的进口货物,可以实行暂定税率。

(六)普通税率

普通税率适用于以下情形:

(1)原产于未与我国共同适用最惠国条款的世界贸易组织成员或地区,未与我国订有相互给予最惠国待遇、关税优惠条款贸易协定和特殊关税优惠条款贸易协定的国家或者地区的进口货物;

(2)原产地不明的进口货物。

二、关税应纳税额的计算方法

关税应纳税额计算方法的相关规定如表5-16所示。

表5-16 关税应纳税额计算方法的相关规定

计算方法	适用范围	计算公式
从价税	一般的进(出)口货物	应纳税额=应税进(出)口货物数量×单位完税价格×适用税率
从量税	进口啤酒、原油等	应纳税额=应税进口货物数量×关税单位税额
复合税	进口广播用录像机、放像机、摄像机等	应纳税额=应税进口货物数量×关税单位税额+应税进口货物数量×单位完税价格×适用税率
滑准税	进口规定适用滑准税的货物	进口商品价格越高,(比例)税率越低;税率与商品进口价格反方向变动

三、关税完税价格

(一)一般贸易项下进口货物的完税价格

一般贸易项下进口货物的完税价格相关规定如表5-17所示。

表5-17 一般贸易项下进口货物的完税价格相关规定

应计入成交价格	不计入成交价格
货价	货物运抵我国关境内输入地点起卸后的运输及其相关费用、保险费
货物运抵我国关境内输入地点"起卸前"的包装费、运费、保险费和其他劳务费	
支付给卖方的佣金	向境外采购代理人支付的买方佣金
卖方延期交货的罚款,不得从成交价格中扣除	卖方付给进口人的正常回扣,应从成交价格中扣除

续　表

应计入成交价格	不计入成交价格
为了境内生产、制造、使用或出版、发行的目的向境外支付的与进口货物有关的专利、商标、著作权,以及专有技术、计算机软件和资料等费用	—

(二) 出口货物的完税价格

出口货物应当以海关审定的货物售予境外的离岸价格,扣除出口关税后作为完税价格;计算公式为:

$$出口货物完税价格＝离岸价格÷(1＋出口税率)$$

 任务实施

【任务 5‑5】关税计算

王磊是北京喜惠贸易有限公司(以下简称喜惠公司)的报关员,喜惠公司具有进出口经营权,单位编号为911203117587311906F。2024 年 1 月 15 日,喜惠公司从意大利进口家用壁挂炉一批,报关单如表 5‑18,当日外汇折算率 1 欧元＝人民币 7.8 元,运费按照商品总价占比分配,壁挂炉关税税率为 8%。

要求:根据以上业务计算关税完税价格,以及应缴纳的关税税额,并填报海关进口关税专用缴款书。中华人民共和国海关进口货物报关单如表 5‑18 所示。

表 5‑18　中华人民共和国海关进口货物报关单

预录人编号:870283061

收发货人: 北京喜惠贸易有限公司	进口口岸: 新港海关 0202	进口日期: 2024/01/15		申报日期: 2024/01/15
消费使用单位: 北京喜惠贸易有限公司	运输方式: 水路运输	运输工具名称: BINHAI V.508		提运单号: T1371728
申报单位: 911203117587311906F	监管方式: 一般贸易	征免性质: 一般征税		备案号:
贸易国(地区): 中国(142)	起运国(地区): 意大利(307)	装货港: 威尼斯(2291)		境内目的地: 北京海淀区
批准文号:	成交方式: FOB	运费: 人民币 264 500.00	保费: 0.3%	杂费:
合同协议号: XY‑2022001	件数: 980	包装种类: 台	毛重(千克): 42 980.82	净重(千克): 32 881.80
集装箱号: ECMU4110230x4(1)	随附单据: 121100122127361300	用途:		

标记喷码及备注：

A/0

项号	商品编码	商品名称、规格型号	数量及单位	原产国（地区）	单价	总价	币制	征免
1	84031010	家用壁挂炉 MAINFOU	350 台	意大利(307)	6 000.00	2 100 000.00	欧元	照章征税
2	84031010	家用壁挂炉 LUNA3	170 台	意大利(307)	10 000.00	1 700 000.00	欧元	照章征税
3	84031010	家用壁挂炉 PRO	360 台	意大利(307)	12 500.00	4 500 000.00	欧元	照章征税
4	84031010	家用壁挂炉 PLUS	60 台	意大利(307)	15 000.00	900 000.00	欧元	照章征税
5	84031010	家用壁挂炉 MAS	40 台	意大利(307)	20 000.00	800 000.00	欧元	照章征税

特殊关系确认：　　　　　　　　价格影响确认：　　　　　　　支付特许权使用费确认：

录入员　　　　　　录入单位	兹申明对以上内容承担如实申报、依法海关批注及签章：纳税之法律责任	海关批注及签章：
报关人员　　　　　申报单位（签章）		

海关编号：020230200215311719

一、业务分析及税费计算

（1）税号、货物名称、数量、单位据报关单资料一次填列。

（2）家用壁挂炉 MAINFOU 完税价格：16 485 000.00 元。

家用壁挂炉 MAINFOU 完税价格＝（6 000×350×7.8＋2 100 000÷10 000 000×264 500）÷（1−0.3%）＝16 485 000.00（元）。

（3）家用壁挂炉 LUNA3 完税价格：13 345 000.00 元。

家用壁挂炉 LUNA3 完税价格＝（10 000×170×7.8＋1 700 000÷10 000 000×264 500）÷（1−0.3%）＝13 345 000.00（元）。

（4）家用壁挂炉 PRO 完税价格：35 325 000.00 元。

家用壁挂炉 PRO 完税价格＝（12 500×360×7.8＋4 500 000÷10 000 000×264 500）÷（1−0.3%）＝35 325 000.00（元）。

（5）家用壁挂炉 PLUS 完税价格：7 065 000.00 元。

家用壁挂炉 PLUS 完税价格＝（15 000×60×7.8＋900 000÷10 000 000×264 500）÷（1−0.3%）＝7 065 000.00（元）。

（6）家用壁挂炉 MAS 完税价格：6 280 000.00 元。

家用壁挂炉 MAS 完税价格＝（20 000×40×7.8＋800 000÷10 000 000×264 500）÷（1−0.3%）＝6 280 000.00（元）。

（7）税率：8%。

（8）家用壁挂炉 MAINFOU 税款金额：1 318 800.00 元。

家用壁挂炉 MAINFOU 税款金额＝16 485 000×8%＝1 318 800.00（元）。

(9) 家用壁挂炉 LUNA3 税款金额：1 067 600.00 元。

家用壁挂炉 LUNA3 税款金额＝13 345 000×8％＝1 067 600.00(元)。

(10) 家用壁挂炉 PRO 税款金额：2 826 000.00 元。

家用壁挂炉 PRO 税款金额＝35 325 000×8％＝2 826 000.00(元)。

(11) 家用壁挂炉 PLUS 税款金额：565 200.00 元。

家用壁挂炉 PLUS 税款金额＝7 065 000×8％＝565 200.00(元)。

(12) 家用壁挂炉 MAS 税款金额：502 400.00 元。

家用壁挂炉 MAS 税款金额＝6 280 000×8％＝502 400.00(元)。

(13) 金额人民币(大写)：陆佰贰拾捌万元整。

(14) 合计：6 280 000.00 元。

(15) 申请单位编号：911203117587311906F。

(16) 报关单编号：020230200215311719。

(17) 合同(批文)号：XY－2022001。

(18) 运输工具(号)：BINHAI V.508。

(19) 缴款期限：2024－01－29。

关税的申报时间：进口货物应自运输工具申报进境之日起 14 日内。

(20) 提/装货单号：T1566828。

二、智慧申报

(一) 海关进口关税专用缴款书填列

填表说明。

1) 第 5 行

(1) 第 5 列：16 485 000.00 元。

(2) 第 6 列：8％。

(3) 第 7 列：1 318 800.00 元,缴款金额＝ 16 485 000×8％＝1 318 800(元)。

2) 第 6 行

(1) 第 5 列：13 345 000.00 元。

(2) 第 6 列：8％。

(3) 第 7 列：1 067 600.00 元,缴款金额＝ 13 345 000×8％＝ 1 067 600(元)。

3) 第 7 行

(1) 第 5 列：35 325 000.00 元。

(2) 第 6 列：8％。

(3) 第 7 列：2 826 000.00,缴款金额＝ 35 325 000×8％＝ 2 826 000(元)。

4) 第 8 行

(1) 第 5 列：7 065 000.00 元。

(2) 第 6 列：8％。

(3) 第 7 列：565 200.00,缴款金额＝ 7 065 000×8％＝565 200(元)。

5) 第 9 行

（1）第 5 列：6 280 000.00 元。

（2）第 6 列：8%。

（3）第 7 列：502 400.00 元，缴款金额＝6 280 000×8%＝502 400（元）。

6）第 10 行

第 3 列：6 280 000.00 元，缴款金额＝1 318 800＋1 067 600＋2 826 000＋565 200＋502 400＝6 280 000（元）。

填写海关进口关税专用缴款书，如表 5‑19 所示。

表 5‑19　海关进口关税专用缴款书

收入系统：　　海关系统　　　　填发日期：2024 年 01 月 15 日　　　　　　号码 No

收款单位	收款单位	中央金库				缴款单位（人）	名称	北京喜惠贸易有限公司
	科目	进口关税	预算级次	中央			账号	6217376100000007386
	收款国库						开户银行	中国银行北京海淀区分行

税号	货物名称	数量	单位	完税价格（￥）	税率	税款金额（￥）
84031010	家用壁挂炉 MAINFOU	350	台	16 485 000.00	8%	1 318 800.00
84031010	家用壁挂炉 LUNA3	170	台	13 345 000.00	8%	1 067 600.00
84031010	家用壁挂炉 PRO	360	台	35 325 000.00	8%	2 826 000.00
84031010	家用壁挂炉 PLUS	60	台	7 065 000.00	8%	565 200.00
84031010	家用壁挂炉 MAS	40	台	6 280 000.00	8%	502 400.00

金额人民币（大写）		陆佰贰拾捌万元整		合计（￥）	6 280 000.00
申请单位编号	911203117587311906F	报关单编号	0202302002153117192	填制单位	收款国库（银行）
合同（批文）号	XY‑2022001	运输工具（号）	BINHAI V.508		
缴款期限	2024‑01‑29	提/装货单号	T1371728	制单人	
备注				复核人	

自填发缴款书之日起 15 日内缴纳税款（期末遇星期六、星期日或法定节假日顺延），逾期缴纳按日加收税款总额 5‰的滞纳金。

【税惠为民】

关税税目"上新"惠民生

2022年12月29日,国务院关税税则委员会发布公告,2023年中国将调整部分商品的进出口关税,一些和民众生活直接相关的医疗用品、消费品,大部分降低或者直接降为零关税。业内人士表示,此次调整降低了部分资源产品、原材料和零部件等多种商品进口关税,将进一步满足民众生活、企业生产和社会发展需要,充分发挥关税作为国内国际双循环联结点的作用。

经国务院批准,国务院关税税则委员会21日对外发布公告,2024年将调整部分商品的进出口关税。

根据公告,2024年1月1日起,我国将对1010项商品实施低于最惠国税率的进口暂定税率。其中,为加快推进先进制造业创新发展,降低氯化锂、低砷萤石、燃料电池用气体扩散层等国内短缺的资源、关键设备和零部件的进口关税。为保障人民生命健康,对部分抗癌药、罕见病药的药品和原料等实施零关税,降低特殊医学用途配方食品等的进口关税。此外,降低甜玉米、芫荽、牛蒡种子的进口关税。降低高纯铝出口关税。

根据国内产业发展和供需情况变化,2024年1月1日起,在我国加入世界贸易组织承诺范围内,提高乙烯、丙烯、6代以下液晶玻璃基板等部分商品进口关税。

为持续推进高水平对外开放,根据我国与有关国家或者地区签署的自由贸易协定和优惠贸易安排,2024年将对20个协定项下、原产于30个国家或者地区的部分商品实施协定税率。中国—尼加拉瓜自由贸易协定自2024年1月1日起生效并实施降税。

为支持和帮助最不发达国家加快发展,2024年继续对与我国建交并完成换文手续的最不发达国家实施特惠税率。为促进我国优势产品更好参与国际市场竞争,2024年将适当调整本国子目,增列装饰原纸、高端钢铁产品等税目。调整后,税则税目总数为8 957个。

资料来源:国家税务总局。

项 目 六
税费申报智能化

知识目标

1. 理解机器人流程自动化的基本知识和工作原理。
2. 理解并掌握机器人工具的功能及相关设置。
3. 理解发票开具流程自动化业务的流程。
4. 理解企业增值税申报流程自动化业务的流程。

能力目标

1. 能够掌握财务机器人软件的常规操作。
2. 能够基于 RPA 工具的使用掌握活动控件的使用方法。
3. 能够根据具体需求梳理出发票开具、机器人设计逻辑框架和流程。
4. 能够独立地开发及应用 RPA 财务机器人。

素养目标

1. 提升学生的信息化素养。
2. 培养学生的职业素养。
3. 培养学生的创新精神。
4. 适应数字经济时代的不断发展,具有流程自动化的观念和知识更新意识。

任务 一 RPA 介绍与基础应用

 任务描述

　　RPA 机器人在开始设计前,需要下载 UiPath 安装包进行安装、了解 UiPath Studio 界面以及如何设置储存 RPA 机器人到指定位置。

　　本任务主要学习安装 UiPath 工具与相关设置、UiPath Studio 界面模块认知与如何通过新建库完成简单机器人的设计与调试。

 **知识准备**

一、RPA 的定义

　　RPA 是 robotic process automation 的缩写,译为机器人流程自动化,又称"数字化虚拟员工"。RPA 指用软件机器人实现业务处理的自动化,是以"模拟人"的方式进行业务操作,它可以帮助企业处理很多重复的、规则固定的、烦琐的流程业务。

　　RPA 机器人是不能行走、不能说话的机器人,不是以实体形式存在的纸质文件处理机器。RPA 机器人是计算机软件的一种,能代替人基于一定规范的鼠标和键盘指令进行执行,能够跨软件、跨平台、可多窗口操作的应用软件。

二、RPA 机器人的特点

1. 安全可靠,错误率低

　　RPA 机器人可以将每个工作流程进行系统录入并执行,可以避免人工长时间操作导致的系统疲劳,从而出现错误,使用 RPA 可以有效降低错误率。而且 RPA 机器人没有主观意识,避免了数据的泄露而造成损失。

2. 快速部署,灵活调整

　　RPA 机器人支持本地和云端各种灵活的部署方式。RPA 机器人是一款在电脑端可以部署的软件,在何时何地都可以使用,不受区域影响。

3. 成本降低,效率提高

　　RPA 机器人可以一天 24 小时不间断地执行标准性、重复性的工作,而员工一天平均是工作 8 小时。RPA 机器人可以代替很多具有重复性的、基于一定规则的烦琐工作,从而使得公司减少该岗位上的人力成本的投入。这也意味着员工可以有更多时间专注于高附加值的工作。

4. 跨系统协同,非入侵方式

RPA 可以跨系统协同,实现系统互联和数据集成等,如 ERP、数据库、网页等查询操作,自动进行信息收集和提取。在操作过程也只是在和系统的用户界面上去进行操作,整个过程中无须调用系统结构去获取数据,更不需要更改系统的底层代码。

三、RPA 机器人的应用领域

RPA 机器人主要处理基于规则的、重复性高的工作,故 RPA 机器人应用领域也十分广泛,主要应用于保险、金融服务、政府、医疗、零售、制造、教育、资源外包等领域,如图 6-1 所示。随着越来越多的领域开始应用 RPA,更多的业务场景也正在不断被发掘。

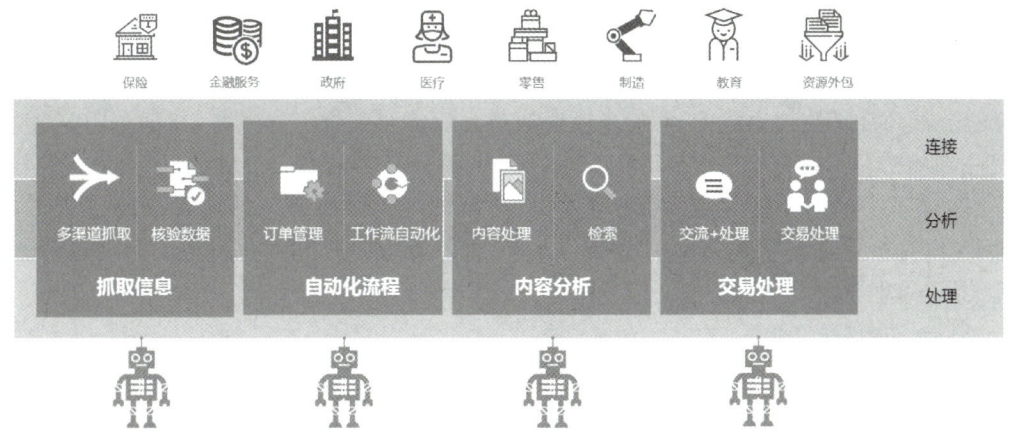

图 6-1 RPA 机器人的应用领域

RPA 最早的业务需求来自业务流程外包业务(BPO),尤以 BPO 业务中呼叫中心场景为多,其工作特点是大量、简单且重复,导致人员操作效率低下、易出错。2011 年,技术外包公司 DeskOver(UiPath 前身)发现外包公司对自动化降本的商业需求和商机,开发了第一代自动化产品,即早期的 UiPath Studio。

(一)保险领域

在保险行业,员工每天不仅做着如理赔管理、保单入账、数据审核等大量重复性工作,而且无法保证数据的时效性与准确性,这会对整个组织的效率和客户服务产生巨大影响。

保险公司也都在寻找方法来减轻员工的日常负担,同时削减成本和最大限度地减少错误。RPA 机器人的引入逐渐应用于承保处理、业务流程改进、索赔管理和欺诈检测、保单管理和取消、监管合规、查询处理、客户服务等。

(二)银行领域

RPA 机器人在银行业中已经变得越来越广泛。它可以帮助银行实现更高的效率、减少成本和风险,并提高客户满意度,如客户关系管理、核算和数据管理、合规性和风险管理等。它可以帮助银行实现更高的效率、更好的客户满意度、更低的成本和风险。

（三）人力领域

人力资源领域需要在整个招聘、入职、培训、挽留、离职等多个环节做出辛勤的工作。该领域的很多业务流程都是重复的、有规则的，如员工信息录入、发放录用通知书、证照信息的识别与录入、入职培训等，这些都可以应用RPA机器人来协助完成，帮助企业节约成本，提高效率。

（四）财务领域

财务的未来是信息化、自动化、数字化和智能化的，未来需要的是智能会计、数智财务、大数据智能审计等方向的人才。业务属性契合会计行业汇聚着大量重复、规则固定的工作能够利用RPA机器人完成，包括报销单据接收、发票处理、银企对账、纳税申报、订单管理、合同管理等。

RPA在财务领域的应用可以释放财务人员的时间和精力，让他们从烦琐重复的工作中解脱出来，专注于更有价值和创造性的工作。

（五）制造业

在制造业的生产流程中，有许多需要快速完成的重复性工作场景，目前RPA已经应用在如物料清单自动生成自动化跟踪、采购订单创建与管理、工厂记录管理及报告等制造业典型场景中，减少业务操作流程中人为操作失误所带来的非计划停机损失。RPA作为制造业数字化转型关键推动因素，可以有效简化和优化复杂的后台运营流程，帮助企业降本增效。

（六）电商零售业

随着电商行业快速发展，一些传统的线下零售企业也不断向线上销售转型，但是转型过程中，线上电商平台和线下门店等各销售渠道销售数据分散，电商平台与ERP系统的数据相互独立，需要手动实时更新销售数据和库存信息，在数据的迁移过程中往往耗费大量人力，且可能会出现致命错误。RPA可以根据预设的操作规则，模拟人工复制粘贴，无须协调数据接口，自动导出电商平台的销售数据，批量写入ERP系统，也能将ERP系统的最新库存数据，通过批量录入的方式及时更新到电商系统后台。

四、RPA未来发展趋势

1. AI深度融合让RPA更加智能

AI与RPA的技术融合，称作AI＋RPA、RPA＋AI或者IPA。基于RPA的智能自动化，将RPA和AI相结合，以增强端到端流程并加速数字计划。

2. RPA将优先为企业赋能

这几年开始，RPA将会成为更多组织数字化转型的方法论，也将成为各RPA厂商开疆扩土的指引"神器"。

3. RPA将成为重要的企业管理软件

RPA不仅能自动化日常重复性任务和业务流程，也能将整个数据录入与输出的过程创建为可执行程序。这几年开始，RPA的企业级应用属性将会进一步增强，成为企业运营标配。

4. 未来会像 Office 一样普及

RPA 不是神秘的工具,未来可能就是我们桌面上常用的工具之一,就如同 Office 一样普及在每一个人的计算机上。

五、RPA 机器人可实现的功能

RPA 可以记录用户在计算机上的任何操作行为,包括键盘录入、鼠标移动和单击、触发调动 Windows 桌面操作系统以及触发调用各类应用程序,并将这些操作行为抽象成计算机能够理解和处理的对象,并根据指定规则在计算机上自动完成这些工作。

常见的自动化功能实现:① 键盘、鼠标操作的自动化;② 识别并读取用户界面(UI)的文字内容;③ 识别 UI 的图形、颜色属性等;④ 应用程序的自动开启与关闭等;⑤ 业务流程的无缝衔接;⑥ 不同应用程序和业务系统间的数据共享;⑦ 定时执行;⑧ 支持错误和分支处理;⑨ 支持远程操作;⑩ 支持历史数据分析等。

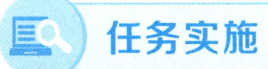

【任务 6-1】UiPath 工具下载与安装

要求:根据给定的链接下载 UiPath 安装包并进行安装设置。

【要点提示】

UiPath Studio 是 RPA 领域最受欢迎的软件之一,用于实现企业日常工作的自动化。

本教材基于 UiPath Studio【20.4.1】版本进行开发。

一、下载并解压 UiPath 安装包

(1)下载并解压 UiPath 安装包(安装包建议放在 C 盘),如图 6-2 所示。

UiPath
安装包
二维码

图 6-2　UiPath 安装包

(2)打开解压包,双击打开 UiPath Studio 应用程序。如需要创建桌面快捷图标,可选择该应用程序,右击鼠标,点击【发送到】—【桌面快捷方式】即可,如图 6-3 所示。

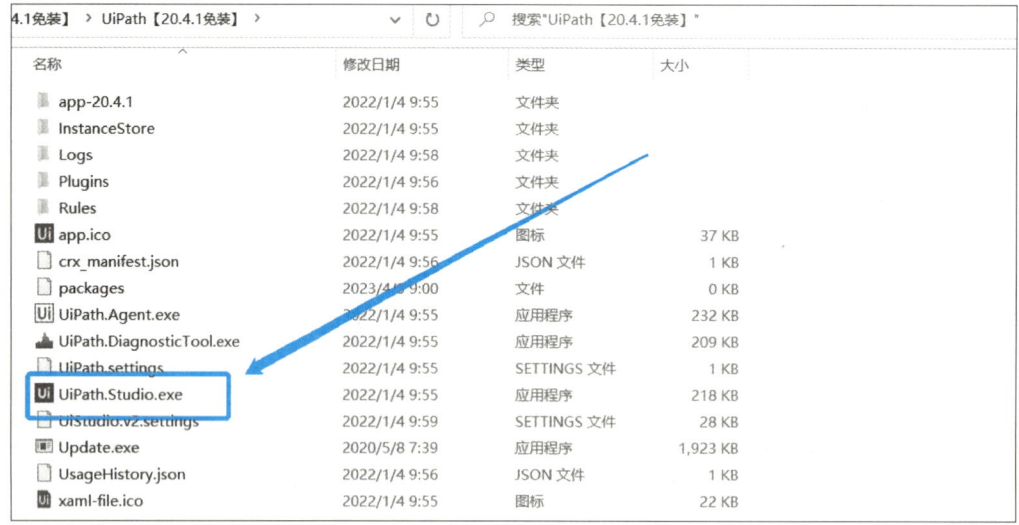

图 6‑3　UiPath Studio 应用程序

二、UiPath 工具授权

（1）打开【Let's Activate】界面，点击【Community License】选项，如图 6‑4 所示。

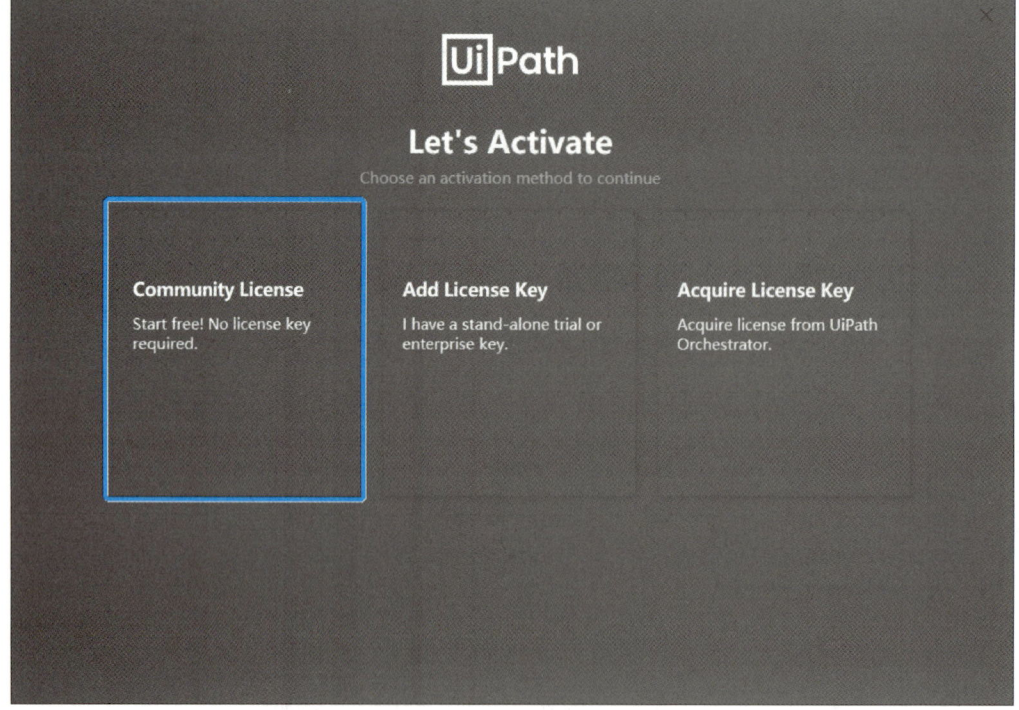

图 6‑4　Let's Activate 界面

（2）打开【Choose a Profile】界面，点击【UiPath Studio Pro Community】选项，如图 6‑5 所示。

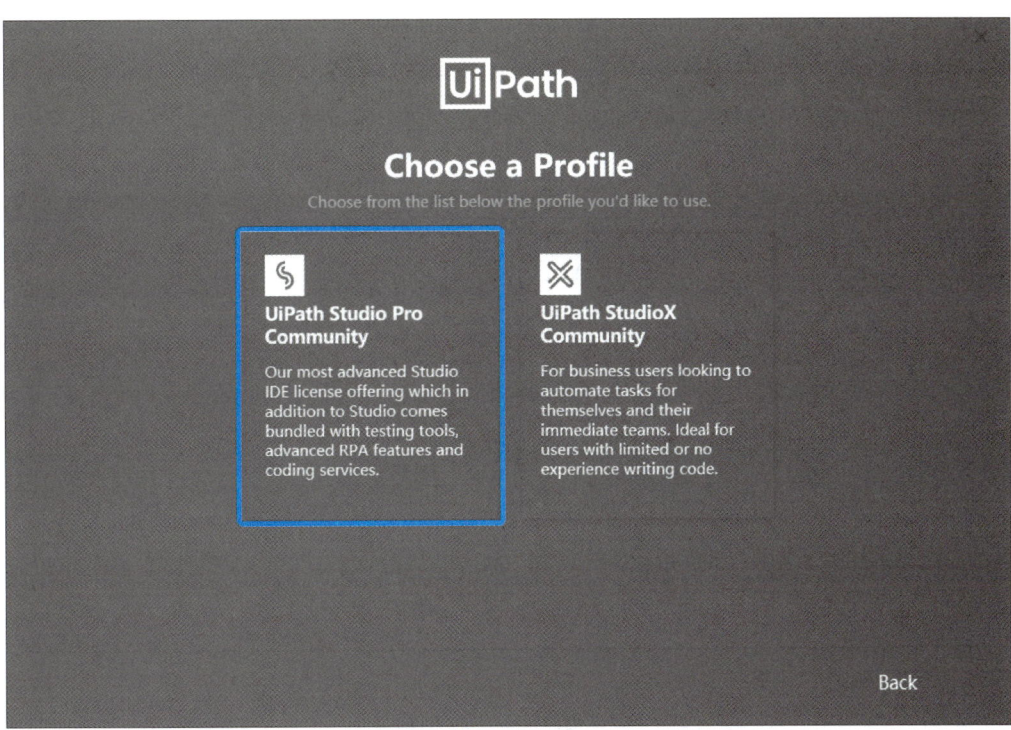

图 6－5　Choose a Profile 界面

（3）打开【Choose an Update Channel】界面，点击【Stable】选项，如图 6－6 所示。

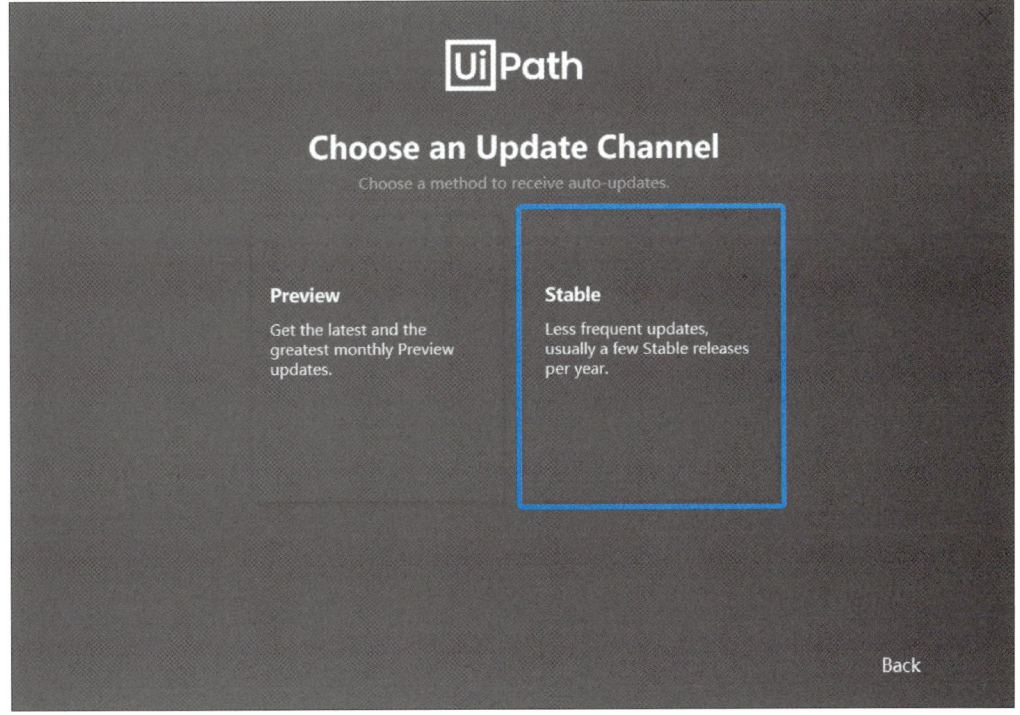

图 6－6　Choose an Update Channel 界面

三、软件设置

（1）关闭提示。勾选【Don't show again】，点击【Close】按钮，如图 6－7 所示。

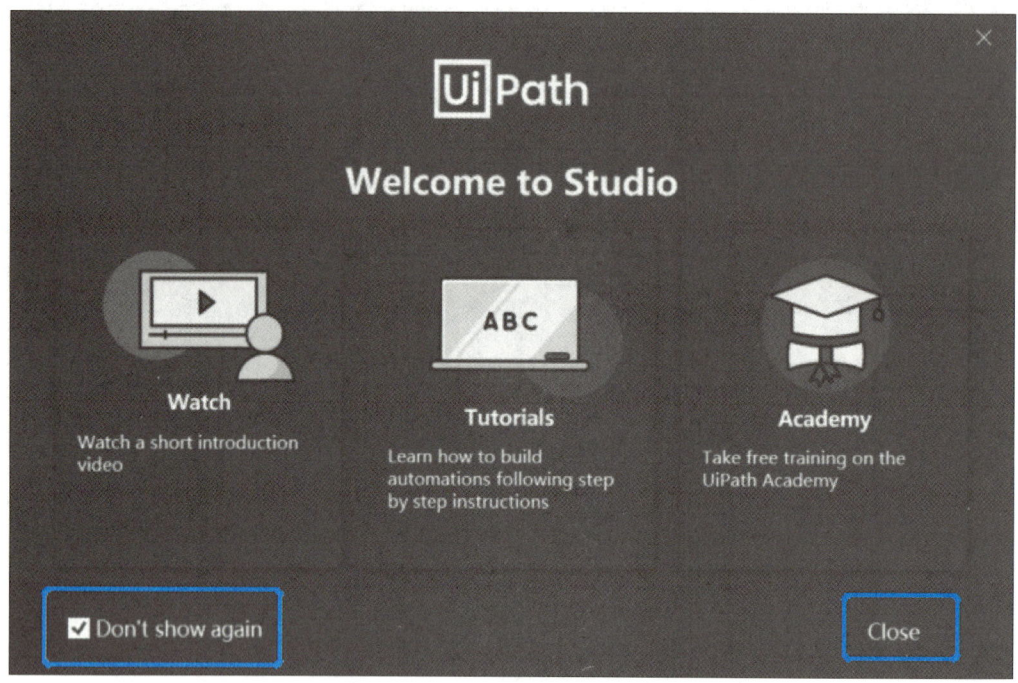

图 6－7　关闭提示界面

（2）设置语言：选择【Settings】—【General】—【Language】，选择【中文（简体）】，如图 6－8所示。跳出弹窗后点击【Restart】按钮，如图 6－9 所示。

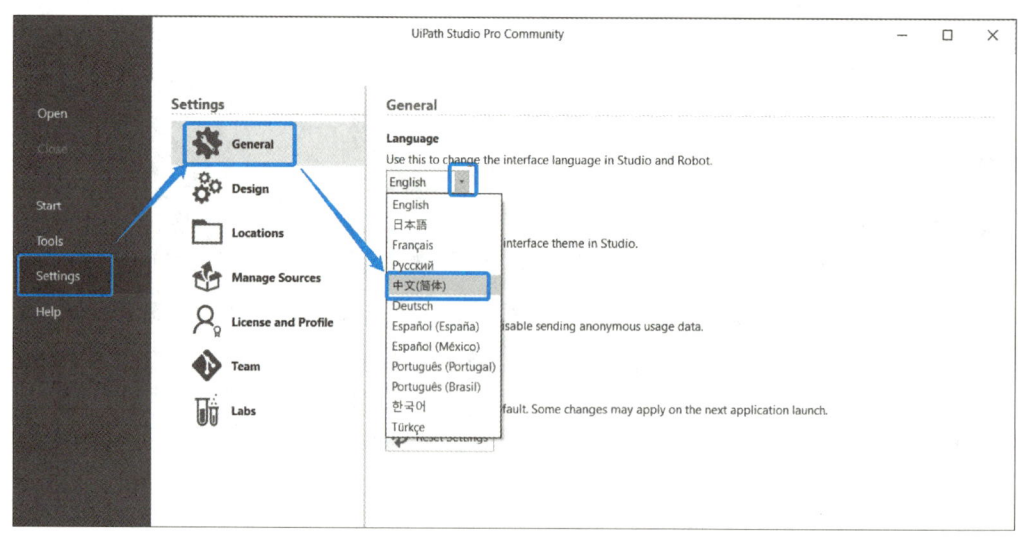

图 6－8　设置语言界面

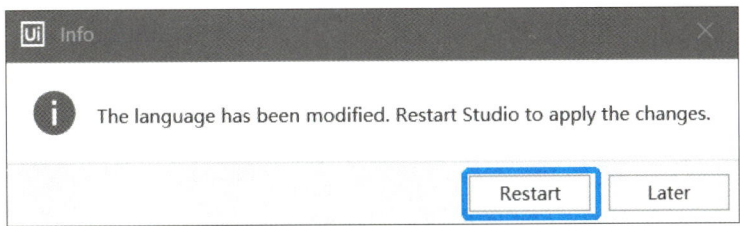

图 6‑9 关闭信息提示弹窗

（3）安装谷歌浏览器插件：点击【工具】—【Chrome】，如图 6‑10 所示。在弹窗对话框中点击【确定】按钮，如图 6‑11 所示。

图 6‑10 安装谷歌浏览器插件界面

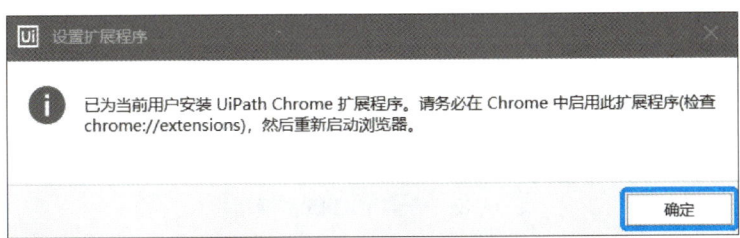

图 6‑11 关闭设置扩展程序弹窗

（4）打开谷歌浏览器，选择【更多工具】—【扩展程序】，如图 6‑12 所示（新版谷歌在【扩展程序】—【管理拓展程序】中）。

（5）打开 UiPath 的扩展程序，如图 6‑13 所示。

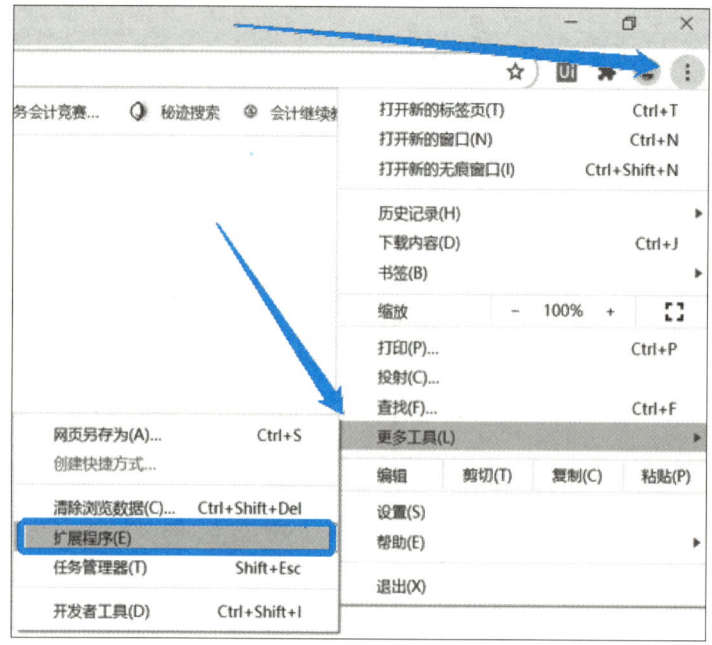

图 6-12 扩展程序位置

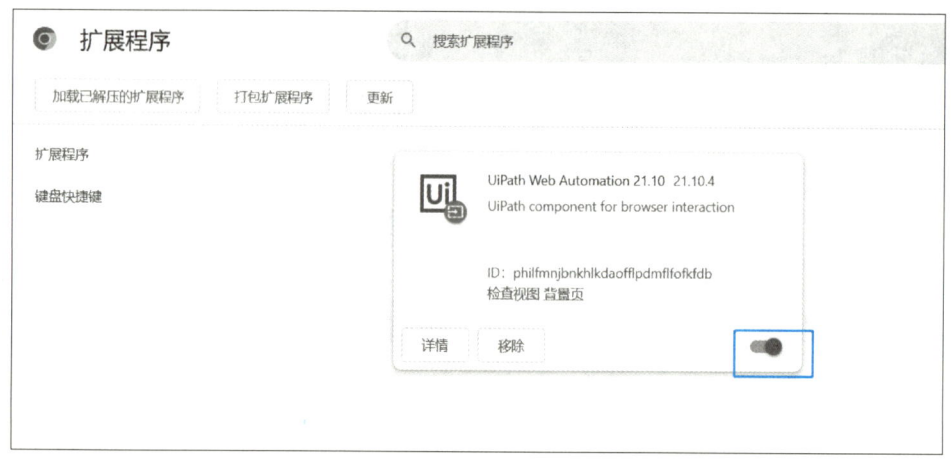

图 6-13 开启 UiPath 扩展程序

【任务 6-2】UiPath Studio 设计主界面介绍

要求：根据任务描述，了解并熟悉 UiPath Studio 设计主界面、各个面板的用法、面板与面板之间的关系。

UiPath Studio 设计主界面包含五个面板，分别是菜单面板、活动面板、设计面板、属性面板、变量面板，可以更轻松地访问特定功能。UiPath Studio 可以设置浮动窗口，启用自动隐藏选项隐藏面板，如图 6-14 所示。

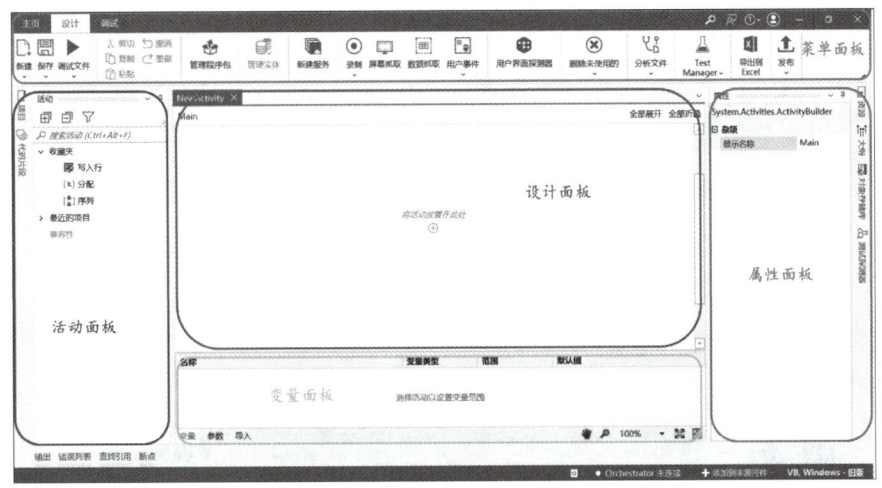

图 6 - 14　UiPath Studio 设计主界面

一、菜单面板

菜单面板位于设计主界面的上方,其中有多个快速访问的工具按钮,提供了项目序列的新建、导出、调试、管理程序包、录制、屏幕抓取、数据抓取等功能。

二、活动面板

活动面板位于设计主界面的左方,活动面板显示可以使用的控件,面板中包括收藏夹、最近项目、可用三个栏目。面板上方的【🗗】图标表示可以全部展开活动列表,【🗖】图标表示可以全部折叠活动列表,【🔽】图标表示可以进行视图设置。

活动面板可通过搜索框查找所需控件,并拖拽控件至设计面板中使用。活动面板中有三个选项卡,分别是【项目】【活动】【代码片段】。【项目】选项卡可进行对依赖项的管理,对程序进行相关设置等;【活动】选项卡可选择所需控件拖拽至设计面板进行使用;【代码片段】选项卡,了解部分代码片段内容。

三、设计面板

设计面板位于设计主界面的中间,在设计面板中,开发者可对机器人流程进行搭建,可对控件进行修改名称、快速访问变量、参数等。

四、属性面板

属性面板位于设计主界面的右方,属性面板可以对当前控件进行查看和更改属性,可选择【大纲】查看机器人大纲框架,协助理解机器人设计流程。

五、变量面板

变量面板位于设计主界面的下方,变量面板可以创建、删除、修改变量名称、类型、范围、默认值;可以创建、删除和修改参数的名称、类型、方向、默认值等。

【任务 6 - 3】设计开发打开百度网页机器人

任务实施

一、新建项目

（1）双击打开安装完毕的 UiPath Studio，在【开始】界面中，如果已经新建过的项目，会显示打开最近使用的文件。如需要新建项目，则单击新建项目中的【库】，如图 6 - 15 所示。

图 6 - 15　新建【库】

（2）界面会弹出新建空白流程弹窗，需配置项目的属性。流程名称尽量选择规范性的描述或贴近项目的名称，方便后期查找。位置可选择右侧的文件夹图标进行修改，也可以是默认路径。说明主要为描述流程以及功能和作用。

　　本案例中，名称可设置为【打开百度网页】；位置选择默认路径为【C：\Users\he\Documents\UiPath】，再单击【创建】按钮，如图 6 - 16 所示。

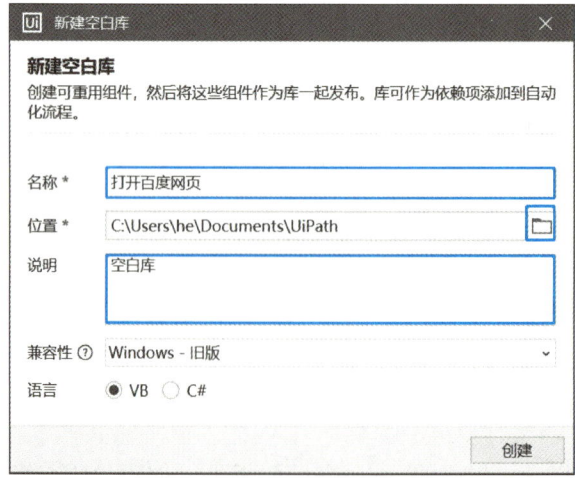

图 6 - 16　填写新建空白库信息

（3）进入设计主界面后，单击【活动面板】中的【项目】选项卡，可以看到项目下包含了 NewActivity.xaml 工程文件，右击鼠标【重命名】更改此工程文件的名称为【打开百度网页】，方便后期识别此工程文件，如图 6 - 17 所示。

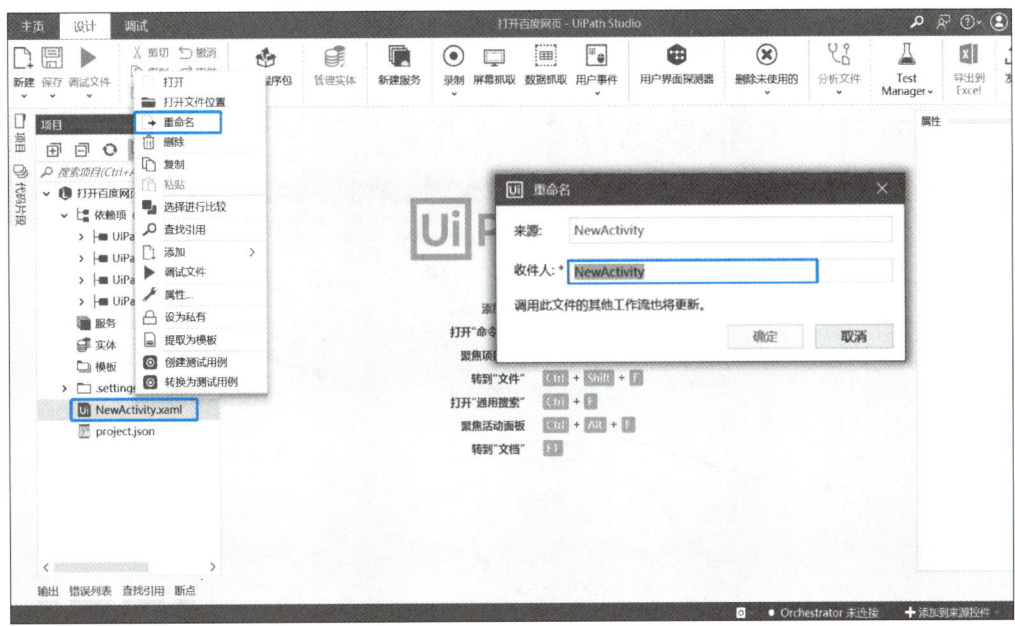

图 6 - 17　重命名工程文件

（4）注意：设计主界面中间的设计面板呈现灰色状态，会导致无法将控件拖拽至设计面板中，故需要双击【打开百度网页.xaml】工程文件调出设计面板，如图 6 - 18 所示。

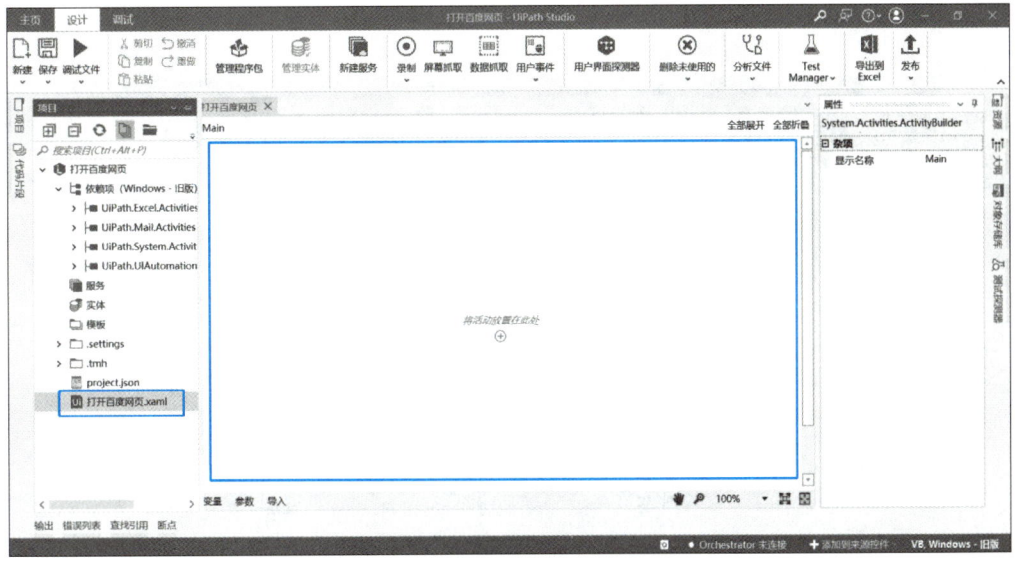

图 6 - 18　调出工程文件设计界面

二、创建流程

（1）拖拽【序列】控件至设计面板。单击【活动面板】中的【活动】选项卡，在搜索框中搜索【序列】，将该控件拖拽至中间的设计面板中，单击此序列，在右方属性面板中重命名此控件的名称。注意：在 RPA 机器人中，【序列】内部可以包含任意控件，只有将控件放在序列内，按照流程组装起来，RPA 机器人才能够调试运行。本案例中将此序列名称修改为【打开百度网页序列】，如图 6 - 19 所示。

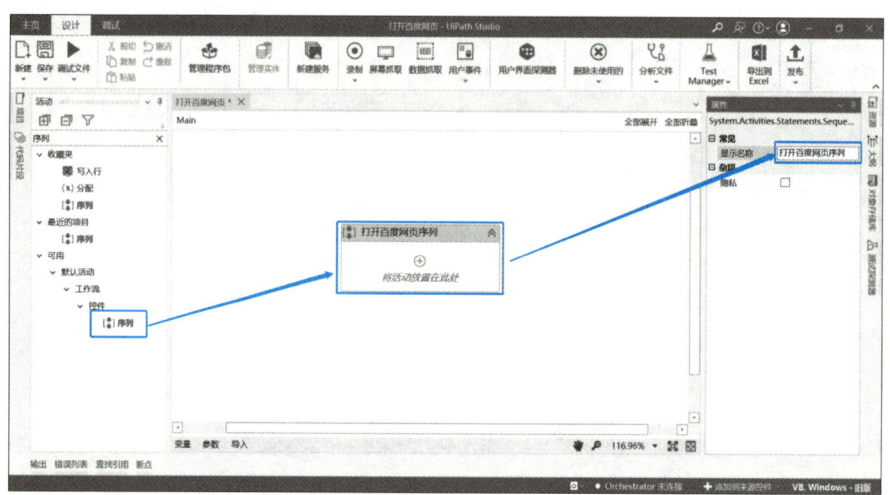

图 6 - 19　拖拽【序列】至设计面板

（2）拖拽【打开浏览器】控件至设计面板。在活动面板搜索框搜索【打开浏览器】，将该控件拖拽至【打开百度网页序列】内，并在属性面板中重命名为【打开浏览器-打开百度网页】，如图 6 - 20 所示。注意：该控件会出现红色的感叹号，是因为"Url"（网址）未提供所导致的。

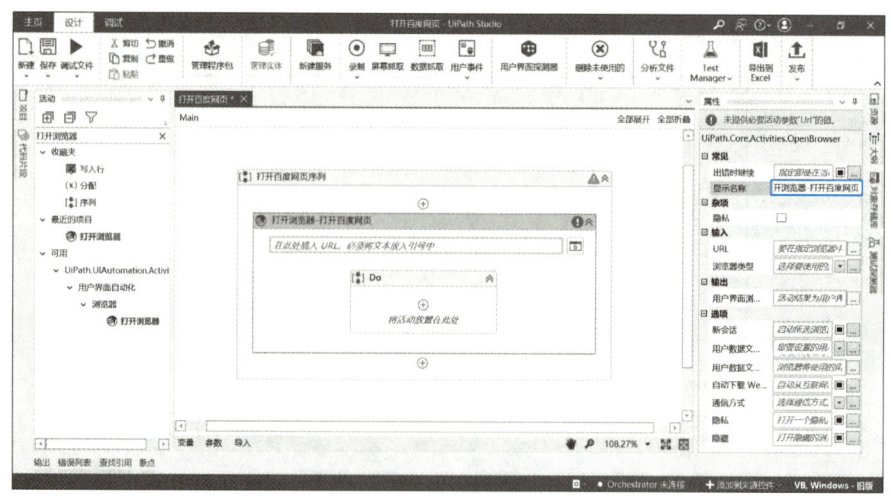

图 6 - 20　拖拽【打开浏览器】至【序列】中

（3）配置【打开浏览器-打开百度网页】控件的属性。在其属性面板中，选择【输入】—【URL】中输入【"https://www.baidu.com"】，注意双引号为英文状态下的双引号，因为此处的 URL 只识别 String（字符串）类型；在【输入】—【浏览器类型】选择【Chrome】，如图 6-21 所示。

注意：由于前面只在谷歌浏览器中开启了扩展程序，选择【Chrome】，如果其他浏览器也有开启，也可以选择其他浏览器类型。

三、调试运行

（1）RPA 机器人完成后，单击菜单面板中的【保存】按钮，再单击【调试文件】运行此机器人，如图 6-22 所示。运行成功后，谷歌浏览器会自动打开百度网页，如图 6-23 所示。

图 6-21　设置【打开浏览器】属性

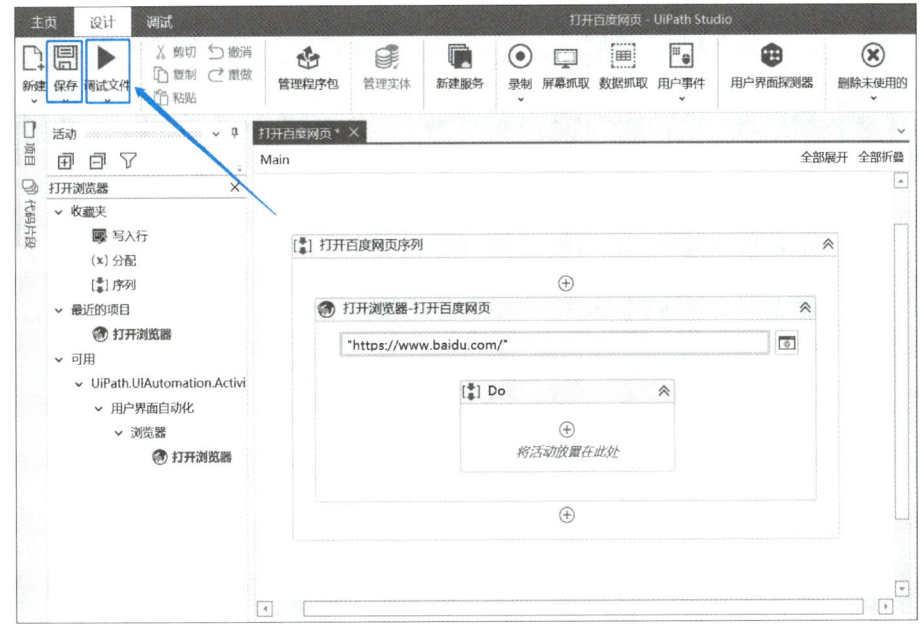

图 6-22　保存并调试文件

（2）如遇到 RPA 机器人无法正常运行，则可以检查【打开浏览器-打开百度网页】控件所在的属性是否正确设置，如果正确设置的情况，可检查谷歌浏览器是否将扩展程

图 6‑23　运行成功界面

序打开或删除扩展程序重新关联开启。

四、后期维护或后期打开

（1）RPA 机器人成功运行后，点击【保存】按钮，如图 6‑24 所示。

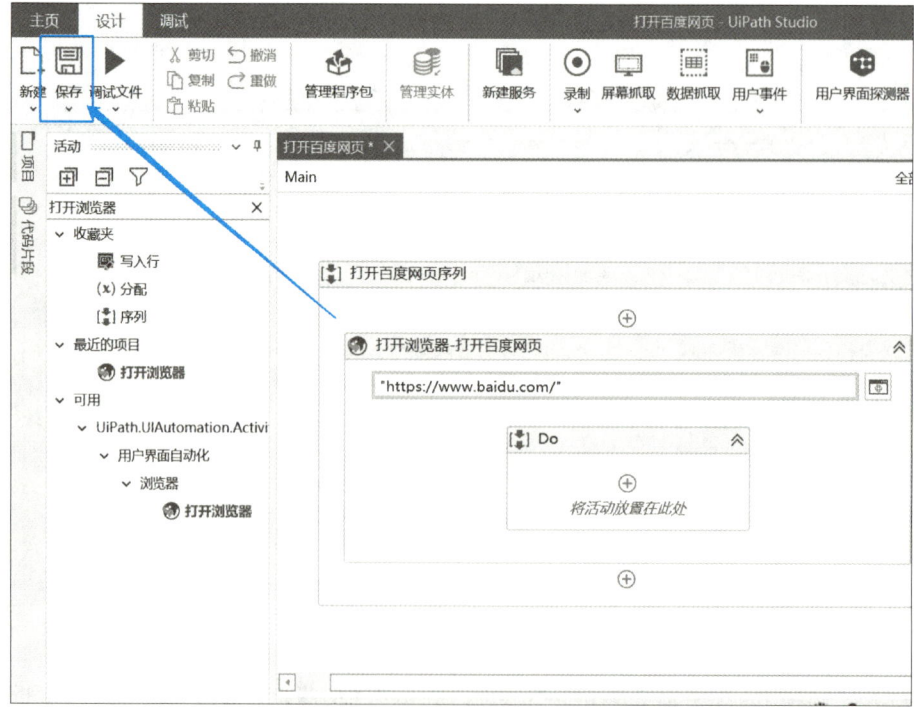

图 6‑24　保存文件

（2）如后期需要打开该机器人，有两种方式：

第一种，可通过在 UiPath Studio 界面中导航栏【打开】，选择最开始在新建库时指定路径所存放的文件夹【打开百度网页】下的文件【project.json】即可，如图 6-25 所示。

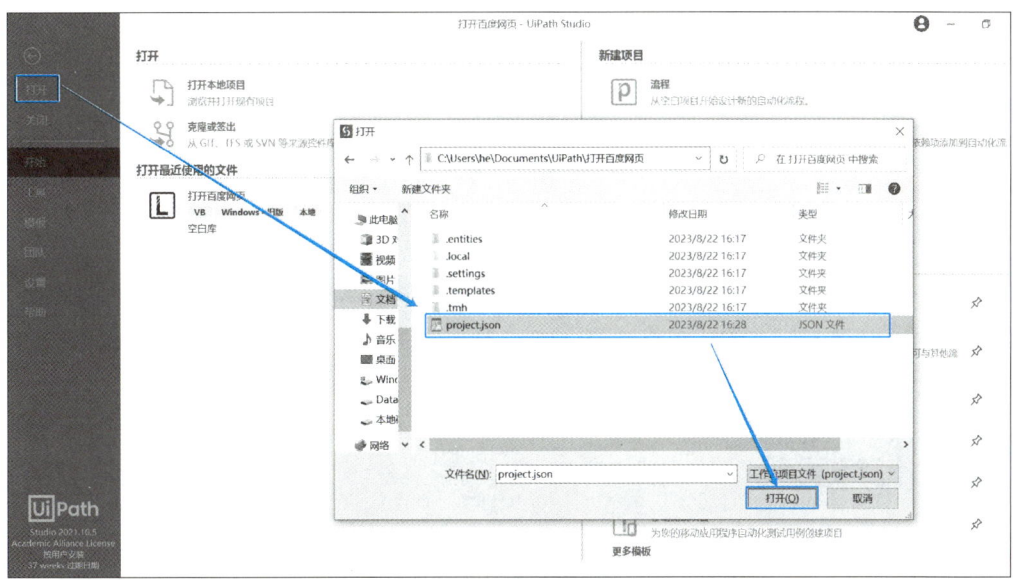

图 6-25 打开机器人方式一

第二种，双击打开最开始在新建库时指定路径所存放的文件夹【打开百度网页】下的文件【打开百度网页.xaml】，即可在 RPA 工具中打开该机器人，如图 6-26 所示。

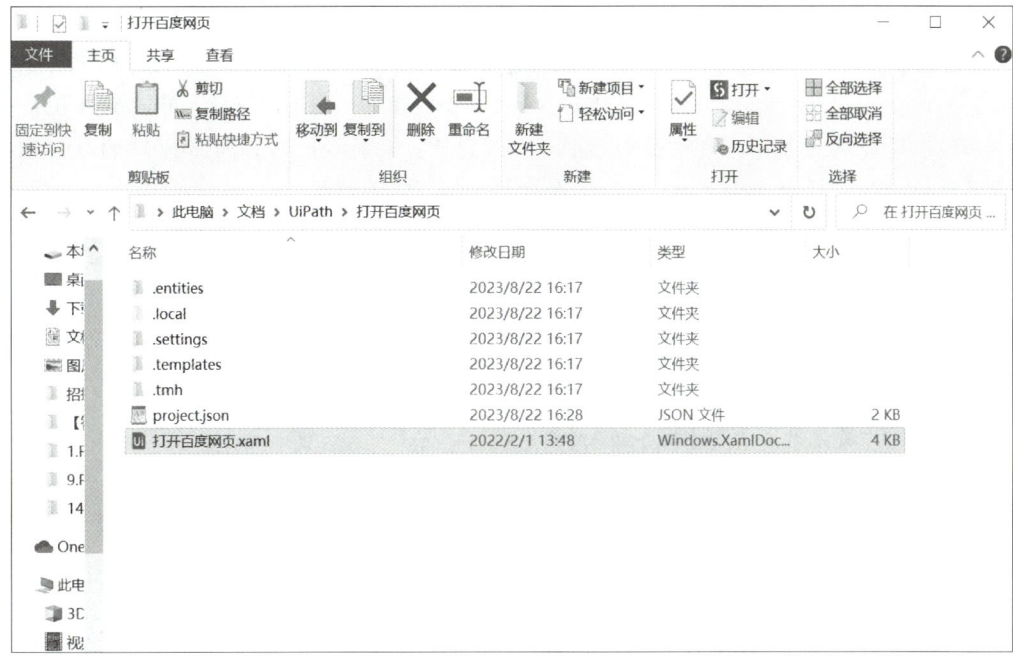

图 6-26 打开机器人方式二

增值税发票开具流程自动化

任务描述

发票开具是每个公司销售商品或者提供服务时必要的流程,发票开具是否真实、完整、正确,直接关系到能否达到发票管理的预期目的。本任务主要是根据已知需要开具增值税电子普通发票的相关信息在 RPA 工具设计开发发票开具机器人。

任务实施

【任务 6 - 4】

广州翰智软件有限公司(纳税人识别号:916601234567845X)发生了 5 笔业务,需要给购货方开具增值税电子普通发票,购货方业务信息如下:

(1)吴忠市山年贸易有限公司(纳税人识别号:91130611MA0FRYPMXR),购买××谷物加工品和××大米 1 袋,不含税单价为 100.00 元,适用税率为 6%。

(2)银川市慕匡贸易股份有限公司(纳税人识别号:91442000MA4UJA563Q),购买××密封用填料和××水带接头 4 个,不含税单价为 7.00 元,适用税率为 9%。

(3)广州市左坐贸易有限公司(纳税人识别号:91330782MA2DD44T7T),购买××非金属矿物制品和××主卫墙砖 5 块,不含税单价为 18.11 元,适用税率为 9%。

(4)渭南市巫占贸易有限公司(纳税人识别号:91310117063774644C),购买××纺织产品和××帆布手套 3 双,不含税单价为 2.50 元,不征税。

(5)鸡西市颜朵贸易股份有限公司(纳税人识别号:91330281MA2CJ3DF9D),购买××配电控制设备和××铜线鼻子 4 只,不含税单价为 11.00 元,不征税。

在开始机器人设计前,需要提前准备机器人所需的业务资料以及机器人存储位置,操作准备步骤如下:

(1)创建文件夹。

(2)打开发票开具系统(教学版)网页。

(3)启动 UiPath Studio 并创建库。

(4)重命名项目名称。

【要点提示】

1. 发票开具系统网址

http://zhjy.hanzhisoft.com:8096/invoice-issue-v1/login

2. 资源下载网址

https：//pan.baidu.com/s/17c9Go9fcFUTjHYXyMwvN6w（登录信息表与开票信息汇总表[与上面五笔业务一致]）。

提取码：HZ01。

一、创建文件夹

（1）在【C:\】创建文件夹，文件夹名称建议设置为【发票开具机器人】，如图 6‒27 所示。创建文件夹目的在于汇总所有的资料，方便日后查阅。此处的【发票开具机器人】仅为方便查看而设定的名称，可以自定义名称。

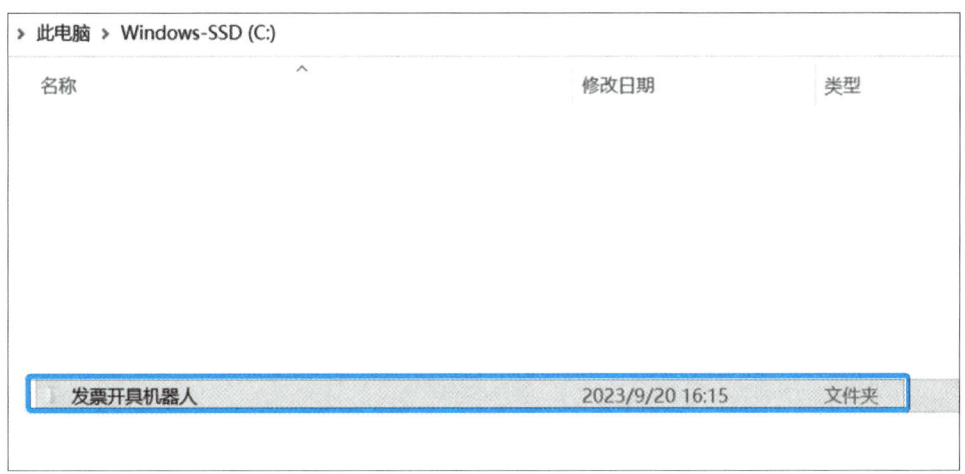

图 6‒27　新建文件夹

（2）本任务需要用到的业务资源有【发票开具系统‒登录信息.xlsx】和【开票信息汇总表.xlsx】两个文件。将文件下载后复制粘贴到【发票开具机器人】文件夹中，如图 6‒28 所示。文件下载链接请查看本任务要点提示。

图 6‒28　复制粘贴业务资源

二、打开发票开具系统(教学版)网页

提前打开发票开具系统(教学版)网页,以作机器人设计使用,如图 6‐29 所示。发票开具系统(教学版)网页:http://zhjy.hanzhisoft.com:8096/invoice-issue-v1/login。

图 6‐29　打开发票开具系统

三、启动 UiPath Studio 并创建库

(1) 打开 UiPath Studio 界面,新建【库】,名称设置为【发票开具机器人】,位置选择【C:\发票开具机器人】,单击【创建】按钮,如图 6‐30 所示。

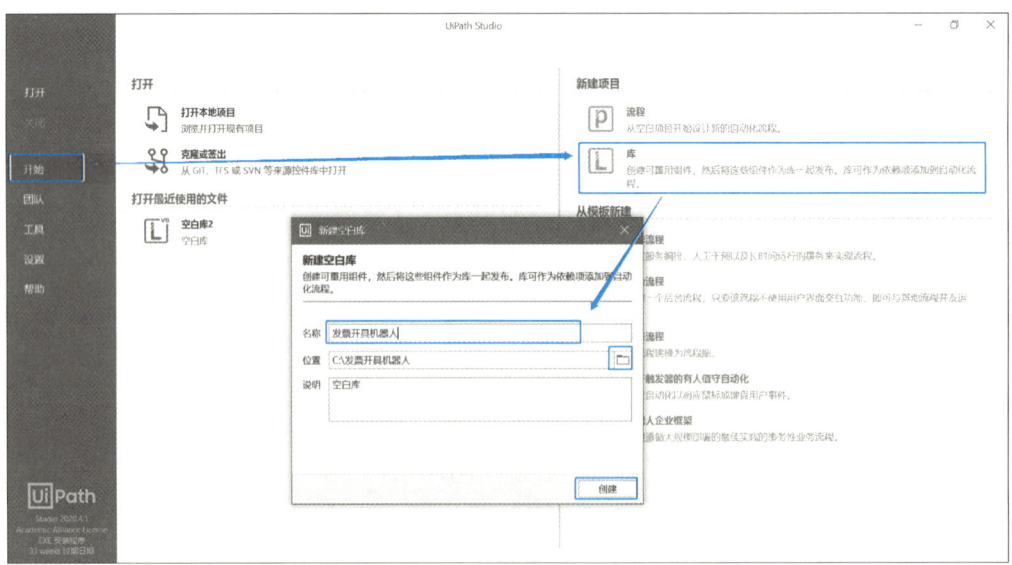

图 6‐30　新建空白库

（2）在【活动面板】中，点击【项目】选项卡，选中【NewActivity.xaml】，鼠标右键选择【重命名】选项，选中【至:】输入框，修改为【发票开具机器人序列】，单击【确定】按钮，如图 6 - 31 所示。

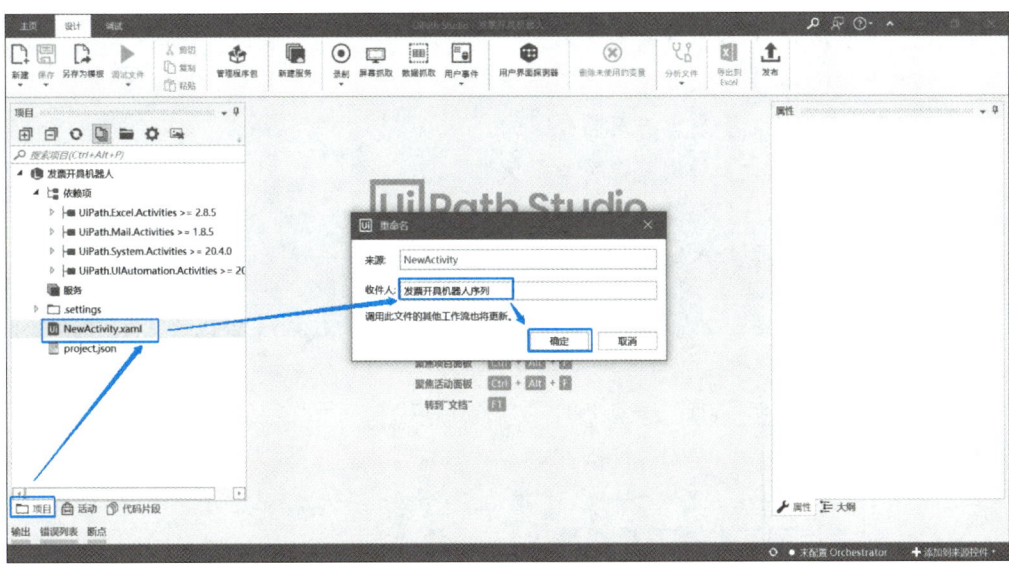

图 6 - 31　重命名工程文件

（3）双击【项目】选项卡中的【发票开具机器人序列.xaml】文件，即可调出中间的【设计面板】进行使用，如图 6 - 32 所示。

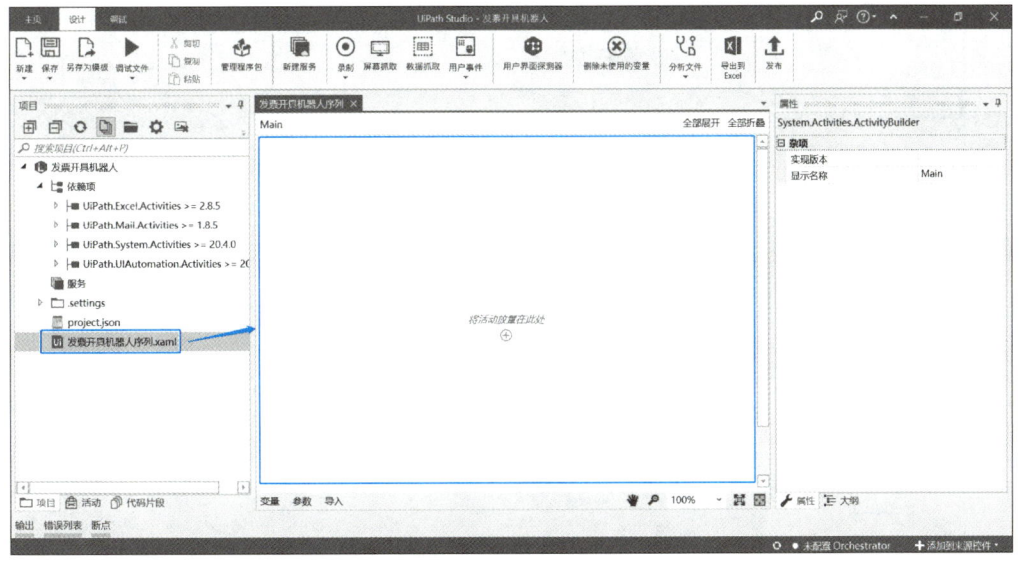

图 6 - 32　调出工程文件设计界面

【任务6-5】登录发票开具系统

要点提示：

开始创建发票开具机器人流程，登录发票开具系统步骤如下：

（1）添加【序列】-发票开具机器人。

（2）添加【序列】-登录发票开具系统。

（3）【打开浏览器】-发票开具系统。

（4）【最大化窗口】-将浏览器窗口最大化。

（5）【读取单元格】-登录账号、密码。

（6）【输入信息】-输入账号、密码。

（7）【单击】-登录。

 任务实施

一、添加【序列】-发票开具机器人

（1）在【活动面板】中，选择【活动】选项卡，搜索【序列】活动控件，选中【序列】拖拽至【设计面板】中，如图6-33所示。

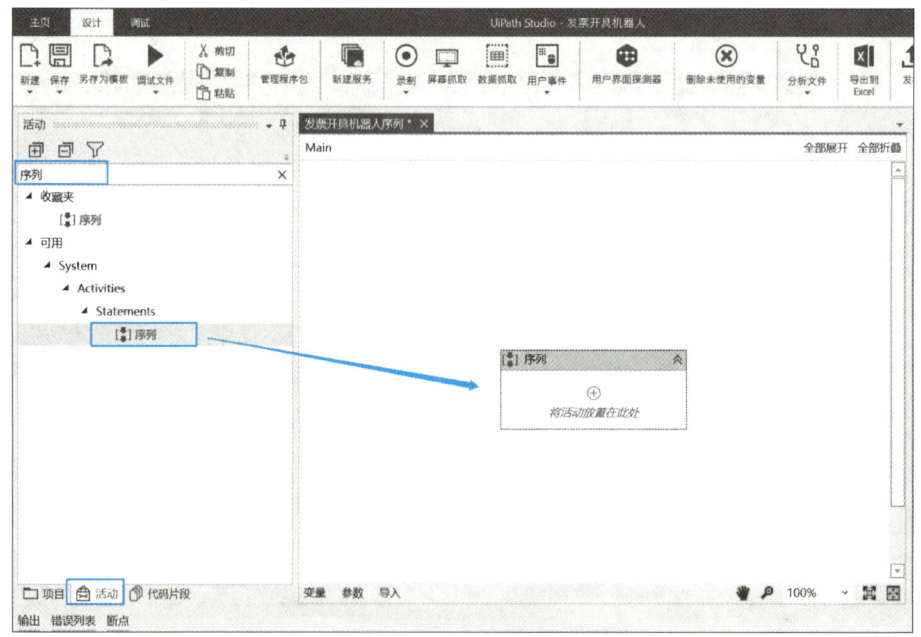

图6-33　拖拽【序列】至设计界面

（2）选中【设计面板】中的【序列】控件，设置其属性。将显示名称修改为【发票开具机器人序列】，如图6-34所示。

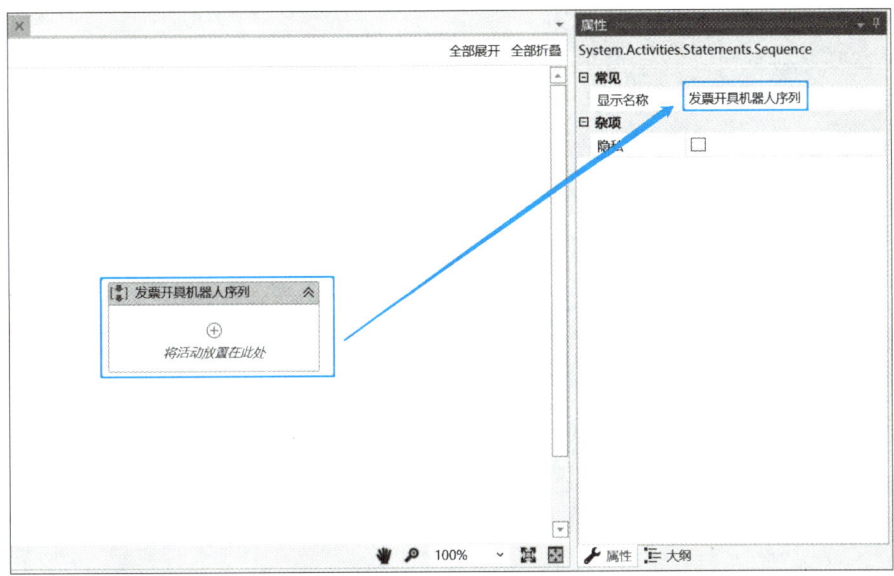

图 6‒34 重命名【序列】名称

二、添加【序列】-登录发票开具系统

在【活动面板】中搜索【序列】活动控件，选中【序列】拖拽至【设计面板】中【发票开具机器人序列】活动内。将【显示名称】修改为【（1）序列-登录发票开具系统】，如图 6‒35所示。

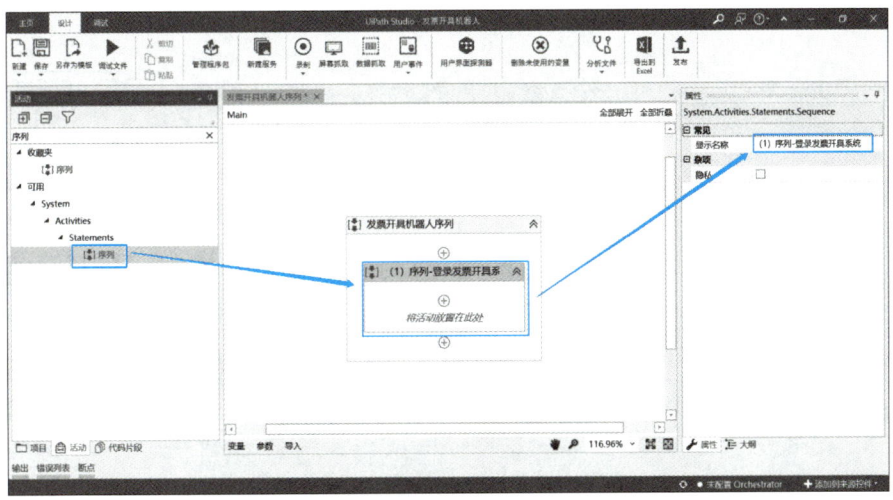

图 6‒35 重命名【序列】名称

三、【打开浏览器】-发票开具系统

在【活动面板】中搜索并选中【打开浏览器】，拖拽至设计面板【发票开具机器人序列】中的【（1）序列-登录发票开具系统】活动内，如图 6‒36 所示。

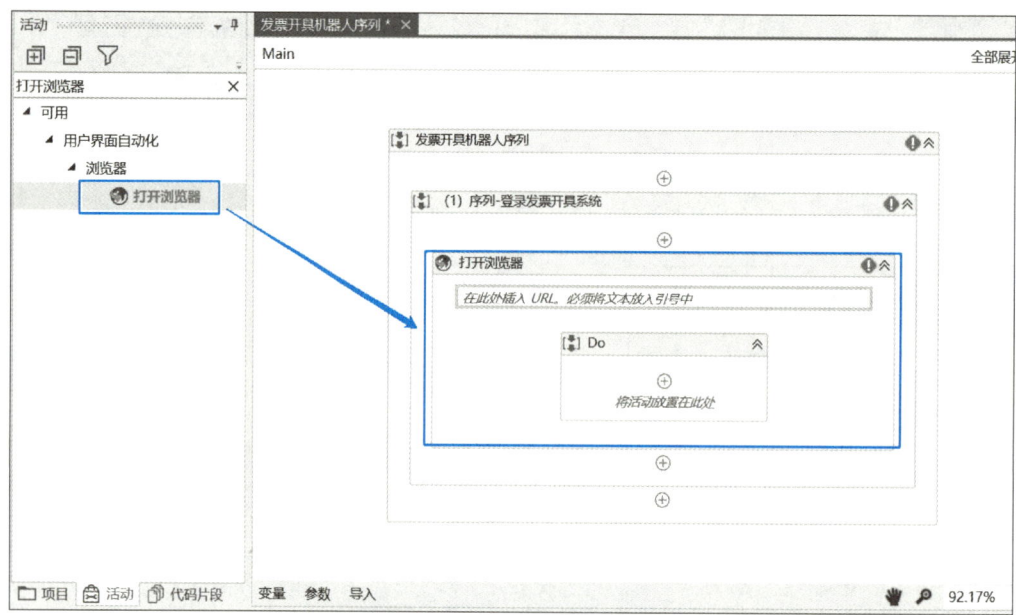

图 6-36 【打开浏览器】界面

在【属性面板】中，将【显示名称】修改为【打开浏览器-发票开具系统】，在【URL】输入框中输入网址【http://zhjy.hanzhisoft.com:8096/invoice-issue-v1/login】。在【浏览器类型】下拉列表中选择【Chrome】，如图 6-37 所示。

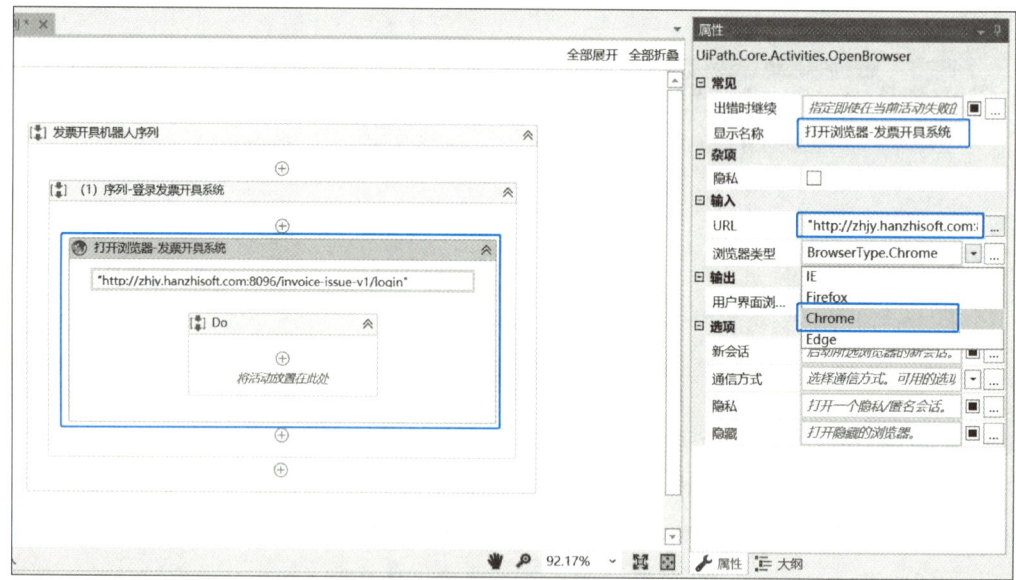

图 6-37 设置【打开浏览器-发票开具系统】属性界面

四、【最大化窗口】-将浏览器窗口最大化

在【活动面板】中搜索并选中【最大化窗口】，拖拽至设计面板【(1)序列-登录发票开

具系统】中【打开浏览器-发票开具系统】的【Do】活动内,在【属性面板】中,将【显示名称】修改为【最大化窗口-将浏览器窗口最大化】,如图6-38所示。

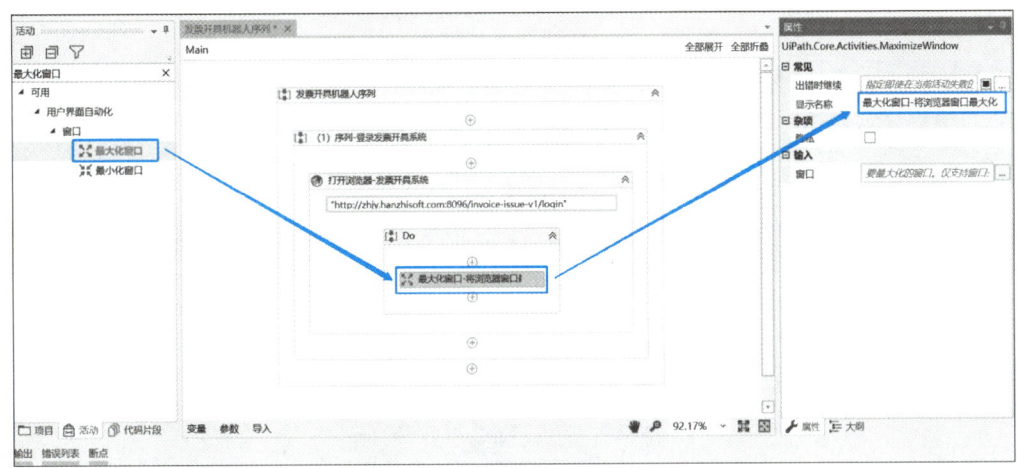

图6-38　【打开浏览器-发票开具系统】界面

五、【读取单元格】-登录账号、密码

(1)在【活动面板】中搜索【读取单元格】,选中【工作簿】下的【读取单元格】拖拽至设计面板【(1)序列-登录发票开具系统】中【打开浏览器-发票开具系统】活动下。在【属性面板】中,将【显示名称】修改为【读取单元格-登录账号】,如图6-39所示。

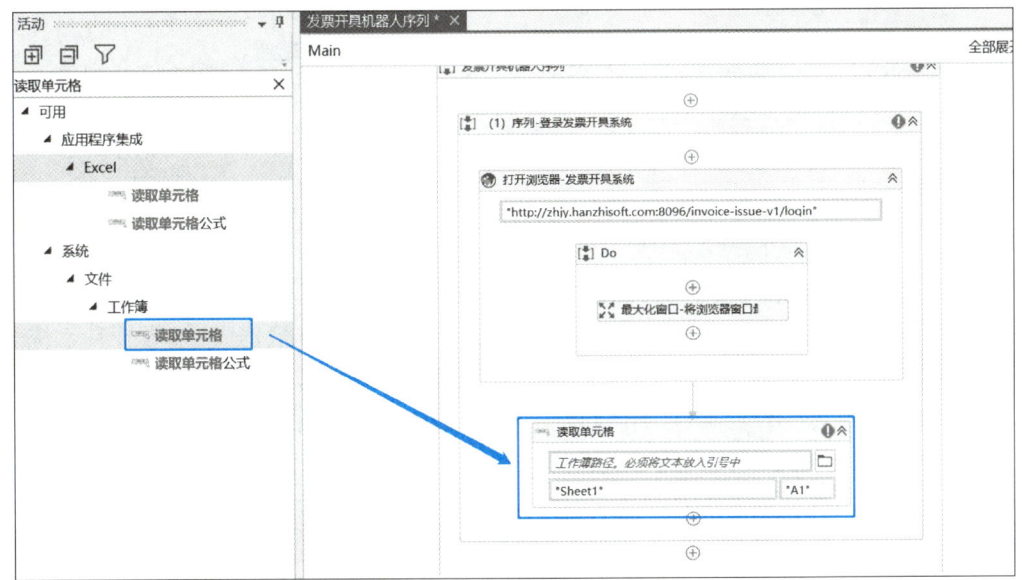

图6-39　【读取单元格-登录账号】界面

(2)打开【变量面板】,单击【创建变量】,将名称设置为【登录账号】,将变量类型设置为【GenericValue】,将范围修改为【发票开具机器人序列】,如图6-40所示。

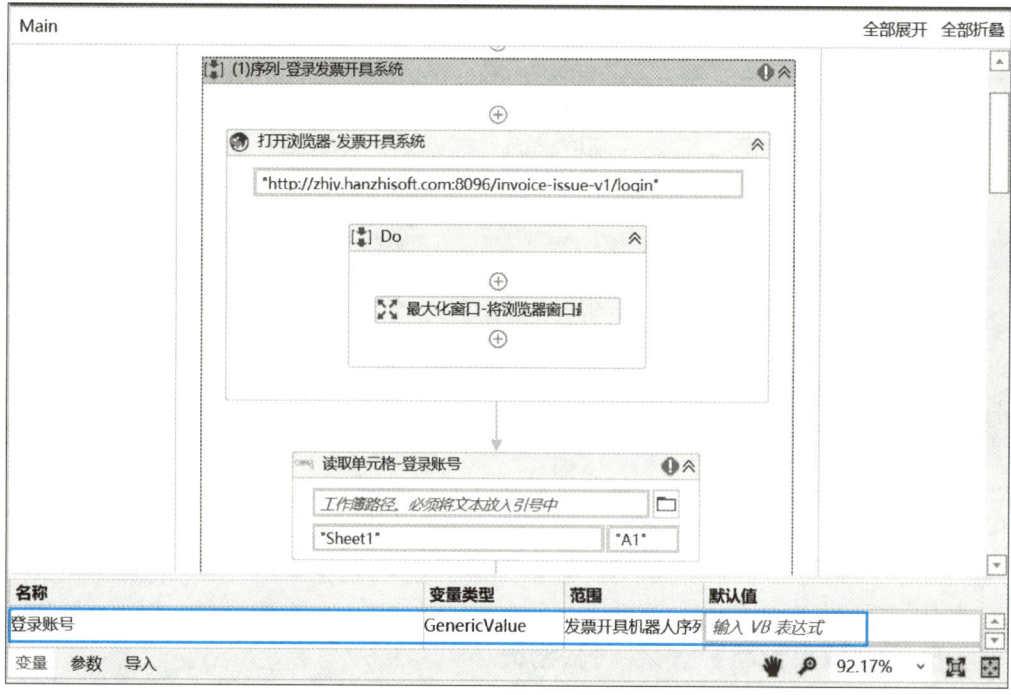

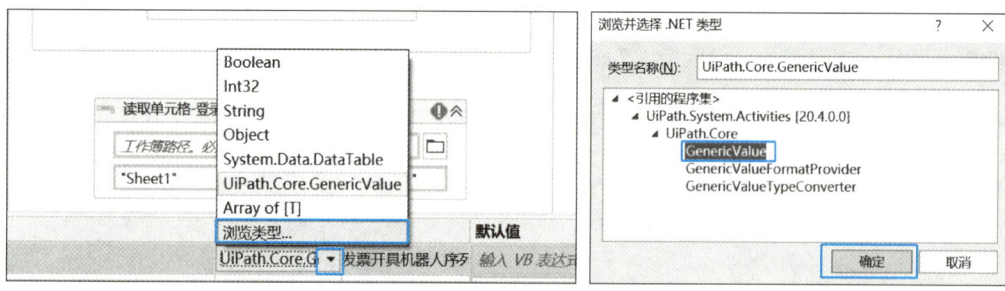

图 6-40 创建【登录账号】变量界面

（3）选择【读取单元格】活动控件的【属性面板】中，【显示名称】修改为【读取单元格-登录账号】，在【工作簿路径】输入框中输入【"C：\发票开具机器人\发票开具系统-登录信息.xlsx"】或在【设计面板】中查找该控件的（ ）进行选择文件；将【工作表名称】输入框中的内容改为【"Sheet1"】；将【单元格】输入框中的内容改为【"B2"】；在【结果】输入框中按下【空格键】引用变量【登录账号】，如图 6-41 所示。

注意：双引号为英文状态下的双引号。

（4）在【活动面板】中搜索【读取单元格】，选中【工作簿】下的【读取单元格】拖拽至设计面板【（1）序列-登录发票开具系统】中【读取单元格-登录账号】活动下。在【属性面板】中，将【显示名称】修改为【读取单元格-登录密码】，如图 6-42 所示。

（5）打开【变量面板】，单击【创建变量】，将名称设置为【登录密码】，将变量类型设置为【GenericValue】，将范围修改为【发票开具机器人序列】，如图 6-43 所示。

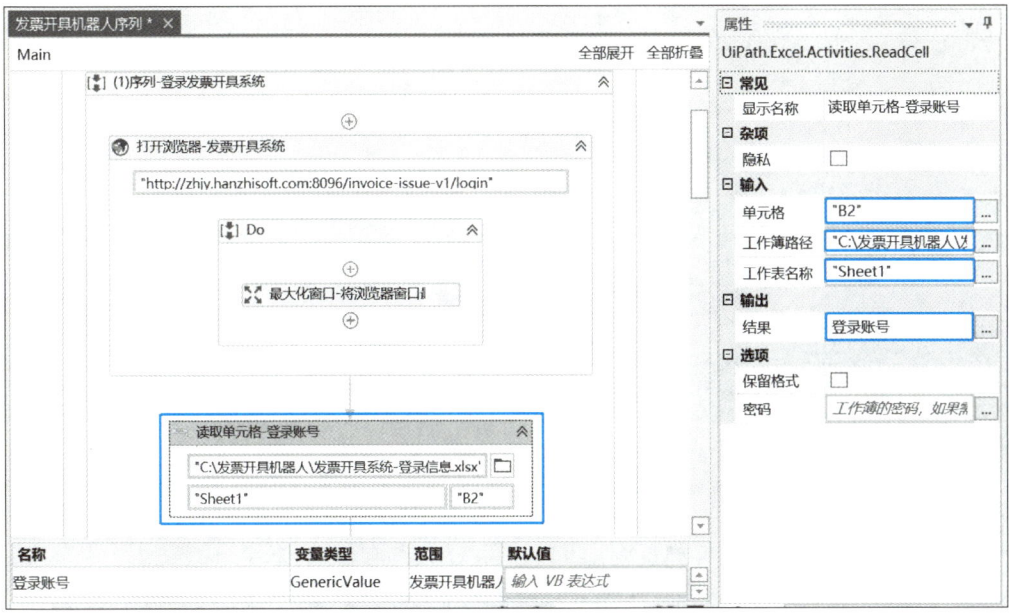

图 6 - 41 设置【读取单元格-登录账号】属性

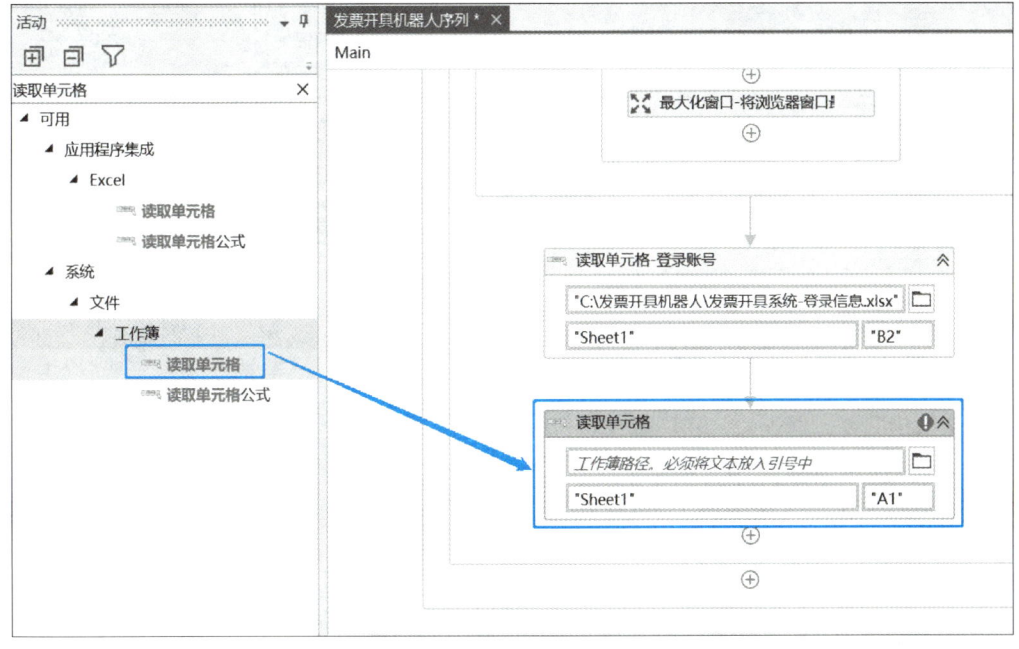

图 6 - 42 【读取单元格-登录密码】界面

（6）选择【读取单元格】活动控件的【属性面板】中，【显示名称】修改为【读取单元格-登录密码】，在【工作簿路径】输入框中输入【"C:\发票开具机器人\发票开具系统-登录信息.xlsx"】或在【设计面板中】查找该控件的【□】进行选择文件；将【工作表名称】输入框中的内容改为【"Sheet1"】；将【单元格】输入框中的内容改为【"C2"】；在【结果】输

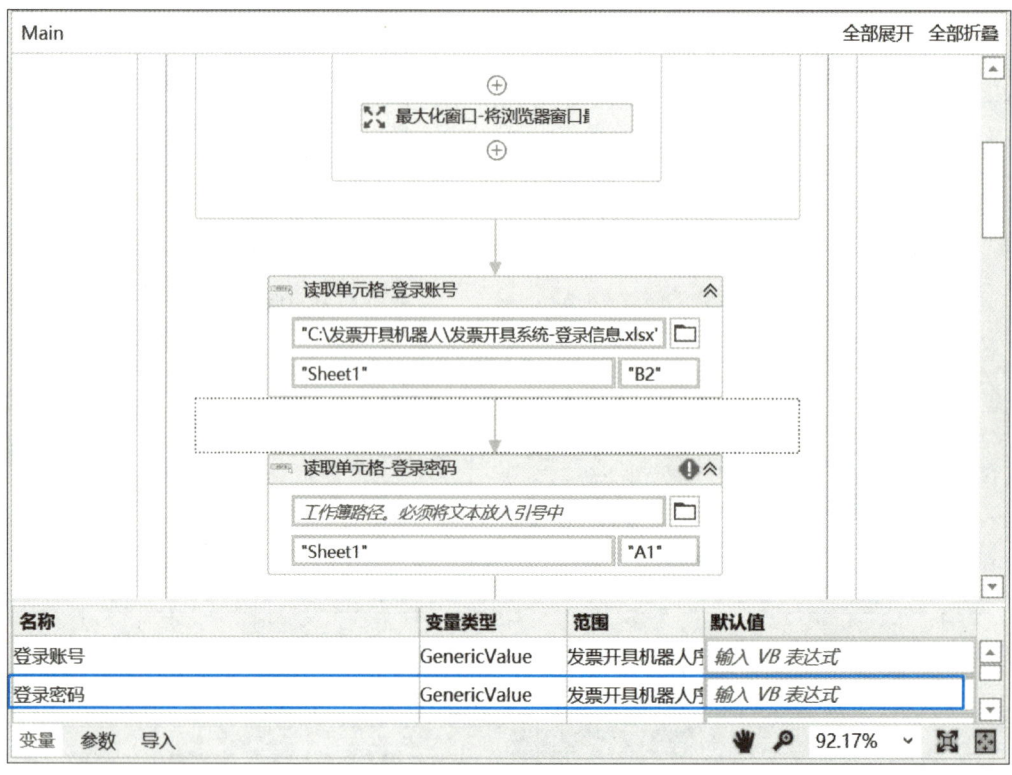

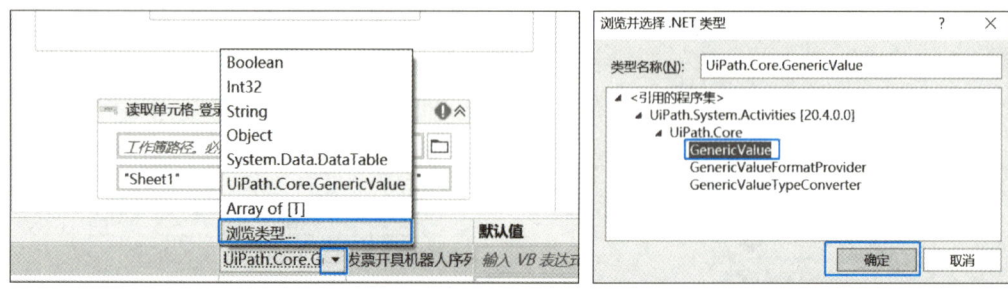

图 6‐43　创建【登录密码】变量界面

入框中按下【空格键】引用变量【登录密码】，如图 6‐44 所示。

注意：双引号为英文状态下的双引号。

六、【输入信息】-输入账号、密码

（1）在【活动面板】搜索并选中【输入信息】，拖拽至设计面板【（1）序列-登录发票开具系统】中【读取单元格-登录密码】活动下。在【属性面板】中，将【显示名称】修改为【输入信息-登录账号】；【文本】输入框中引用【登录账号】；勾选【发送窗口消息】；勾选【空字段】，如图 6‐45 所示。

（2）将【发票开具系统】置顶，返回【UiPath】中点击控件内【指明在屏幕上】，页面跳转后，选中【账号的输入框】，如图 6‐46 所示。

图 6-44 设置【读取单元格-登录密码】属性

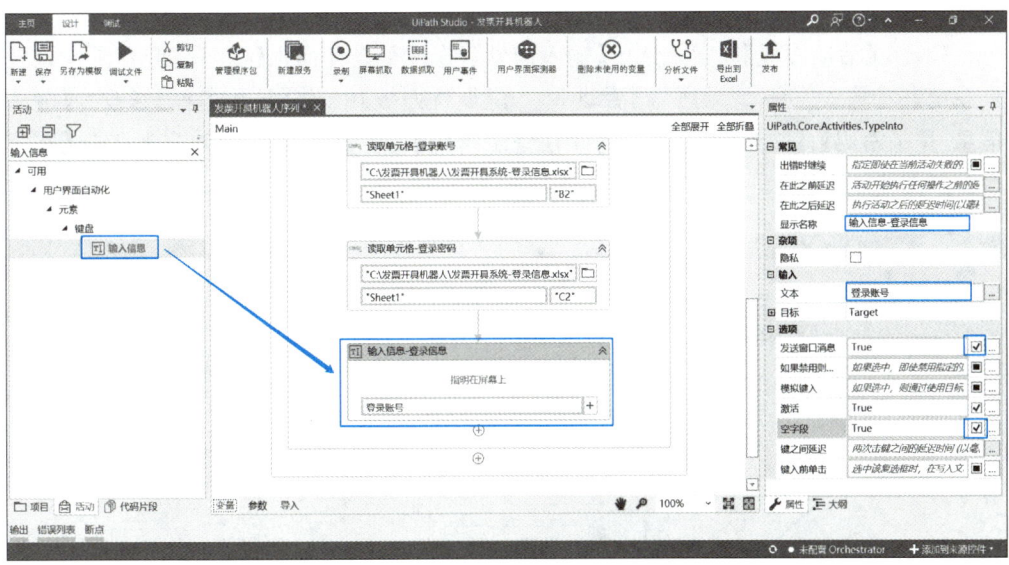

图 6-45 【输入信息-登录信息】界面

图 6 - 46　选中【账号输入框】

（3）在【活动面板】搜索并选中【输入信息】，拖拽至设计面板【（1）序列-登录发票开具系统】中【输入信息-登录账号】活动下。在【属性面板】中，将【显示名称】修改为【输入信息-登录密码】；【文本】输入框中引用【登录密码】；勾选【发送窗口消息】；勾选【空字段】，如图 6 - 47 所示。

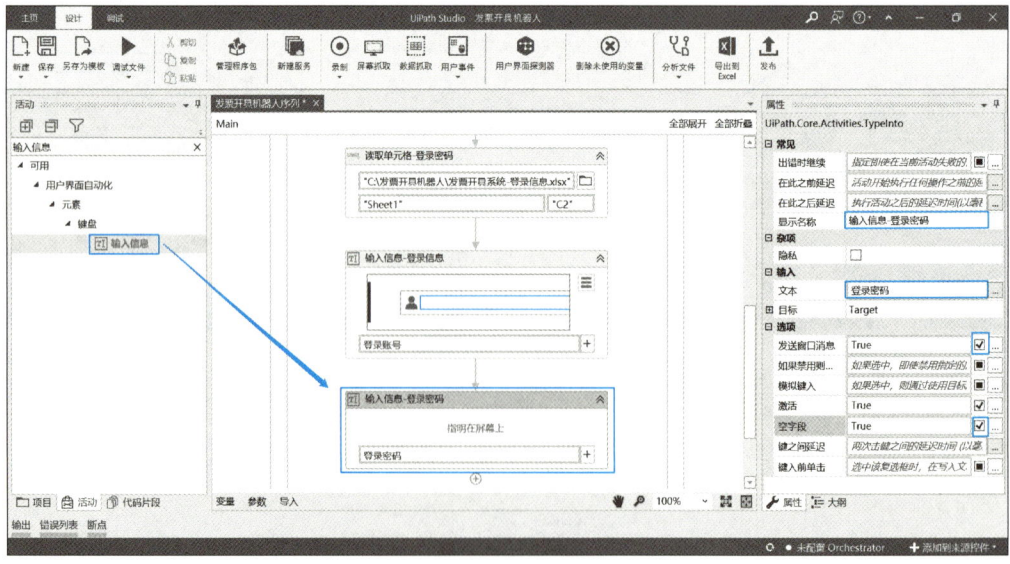

图 6 - 47　【输入信息-登录密码】界面

（4）将【发票开具系统】置顶，返回【UiPath】中点击控件内【指明在屏幕上】，页面跳转后，选中【密码的输入框】，如图 6－48 所示。

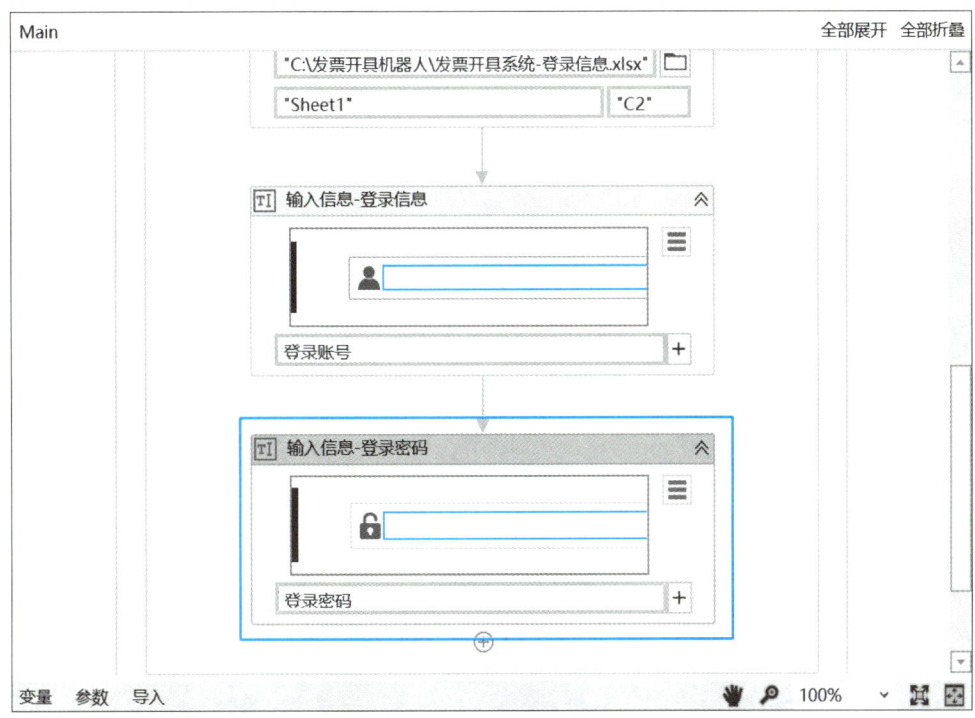

图 6－48　选中【账号输入框】

七、【单击】-登录

（1）在【活动面板】中，搜索并选中【单击】，拖拽至设计面板【（1）序列-登录发票开具系统】中【输入信息-登录密码】活动下。在【属性面板】中将【显示名称】修改为【单击-登录】，如图 6－49 所示。

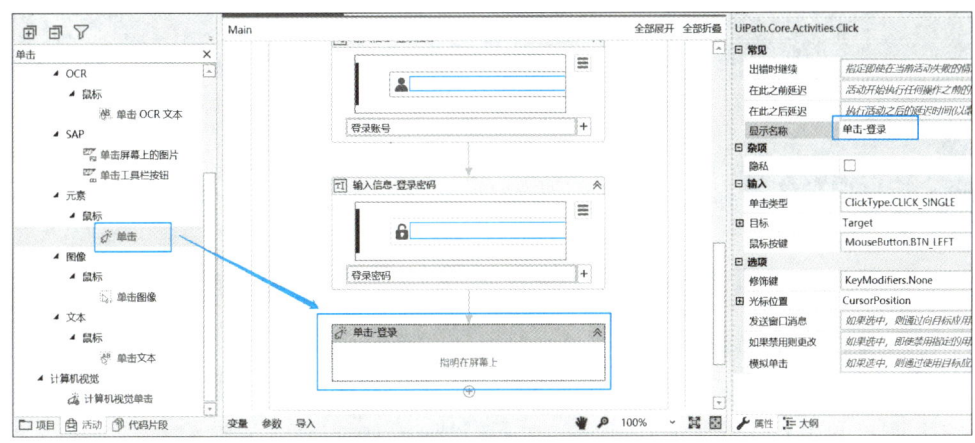

图 6－49　【单击-登录】界面

（2）将【发票开具系统】置顶，返回【UiPath】中点击控件内【指明在屏幕上】，页面跳转后，选中【登录】按钮，如图6-50所示。

注意：需要手动填写账号密码之后，再选取【登录】按钮。

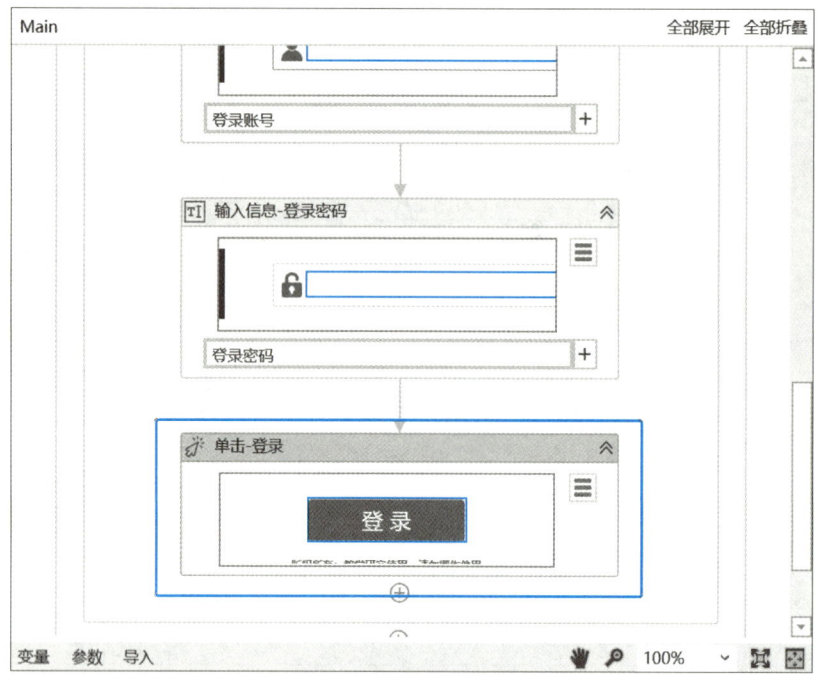

图6-50　选中【登录】按钮

【任务6-6】进入发票填开页面

要点提示：

进入发票填开页面步骤如下：

（1）添加【序列】-进入发票填开页面。

（2）【单击】-发票填开。

（3）【单击】-增值税电子普通发票。

 **任务实施**

一、添加【序列】-进入发票填开界面

（1）将【（1）序列-登录发票开具系统】控件进行折叠。

（2）在活动面板中搜索并选中【序列】，拖拽至设计面板【发票开具机器人序列】中【（1）序列-登录发票开具系统】活动下。在【属性面板】中，将【显示名称】修改为【（2）序列-进入发票填开页面】，如图6-51所示。

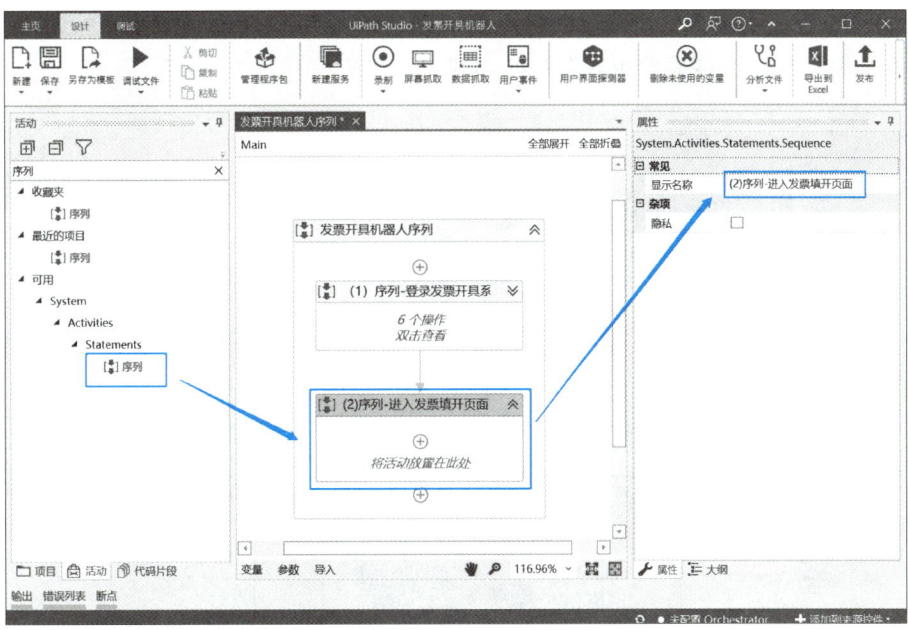

图6-51　【(2)序列-进入发票填开页面】界面

二、【单击】-发票填开

（1）在【活动面板】搜索并选中【单击】，拖拽至设计面板【序列-发票开具机器人】中【(2)序列-进入发票填开页面】活动内。在【属性面板】中，将【显示名称】修改为【单击-发票填开】，如图6-52所示。

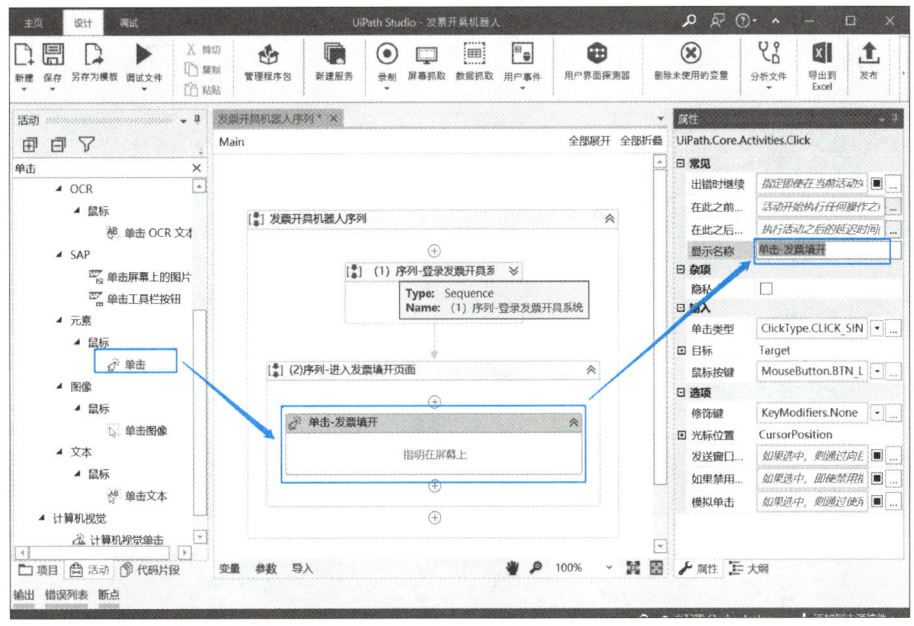

图6-52　【单击-发票填开】界面

（2）将登录后的【发票开具系统】置顶，返回【UiPath】中点击控件内【指明在屏幕上】，页面跳转后，选中【发票填开】按钮，如图 6‑53 所示。

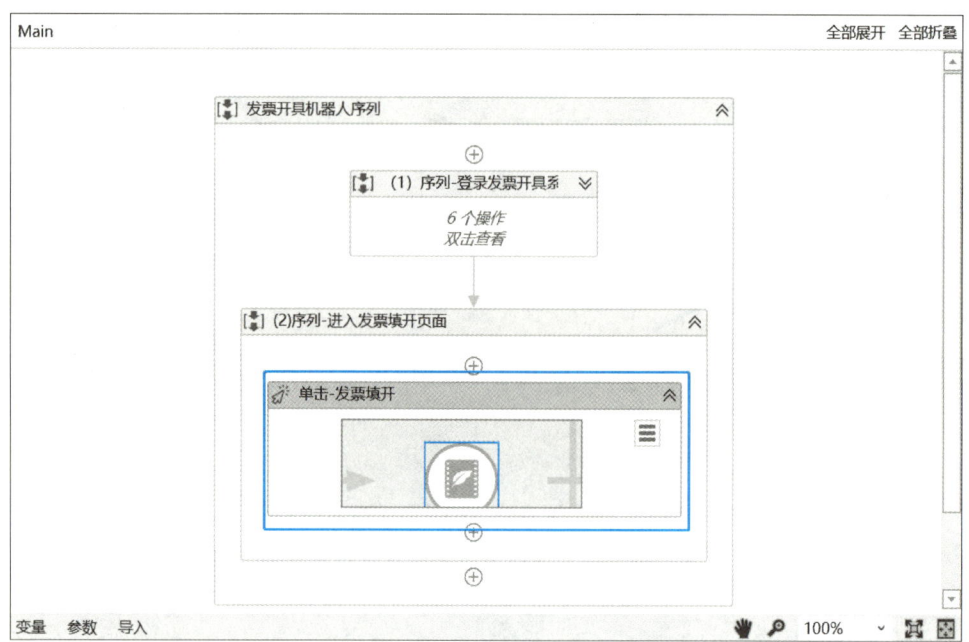

图 6‑53　选中【发票填开】按钮

三、【单击】‑增值税电子普通发票

（1）在【活动面板】搜索并选中【单击】，拖拽至设计面板【序列‑发票开具机器人】中【单击‑发票填开】活动下。在【属性面板】中，将【显示名称】修改为【单击‑增值税电子普通发票】，如图 6‑54 所示。

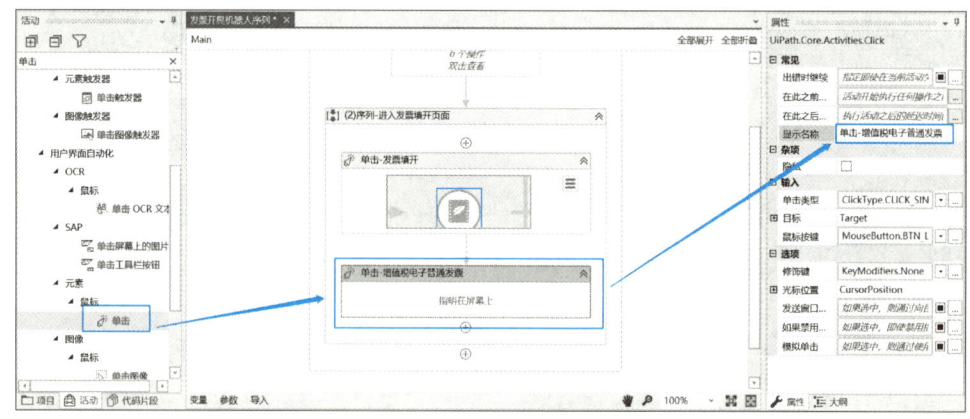

图 6‑54　【单击‑增值税电子普通发票】界面

（2）将登录后的【发票开具系统】置顶，返回【UiPath】中点击控件内【指明在屏幕上】，页面跳转后，选中【增值税电子普通发票】按钮，如图 6‑55 所示。

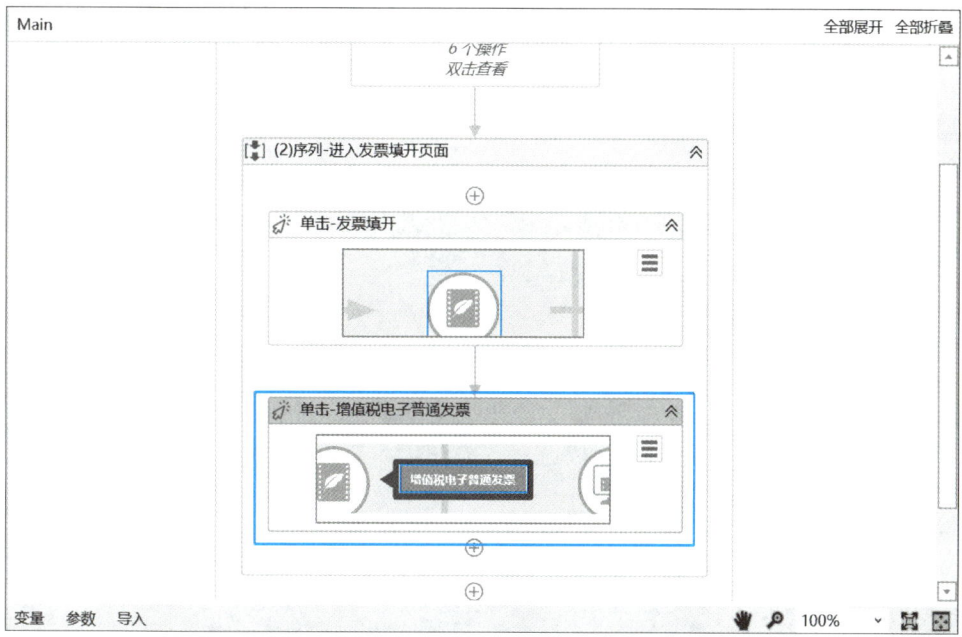

图 6-55　选中【增值税电子普通发票】按钮

　**任务实施**

【任务 6-7】设置循环开具发票

> 要点提示：
> 设置循环开具发票的步骤如下：
> (1) 添加【序列】-循环开具发票。
> (2)【读取范围】-发票信息汇总表。
> (3)【对于每一个行】-循环开具发票。

一、添加【序列】-循环开具发票

(1) 将【(2)序列-进入发票填开页面】控件进行折叠。

(2) 在【活动面板】中，搜索并选中【序列】，拖拽至设计面板【序列-发票开具机器人】中【(2)序列-进入发票填开页面】活动下。在【属性面板】中，将【显示名称】修改为【(3)序列-循环开具发票】，如图 6-56 所示。

二、【读取范围】-发票信息汇总表

(1) 在【活动面板】中搜索【读取范围】，选中【工作簿】下的【读取范围】，拖拽至设计面板【序列-发票开具机器人】中【(3)序列-循环开具发票】活动内，如图 6-57 所示。

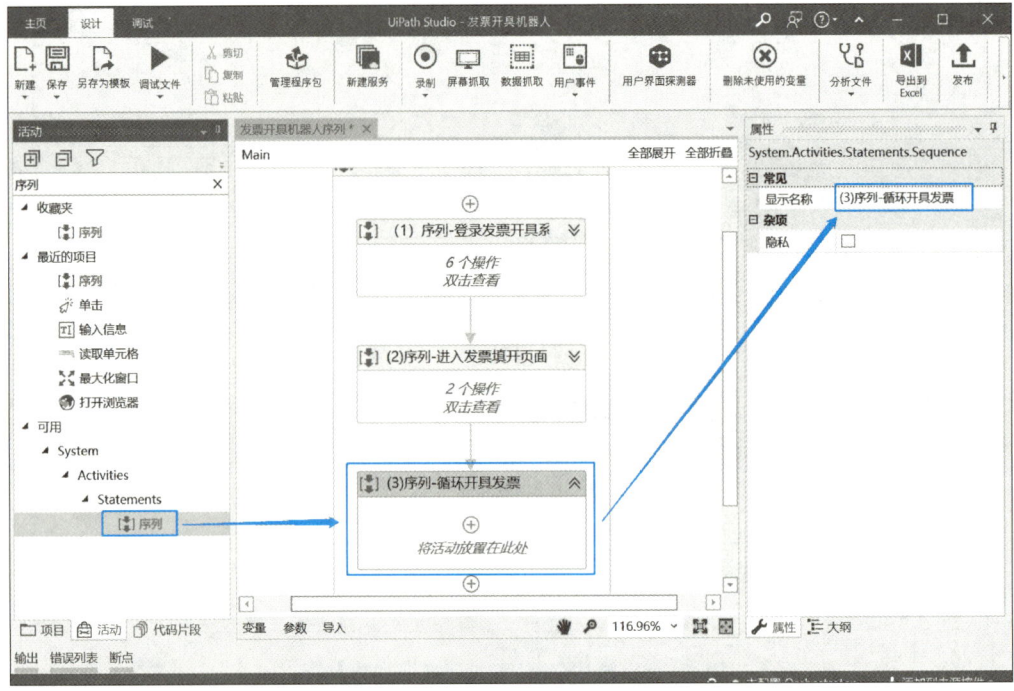

图6－56 【(3)序列-循环开具发票】界面

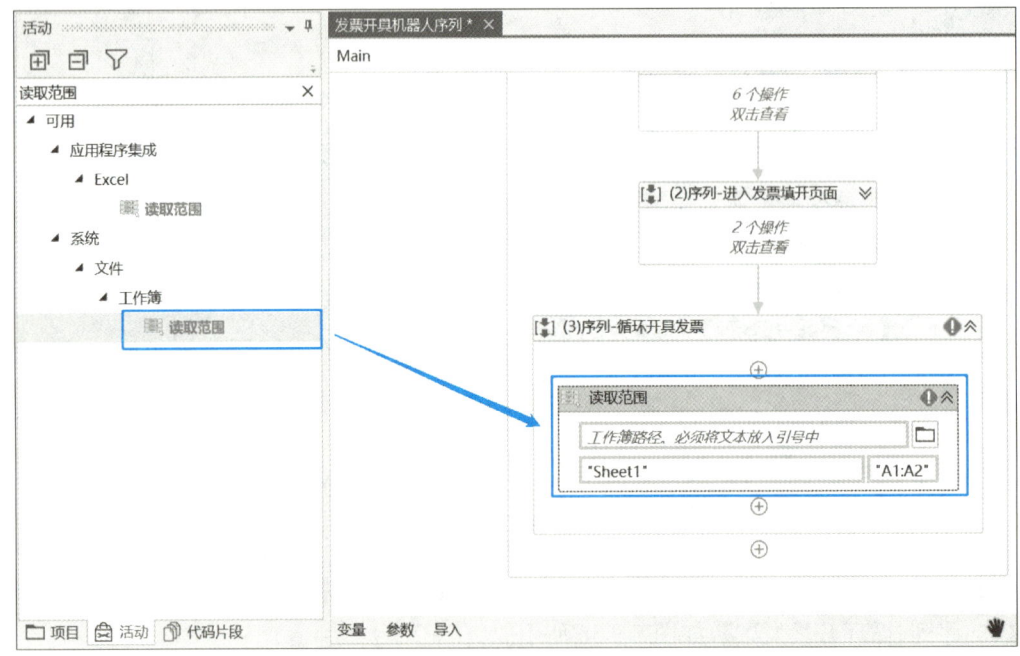

图6－57 【读取范围】界面

（2）打开【变量面板】，单击【创建变量】，将名称设置为【发票信息汇总表】，将变量类型设置为【Data Table】，将范围修改为【发票开具机器人序列】，如图6－58所示。

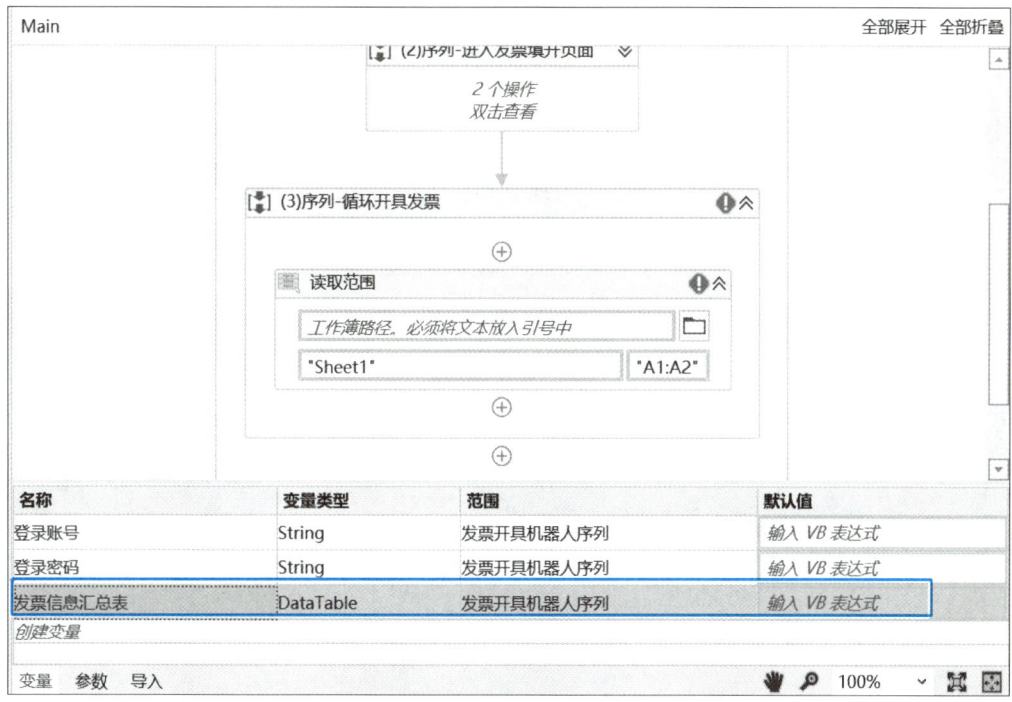

图 6-58　创建【读取范围】变量界面

（3）在【属性面板】中，将【显示名称】修改为【读取范围-发票信息汇总表】；【工作簿路径】输入框中的内容改为"C:\发票开具机器人\开票信息汇总表.xlsx"或在【设计面板中】找到该控件的【📁】进行选择文件；【工作簿名称】输入框中的内容改为【"Sheet1"】；【范围】输入框中的内容改为【""】。在【输出】的【数据表】输入框中按下【空格键】引用变量【发票信息汇总表】，如图 6-59 所示。

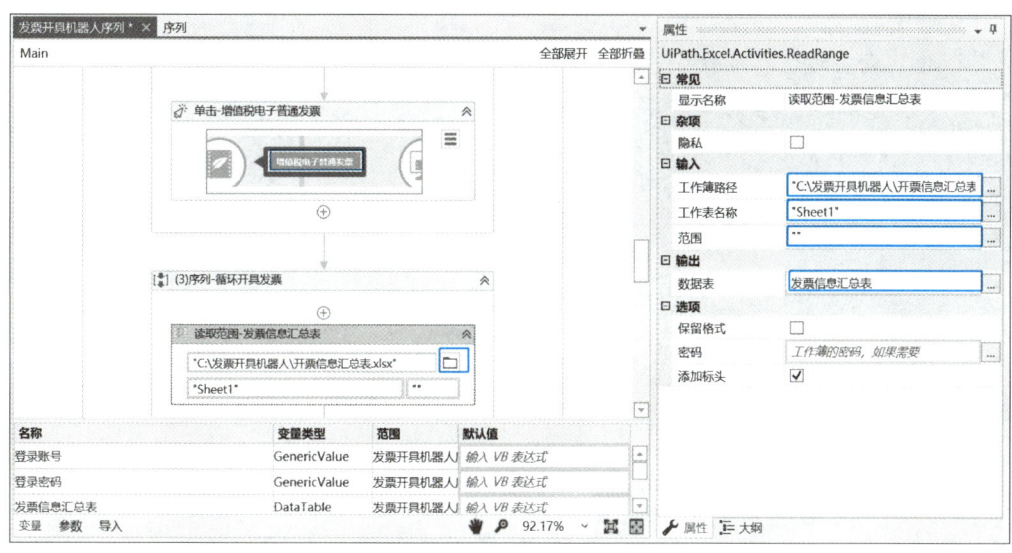

图 6-59　设置【读取范围-发票信息汇总表】属性

三、【对于每一个行】-循环开具发票

在【活动面板】中搜索并选中【对于每一个行】,拖拽至设计面板【发票开具机器人序列】中的【读取范围-发票信息汇总表】活动下。在【属性面板】中,将【显示名称】修改为【对于每一个行-循环开具发票】,在【数据表】输入框中引用变量【开票信息汇总表】,如图6-60所示。

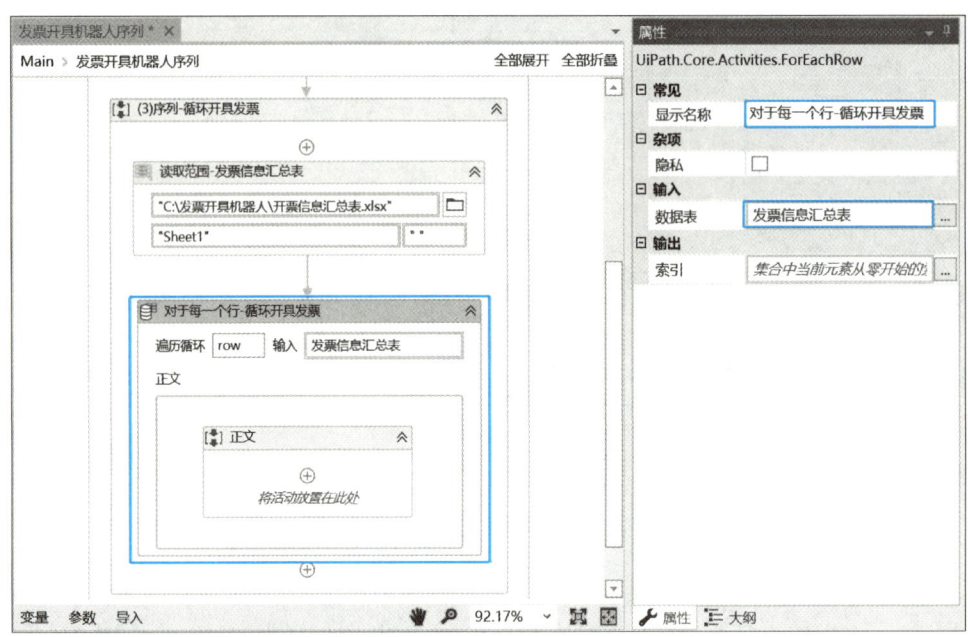

图6-60 【对于每一个行】界面

【任务6-8】填写购买方信息

要点提示:

填写购买方信息步骤如下:

(1)添加【序列】-填写购买方信息。

(2)【双击】-客户编码。

(3)【输入信息】-购买方名称。

(4)【单击】-查询。

(5)【双击】-购买方名称。

 **任务实施**

一、添加【序列】-填写购买方信息

在【活动面板】中,搜索并选中【序列】,拖拽至设计面板【对于每一个行-循环开具发

票】中的【正文】活动内。在【属性面板】中,将【显示名称】修改为【(4)序列-填写购买方信息】,如图6-61所示。

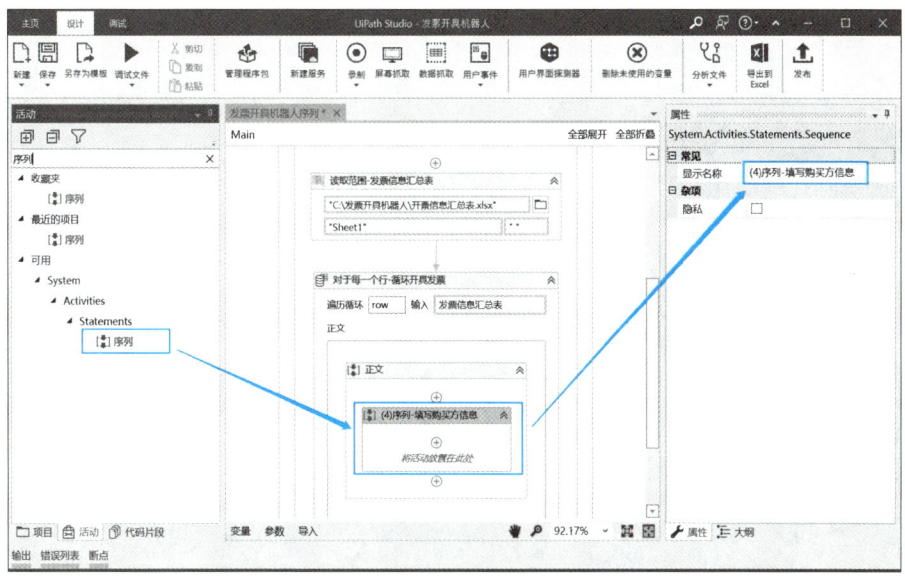

图6-61 【(4)序列-填写购买方信息】界面

二、【双击】-客户编码

(1) 在【活动面板】中,搜索并选中【双击】,拖拽至设计面板【对于每一个行-循环开具发票】中的【(4)序列-填写购买方信息】活动内。在【属性面板】中,将【显示名称】修改为【双击-客户编码】,如图6-62所示。

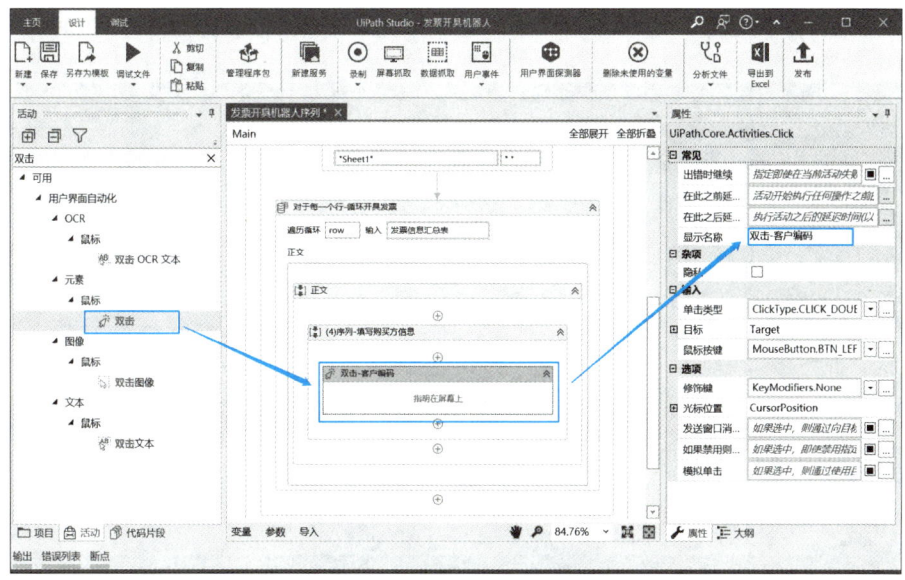

图6-62 【双击-客户编码】界面

（2）将进入发票开具界面的【发票开具系统】置顶，返回【UiPath】，点击控件内【指明在屏幕上】，页面跳转后，选中【客户编码】输入框，如图6-63所示。

图6-63　选中【客户编码】输入框

三、【输入信息】-购买方名称

（1）在【活动面板】中，搜索并选中【输入信息】，拖拽至设计面板【(4)序列-填写购买方信息】中【双击-客户编码】活动下。在【属性面板】中，将【显示名称】修改为【输入信息-购买方名称】；【文本】输入框中输入【row("购买方名称").ToString】，如图6-64所示。

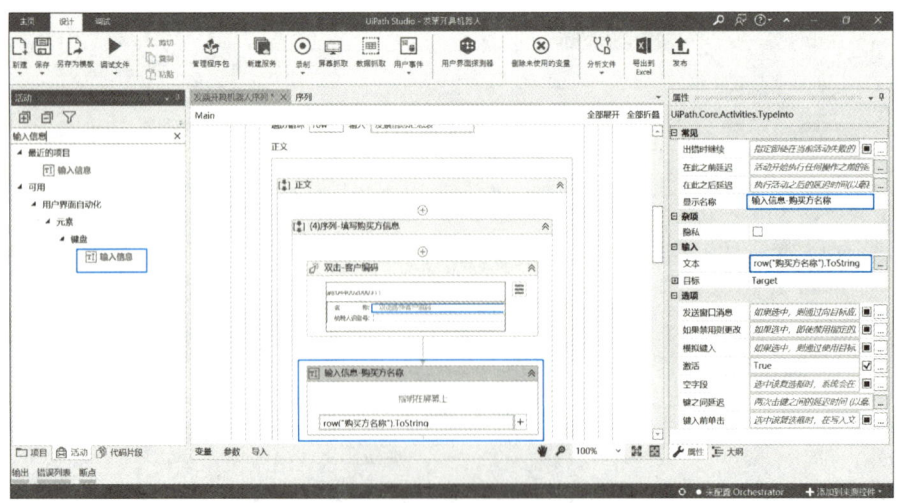

图6-64　【输入信息-购买方名称】界面

（2）将当前的【发票开具系统】置顶，返回【UiPath】，点击控件内【指明在屏幕上】，页面跳转后，选中【输入信息-购买方名称】输入框，如图 6－65 所示。

图 6－65　选中【购买方名称】输入框

四、【单击】-查询

（1）在【活动面板】中，搜索并选中【单击】，拖拽至设计面板【(4)序列-填写购买方信息】中【输入信息-购买方名称】活动下。在【属性面板】中，将【显示名称】修改为【单击-查询】，如图 6－66 所示。

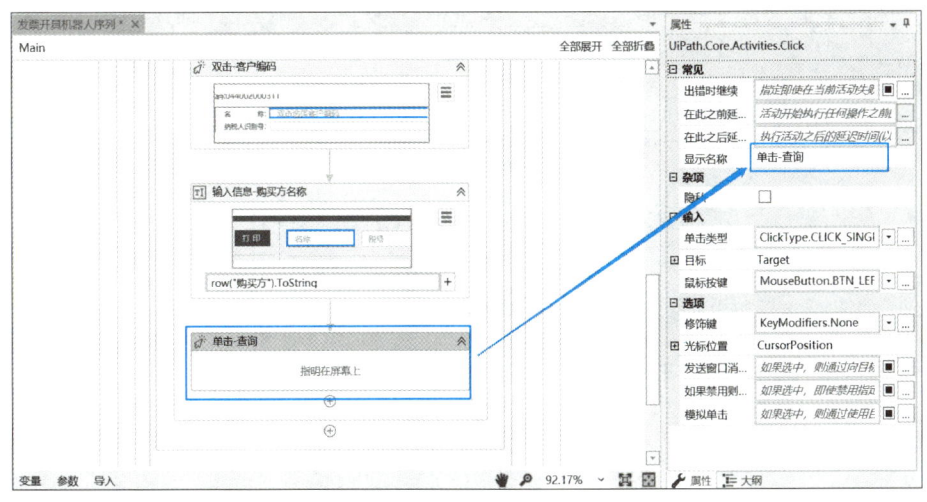

图 6－66　【单击-查询】界面

（2）将当前的【发票开具系统】置顶，返回【UiPath】，点击控件内【指明在屏幕上】，页面跳转后，选中【查询】按钮，如图6-67所示。

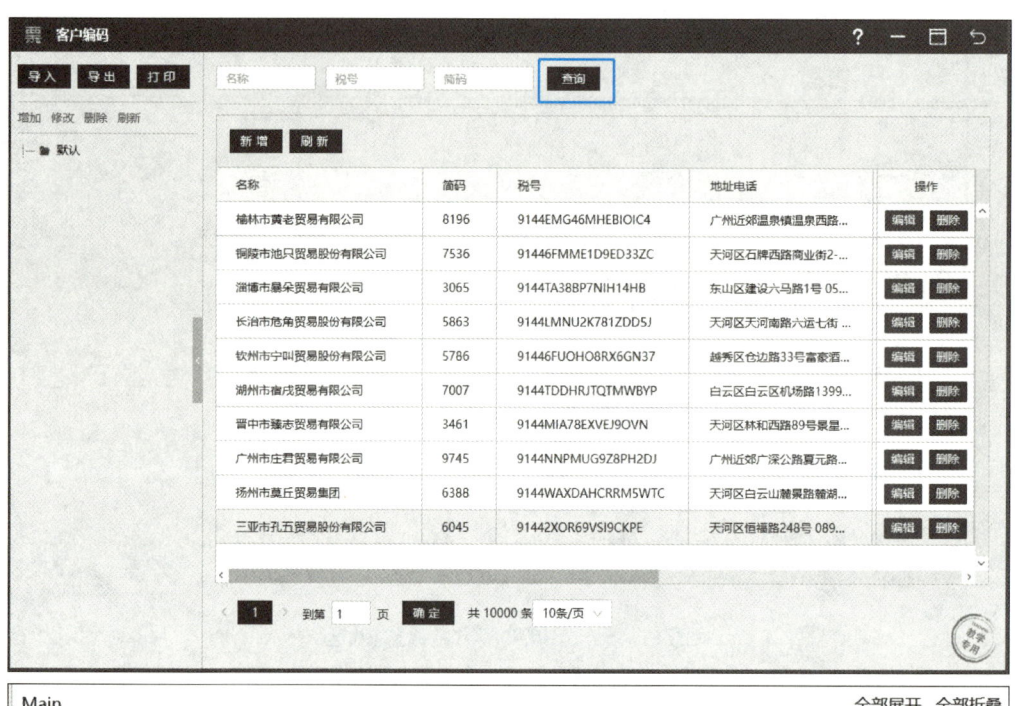

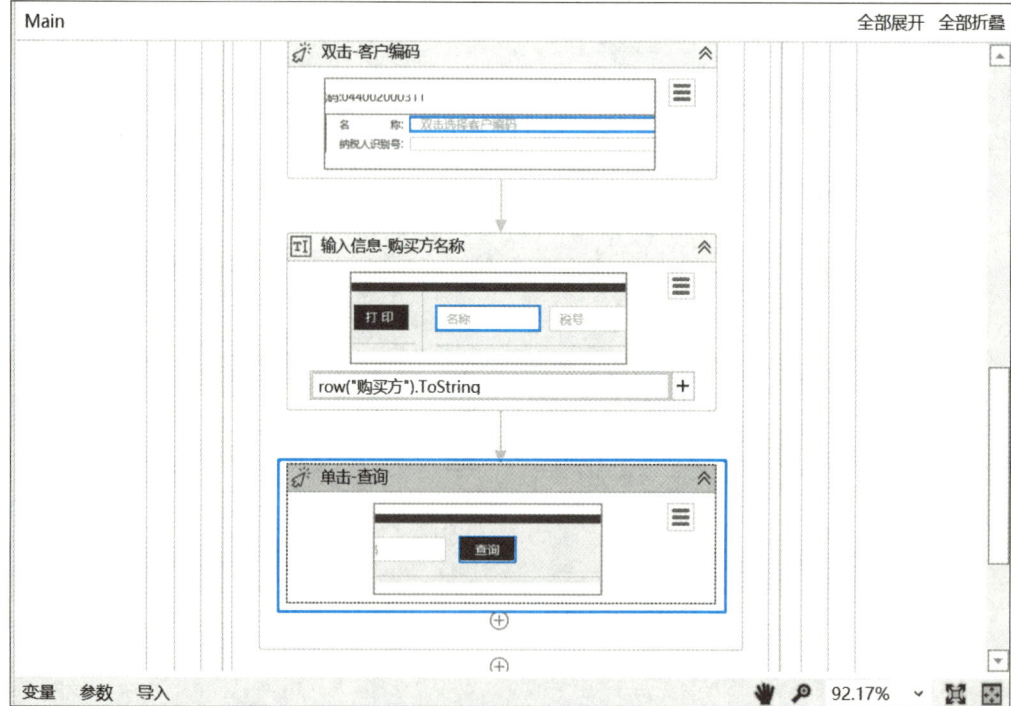

图6-67 选中【查询】按钮

五、【双击】-购买方名称

（1）在【活动面板】中，搜索并选中【双击】，拖拽至设计面板【（4）序列-填写购买方信息】中的【单击-查询】活动内。在【属性面板】中，将【显示名称】修改为【双击-购买方名称】，如图 6-68 所示。

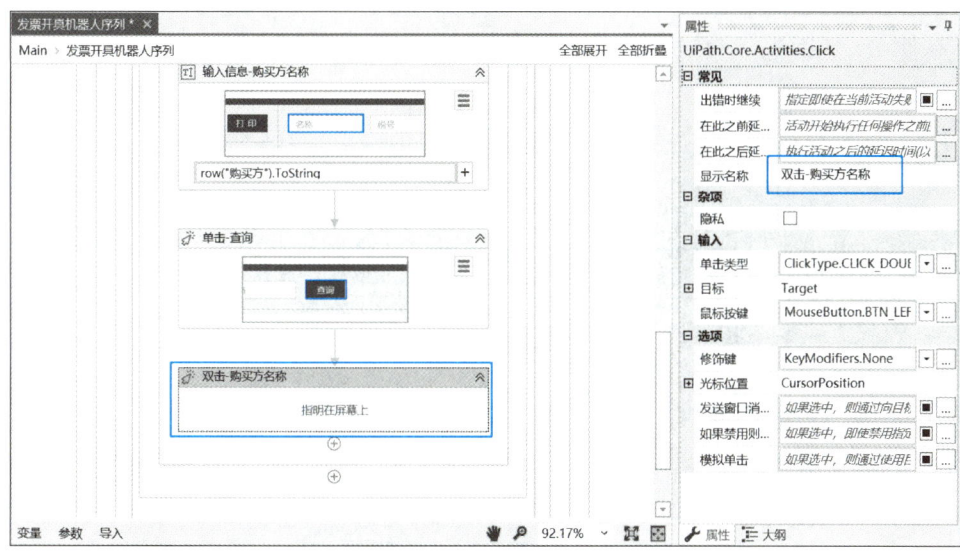

图 6-68　【双击-购买方名称】界面

（2）将进入发票开具界面的【发票开具系统】置顶，返回【UiPath】，点击控件内【指明在屏幕上】，页面跳转后，选中【购买方名称】，如图 6-69 所示。

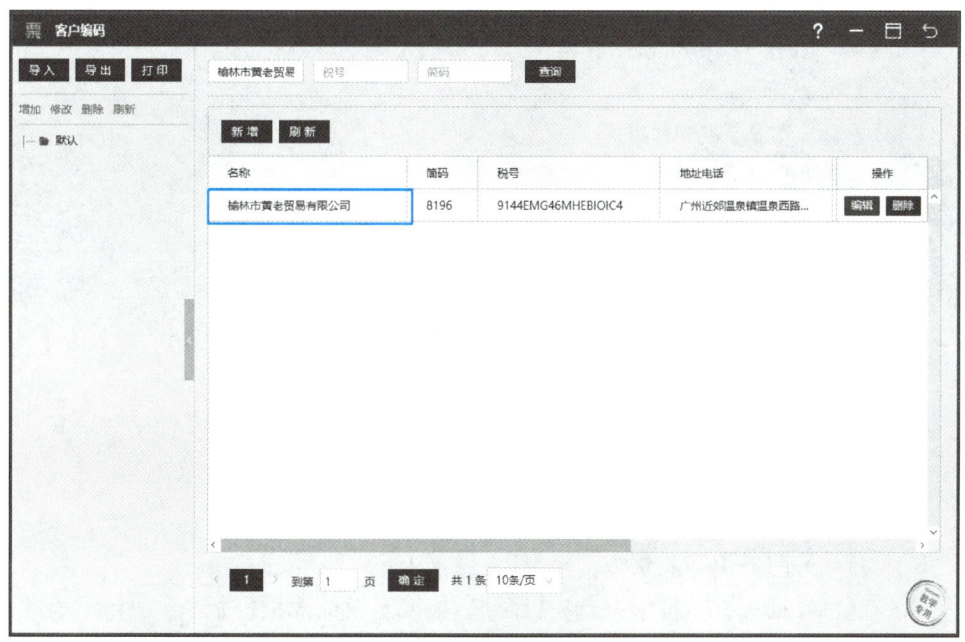

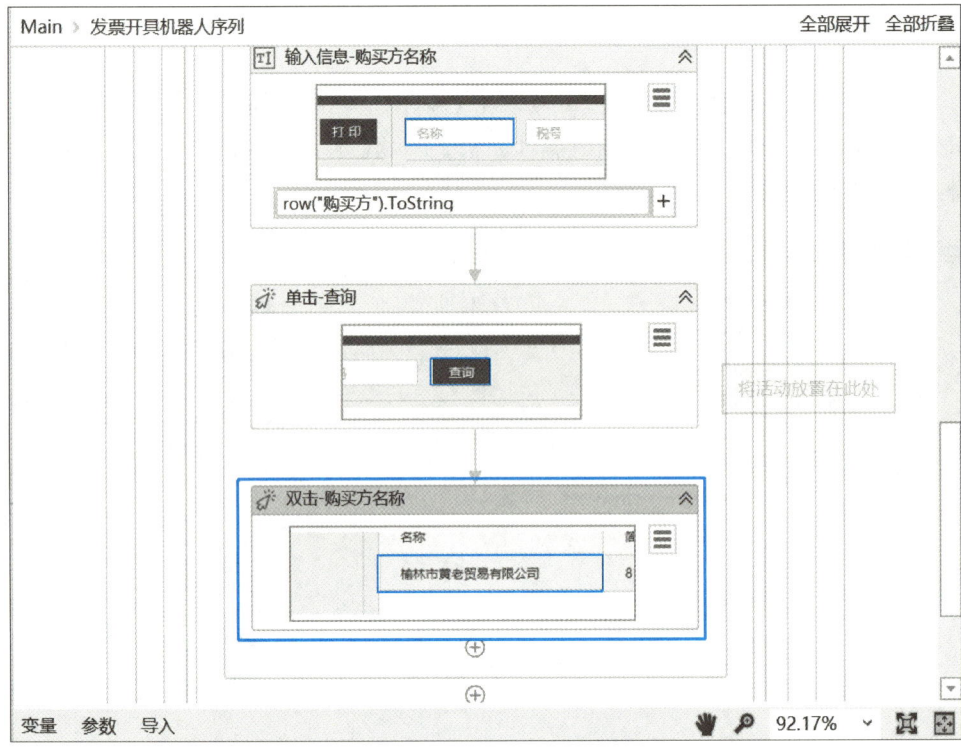

图6-69　选中【购买方名称】公司名称

【任务6-9】填写商品名称和数量

要点提示：

填写商品名称和数量的步骤如下：

(1)添加【序列】-填写商品名称和数量。

(2)【双击】-商品编码。

(3)【输入信息】-商品名称。

(4)【单击】-查询。

(5)【单击】-使用。

(6)【输入信息】-商品数量。

 **任务实施**

一、添加【序列】-填写商品名称和数量

(1)将【(4)序列-填写购买方信息】控件进行折叠。

(2)在【活动面板】中,搜索并选中【序列】,拖拽至设计面板【对于每一个行-循环开具发票】中的【(4)序列-填写购买方信息】活动下。在【属性面板】中,将【显示名称】修改

为【(5)序列-填写商品名称和数量】，如图 6-70 所示。

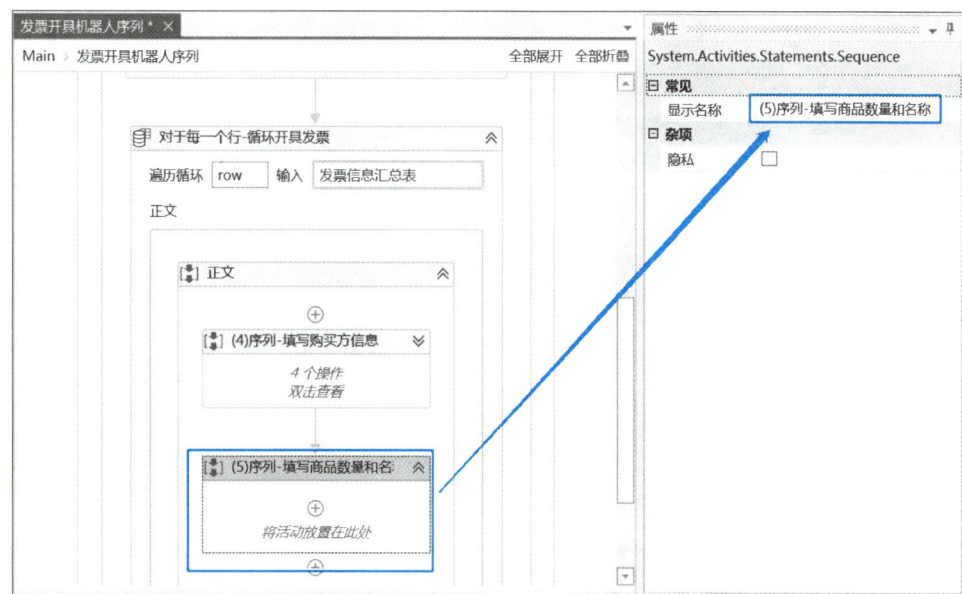

图 6-70 【(5)序列-填写商品名称和数量】

二、【双击】-商品编码

在【活动面板】中，搜索并选中【双击】，拖拽至设计面板【对于每一个行-循环开具发票】中的【(5)序列-填写商品名称和数量】活动内。在【属性面板】中，将【显示名称】修改为【双击-商品编码】，如图 6-71 所示。

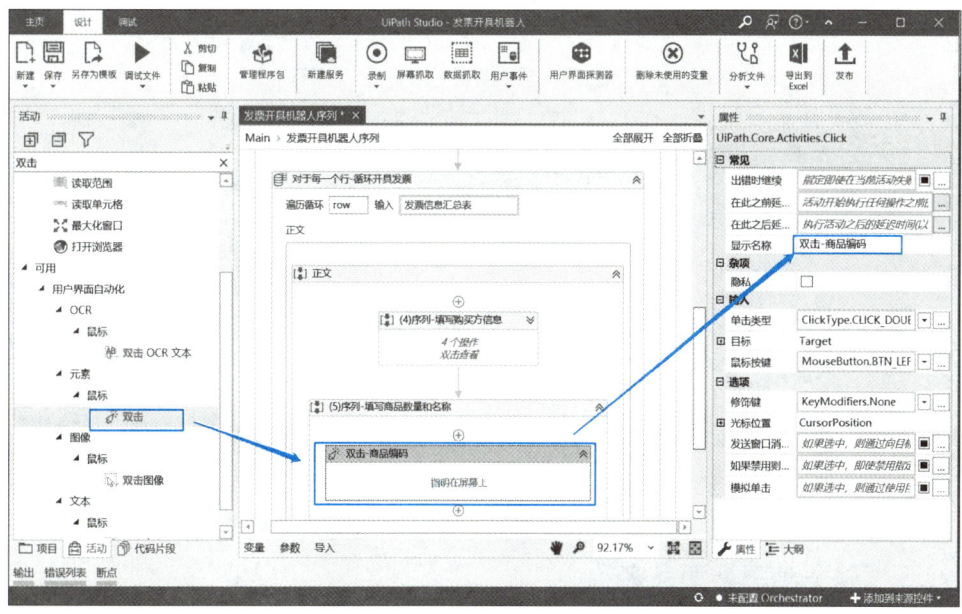

图 6-71 【双击-商品编码】界面

将进入发票开具界面的【发票开具系统】置顶,返回【UiPath】,点击控件内【指明在屏幕上】,页面跳转后,选中【商品编码】输入框,如图6-72所示。

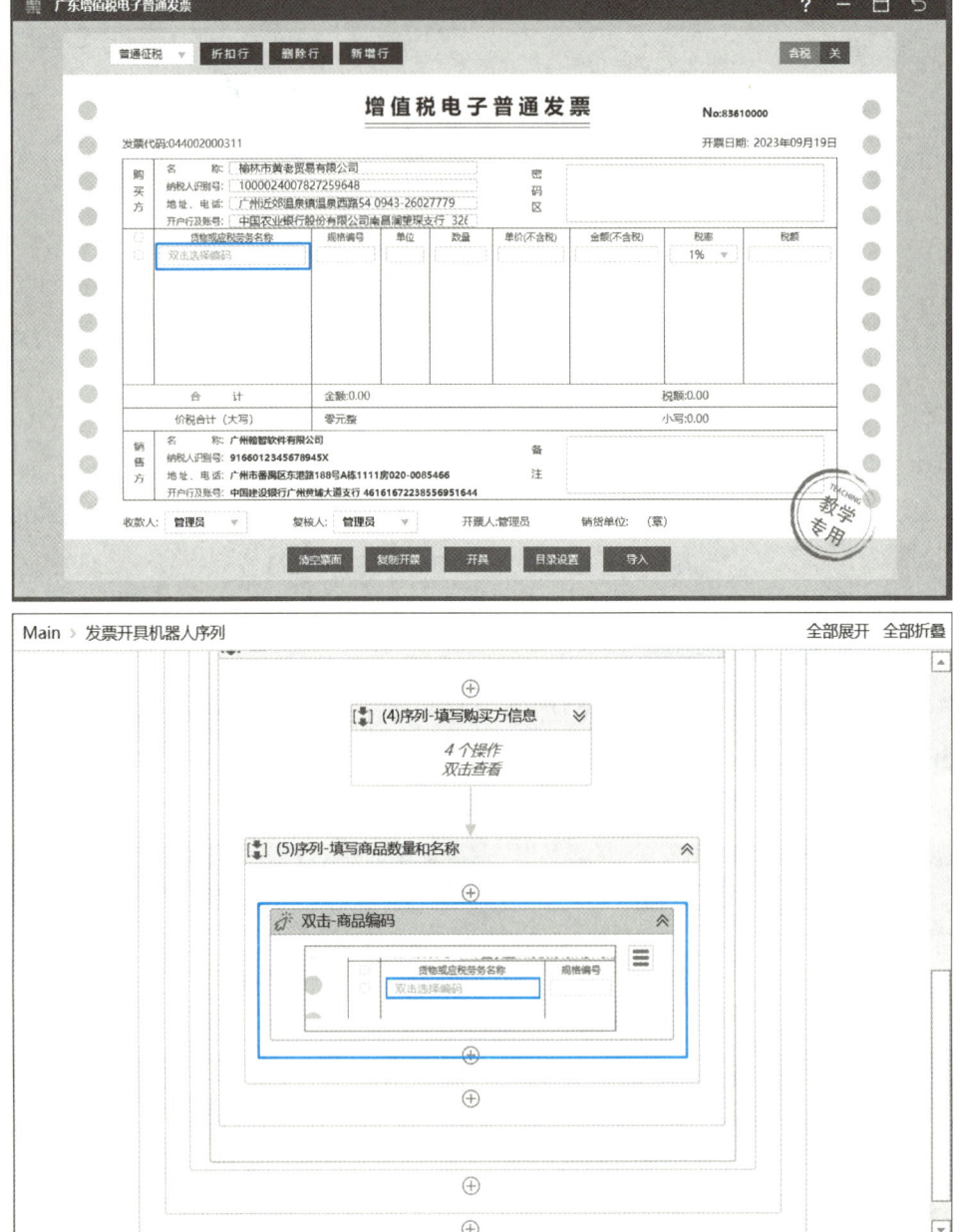

图6-72 选中【商品编码】输入框

三、【输入信息】-商品名称

(1)在【活动面板】中,搜索并选中【输入信息】,拖拽至设计面板【(5)序列-填写商品名称和数量】中的【双击-客户编码】活动下。在【属性面板】中，将【显示名称】修改为【输入信息-商品名称】，【文本】输入框中输入【row("商品名称").ToString】，如图 6－73 所示。

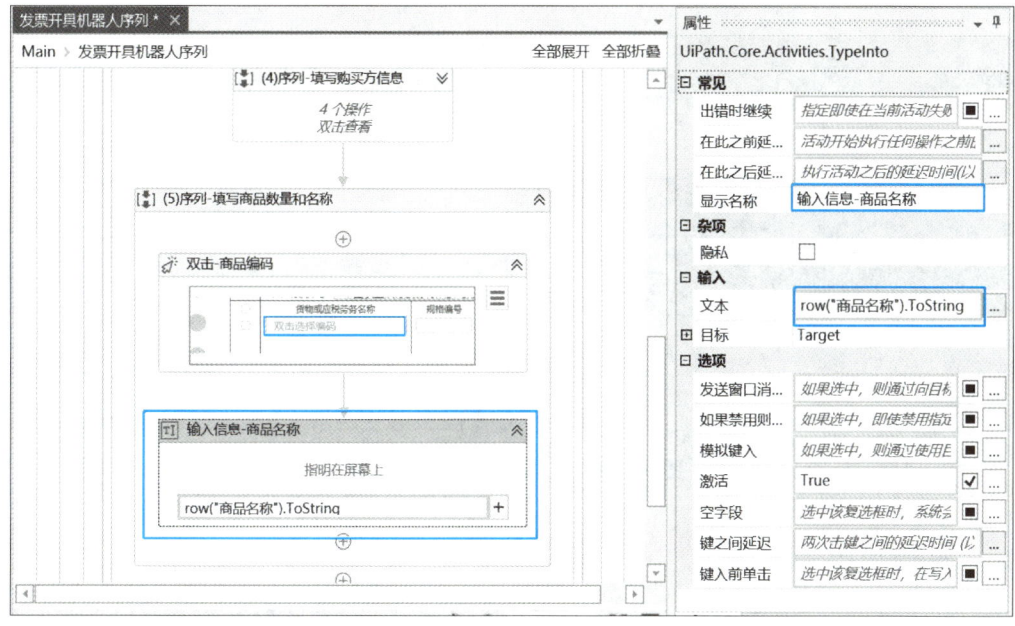

图 6－73 【输入信息-商品名称】界面

（2）将进入发票开具界面的【发票开具系统】置顶，返回【UiPath】，点击控件内【指明在屏幕上】，页面跳转后，选中【商品名称】输入框，如图 6－74 所示。

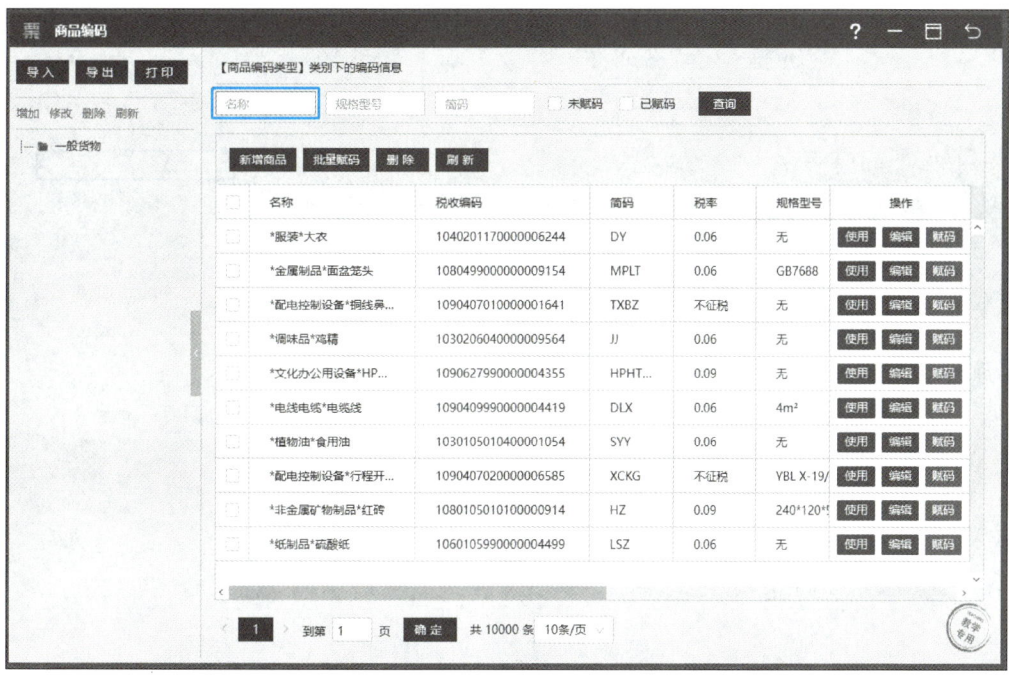

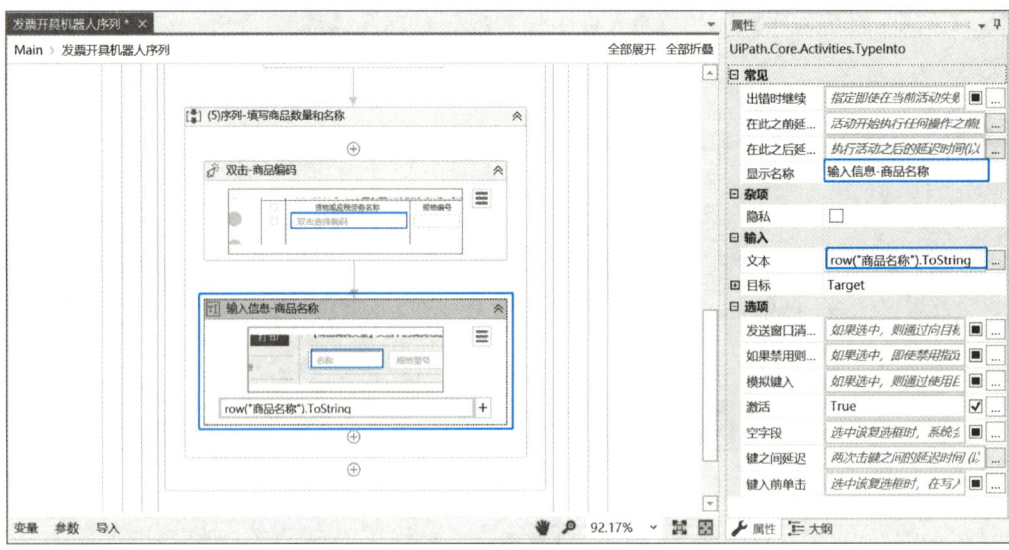

图 6-74　选中【商品名称】输入框

四、【单击】-查询

（1）在【活动面板】中，搜索并选中【单击】，拖拽至设计面板【（4）序列-填写购买方信息】中的【输入信息-商品名称】活动下。在【属性面板】中，将【显示名称】修改为【单击-查询】，如图 6-75 所示。

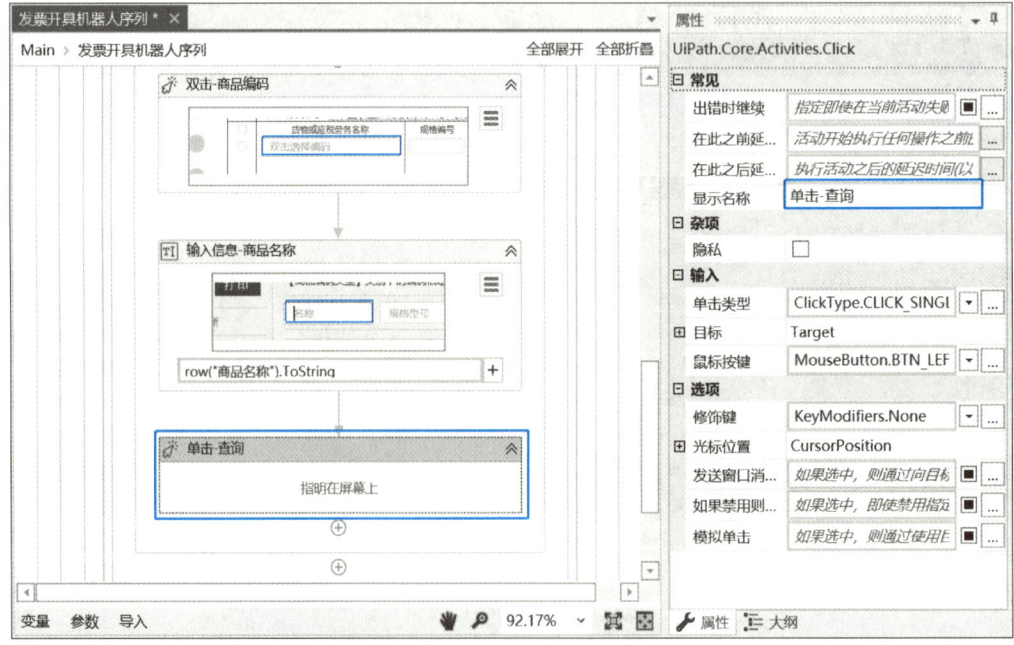

图 6-75　【单击-查询】界面

（2）将当前的【发票开具系统】置顶，返回【UiPath】，点击控件内【指明在屏幕上】，页面跳转后，选中【查询】按钮，如图 6 - 76 所示。

图 6 - 76 选中【查询】按钮

五、【单击】-使用

（1）在【活动面板】中，搜索并选中【单击】，拖拽至设计面板【（5）序列-填写商品数量和名称】中的【单击-查询】活动下。在【属性面板】中，将【显示名称】修改为【单击-使用】，如图 6 - 77 所示。

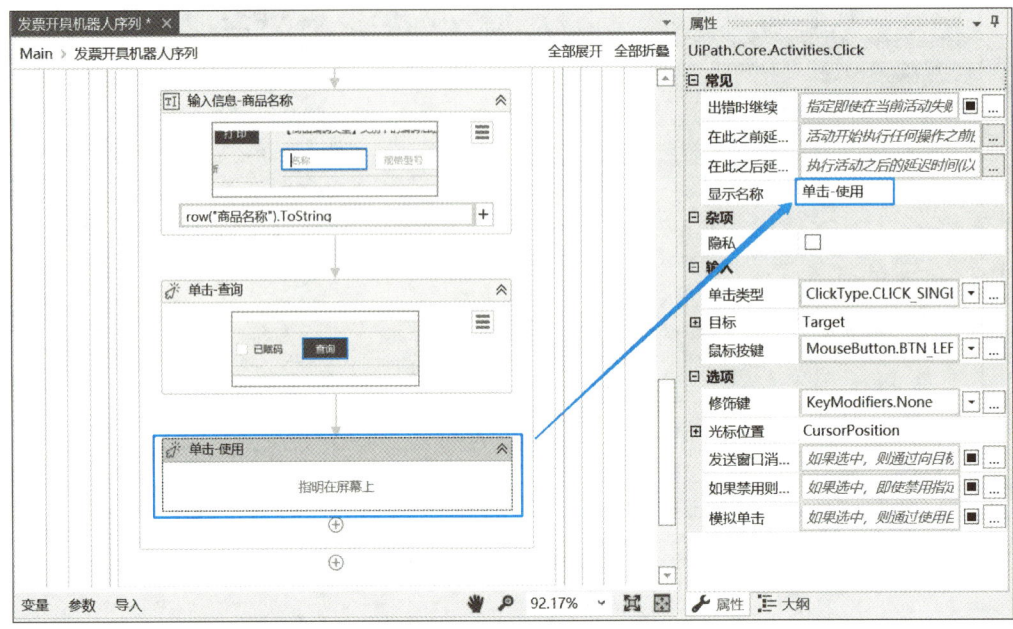

图 6 - 77 【单击-使用】界面

　　（2）将进入发票开具界面的【发票开具系统】置顶，返回【UiPath】，点击控件内【指明在屏幕上】，页面跳转后，选中【使用】按钮，如图 6 - 78 所示。

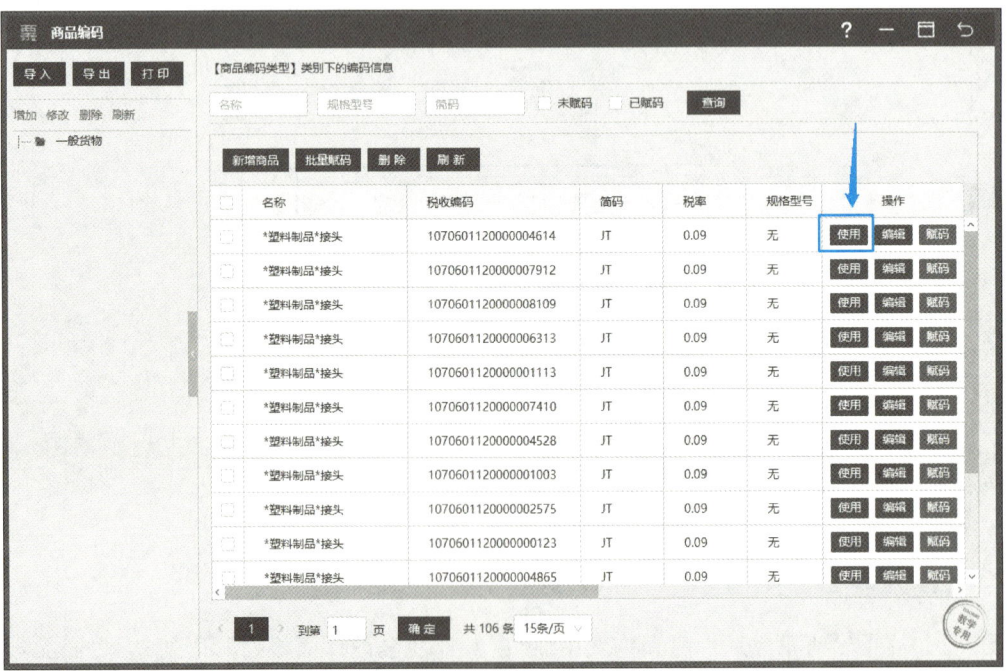

图 6-78 选中【使用】按钮

六、【输入信息】-商品数量

（1）在【活动面板】中，搜索并选中【输入信息】，拖拽至设计面板【（5）序列-填写商品数量和名称】中的【单击-使用】活动下。在【属性面板】中，将【显示名称】修改为【输入信息-商品数量】；在【文本】输入框输入【row("商品数量").ToString】，如图 6-79 所示。

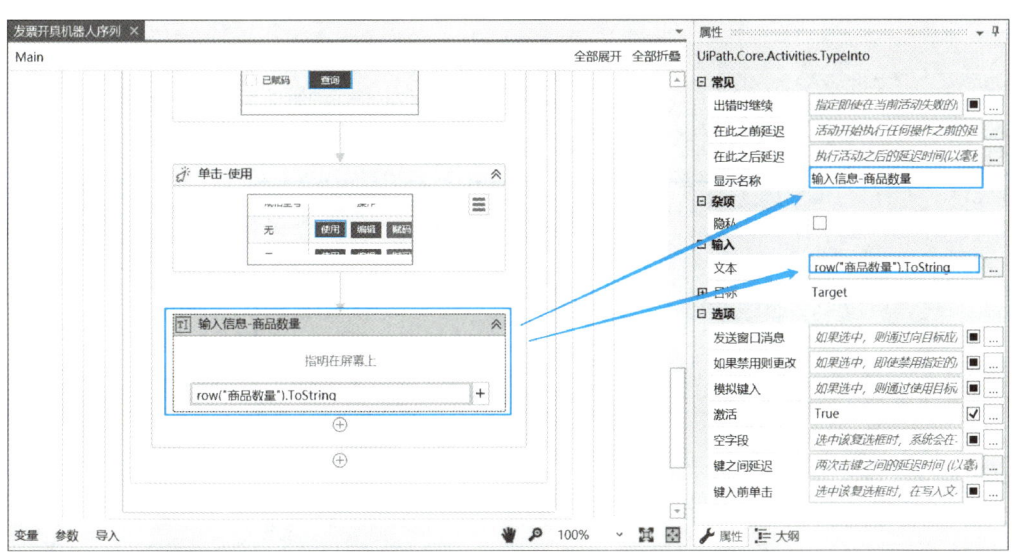

图 6-79 【输入信息-商品数量】界面

（2）将【发票开具系统】置顶，返回【UiPath】，点击控件内【指明在屏幕上】，页面跳转后，选中【商品数量】输入框，如图 6-80 所示。

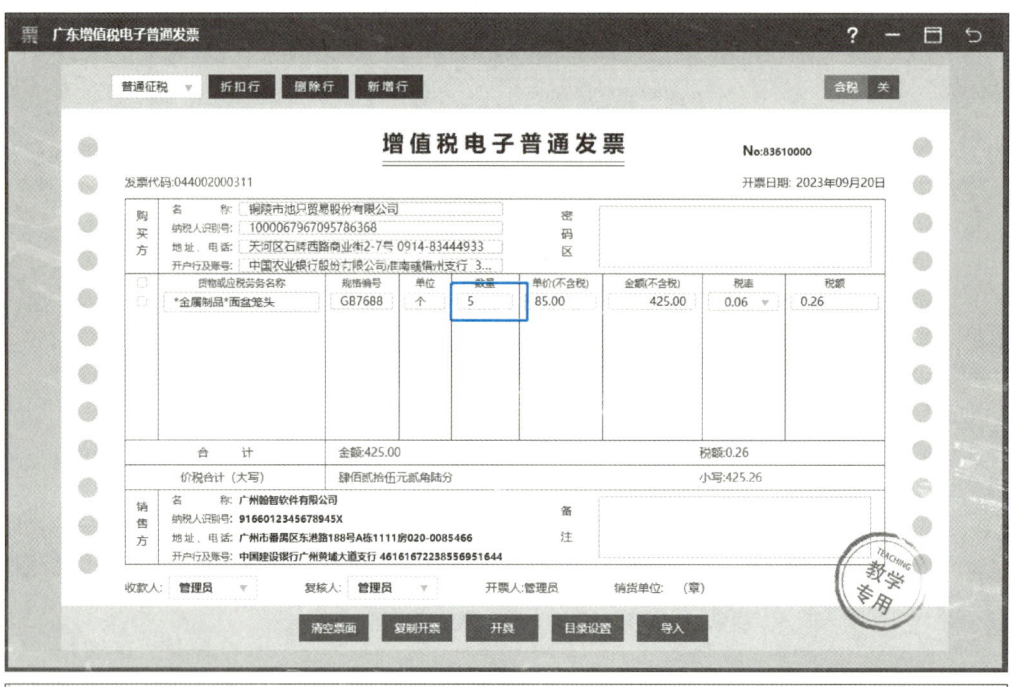

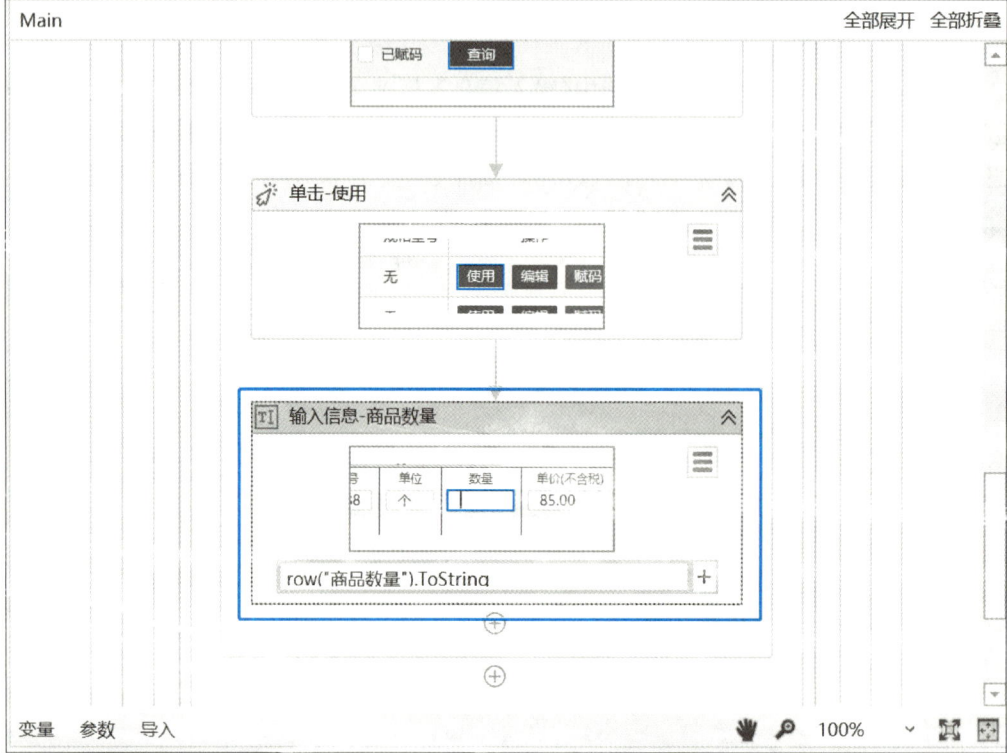

图 6-80 选中【商品数量】输入框

【任务6-10】开具发票

要点提示：
开具发票的步骤如下：
(1) 添加【序列】-开具发票。
(2)【单击】-开具。
(3)【单击】-确认。

 任务实施

一、添加【序列】-开具发票

(1) 将【(5)序列-填写商品数量和名称】控件进行折叠。

(2) 在【活动面板】中，搜索并选中【序列】，拖拽至设计面板【对于每一个行-循环开具发票】中的【(5)序列-填写商品数量和名称】活动下。在【属性面板】中，将【显示名称】修改为【(6)序列-开具发票】，如图6-81所示。

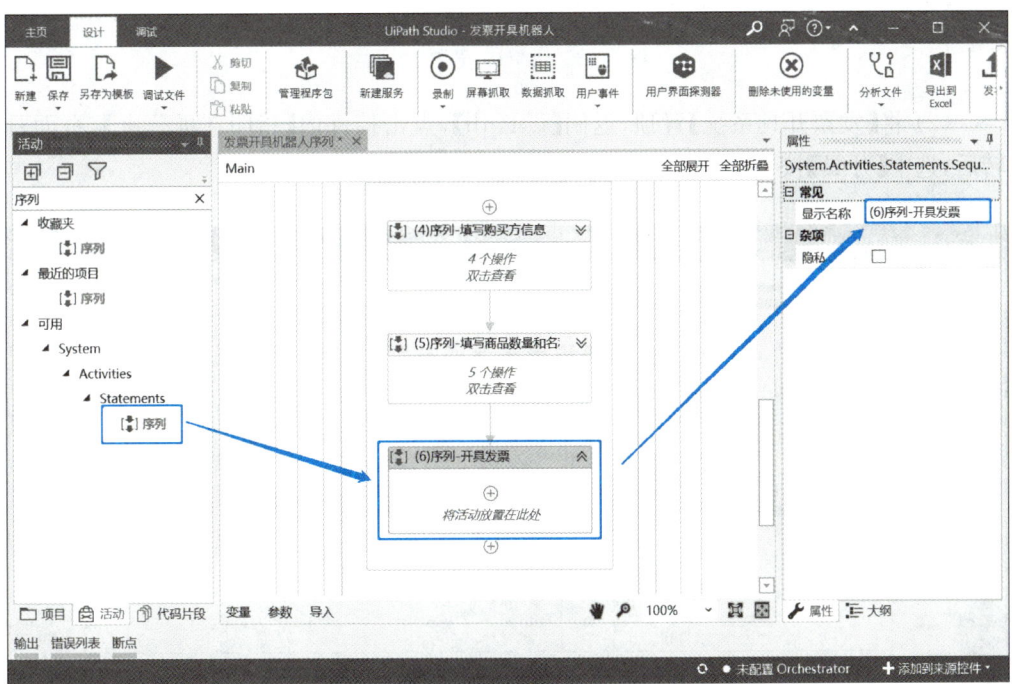

图6-81 【(6)序列-开具发票】界面

二、【单击】-开具

(1) 在【活动面板】中，搜索并选中【单击】，拖拽至设计面板【对于每一个行-循环开具发票】中的【(6)序列-开具发票】活动内。在【属性面板】中，将【显示名称】修改为【单击-开具】，如图 6 - 82 所示。

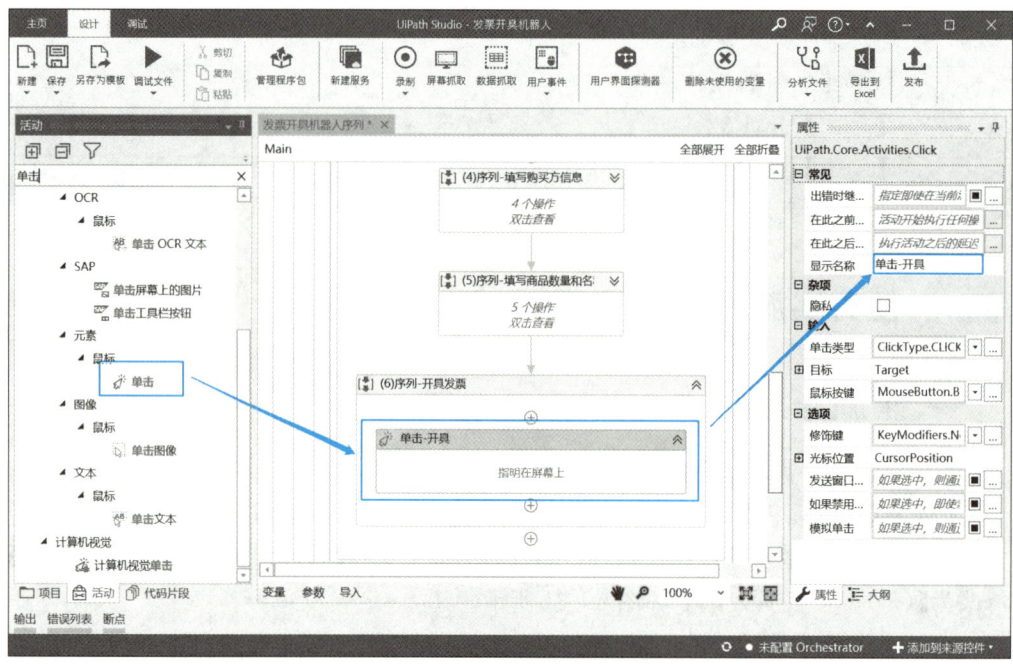

图 6 - 82 【单击-开具】界面

（2）将【发票开具系统】置顶，返回【UiPath】，点击控件内【指明在屏幕上】，页面跳转后，选中【开具】按钮，如图 6 - 83 所示。

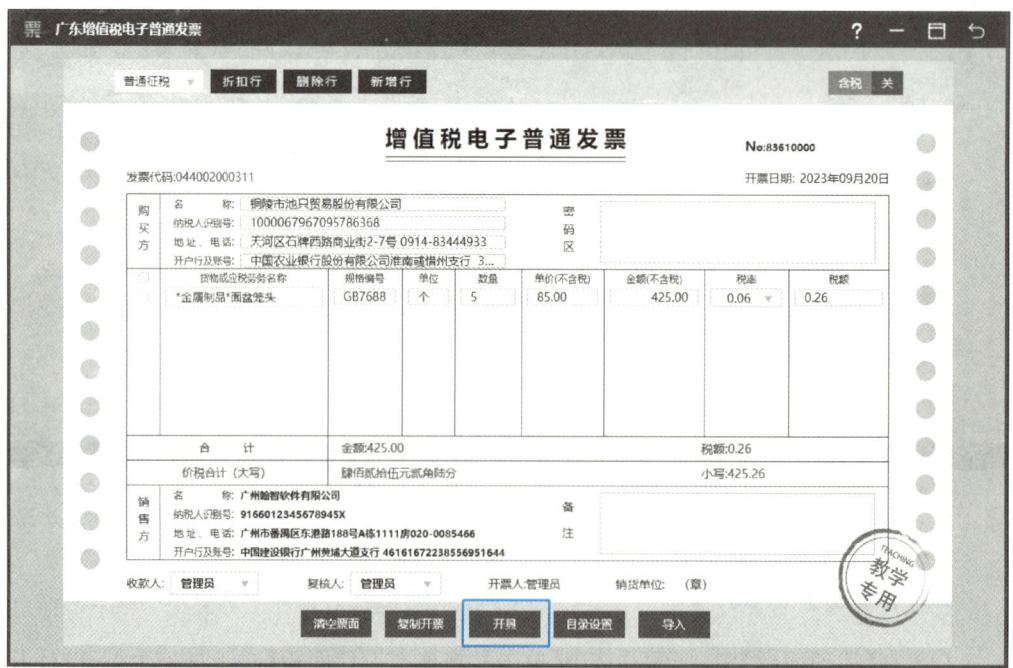

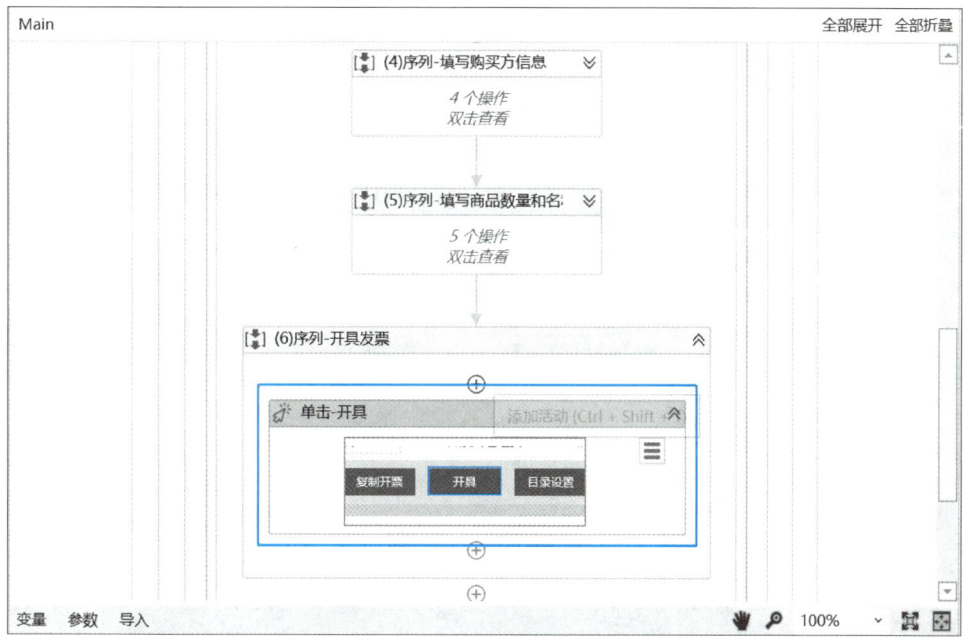

图 6-83　选中【开具】按钮

三、【单击】-确认

（1）在【活动面板】中，搜索并选中【单击】，拖拽至设计面板【对于每一个行-循环开具发票】中的【单击-开具】活动下。在【属性面板】中，将【显示名称】修改为【单击-确认】，如图 6-84 所示。

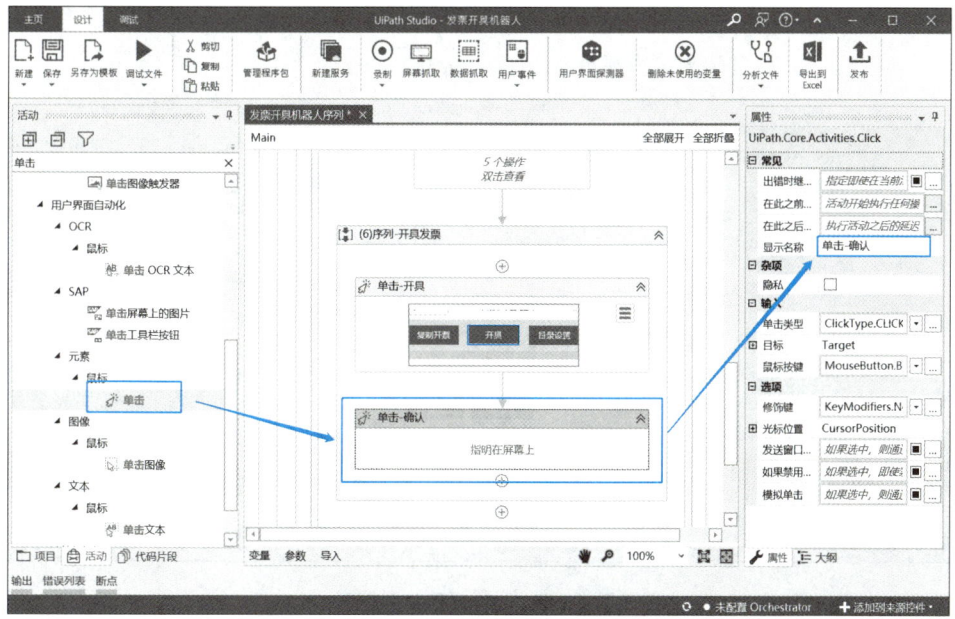

图 6-84　【单击-确认】界面

（2）将【发票开具系统】置顶，返回【UiPath】，点击控件内【指明在屏幕上】，页面跳转后，点击【确认】按钮，如图6-85所示。

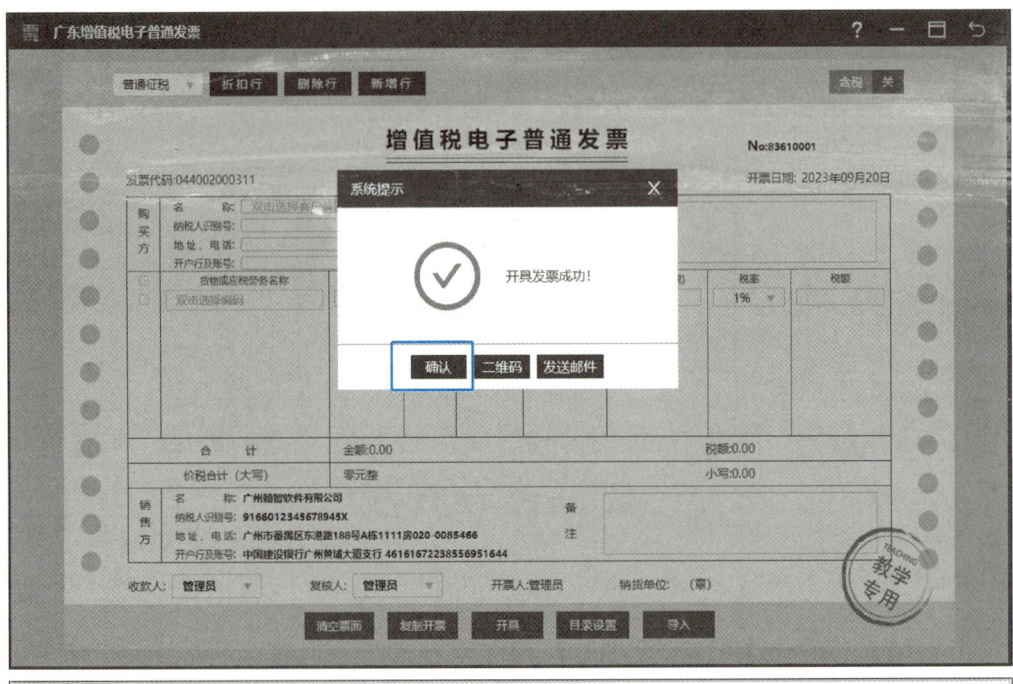

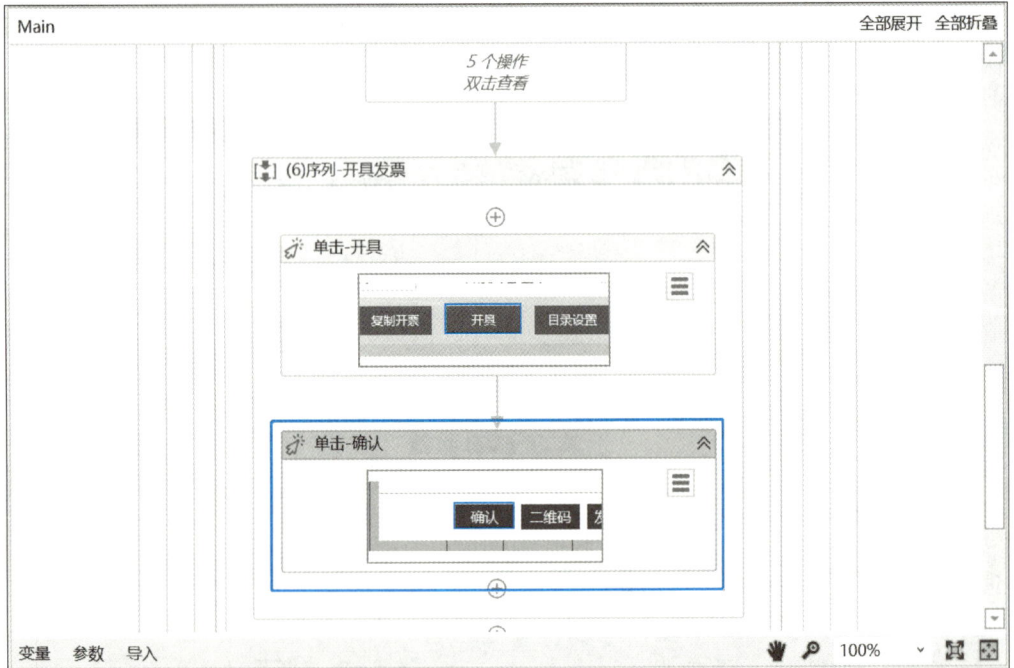

图6-85　点击【确认】按钮

【任务 6－11】查询已开发票

要点提示：

查询已开发票步骤如下：

(1) 添加【序列】-查询已开发票。

(2)【单击】-返回。

(3)【单击】-确认。

(4)【单击】-已开发票查询。

(5)【单击】-查询日期。

(6)【单击】-查询。

 任务实施

一、添加【序列】-查询已开发票

(1) 将【(3)序列-循环开具发票】控件进行折叠。

(2) 在【活动面板】中，搜索并选中【序列】，拖拽至设计面板【发票开具机器人序列】中的【(3)序列-循环开具发票】活动下。在【属性面板】中，将【显示名称】修改为【(7)序列-查询已开发票】，如图 6-86 所示。

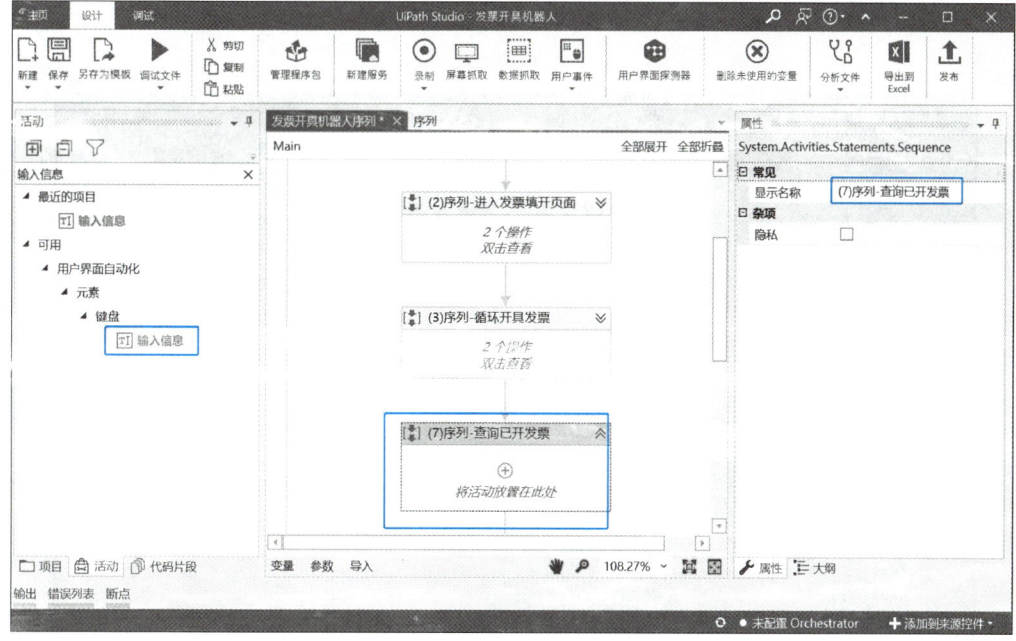

图 6-86 【(7)序列-查询已开发票】界面

二、【单击】-返回

(1) 在【活动面板】中，搜索并选中【单击】，拖拽至设计面板【发票开具机器人序列】中【(7)序列-查询已开发票】活动内。在【属性面板】中，将【显示名称】修改为【单击-返回】，如图 6-87 所示。

图 6-87 【单击-返回】界面

(2) 将【发票开具系统】置顶，返回【UiPath】，点击控件内【指明在屏幕上】，页面跳转后，选中【 ↩ 】按钮，如图 6-88 所示。

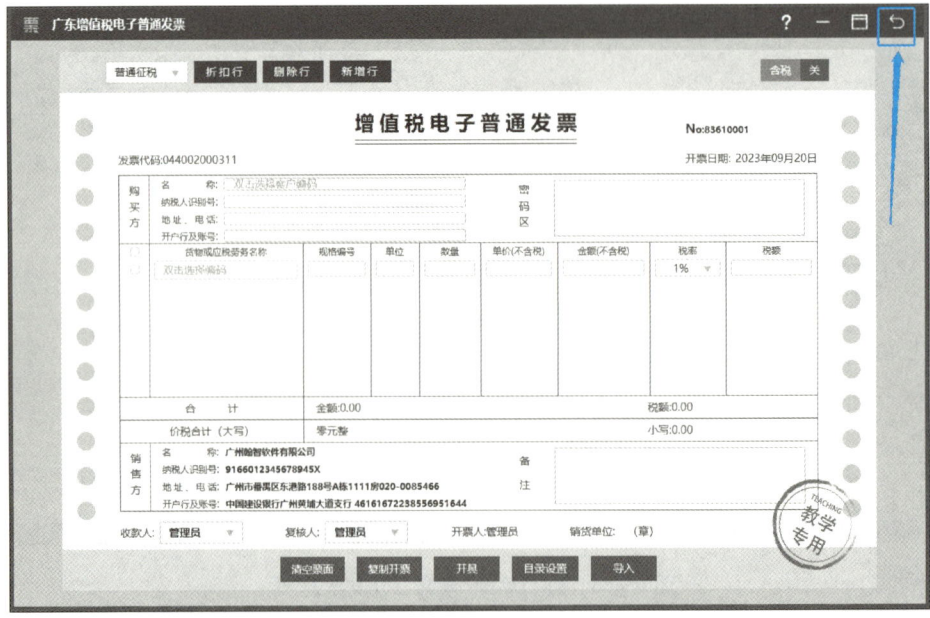

图 6 - 88 选中【返回】按钮

三、【单击】-确认

（1）在【活动面板】中，搜索并选中【单击】，拖拽至设计面板【（7）序列-查询已开发票】中的【单击-返回】活动下。在【属性面板】中，将【显示名称】修改为【单击-确定】，如图 6 - 89 所示。

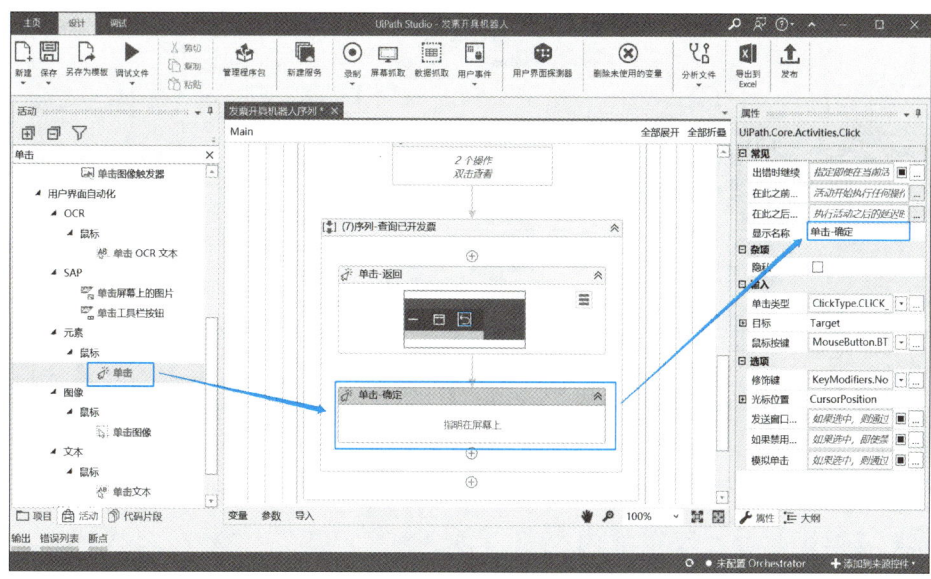

图 6 - 89 【单击-确定】界面

（2）将【发票开具系统】置顶，返回【UiPath】，点击控件内【指明在屏幕上】，页面跳转后，单击【确定】按钮，如图6-90所示。

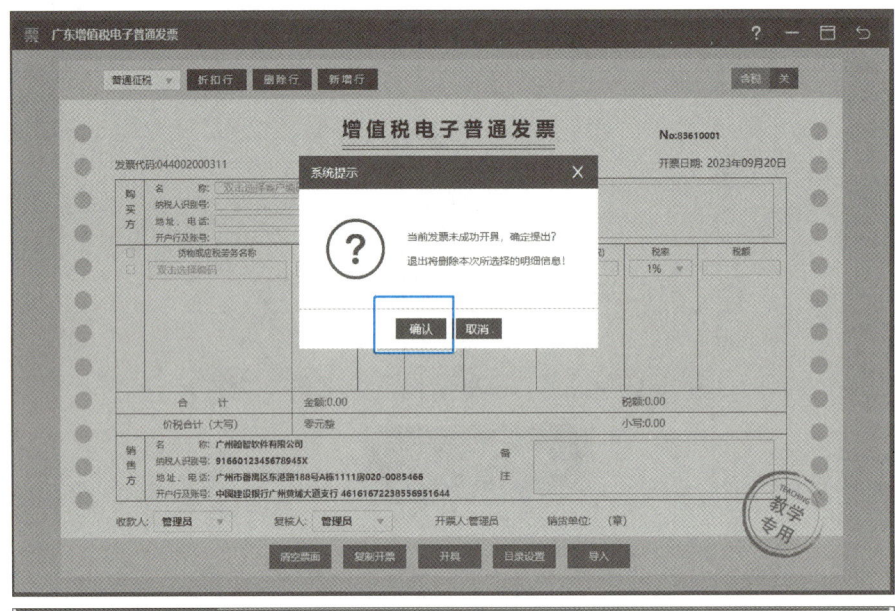

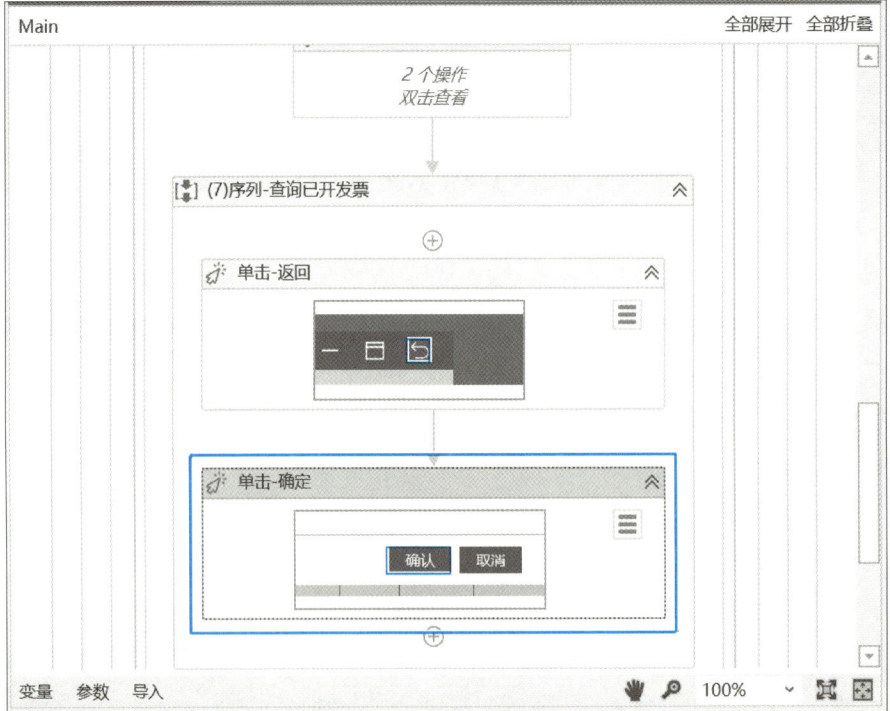

图6-90　点击【确定】按钮

四、【单击】-已开发票查询

（1）在【活动面板】中，搜索并选中【单击】，拖拽至设计面板【(7)序列-查询已开发票】中【单击-返回】活动下。在【属性面板】中,将【显示名称】修改为【单击-已开发票查询】,如图 6-91 所示。

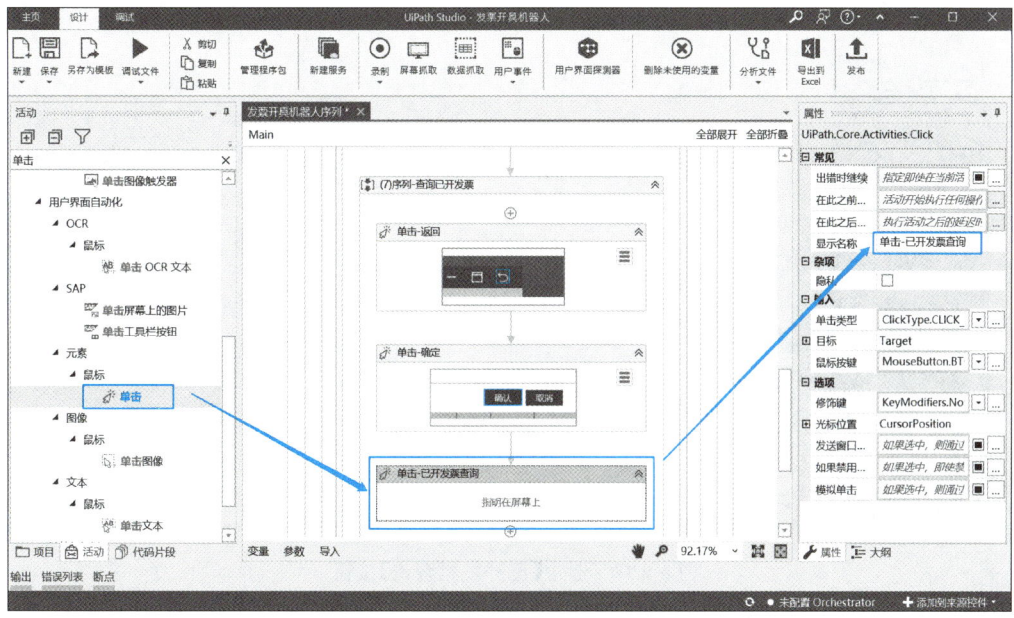

图 6-91 【单击-已开发票查询】界面

(2) 将【发票开具系统】置顶,返回【UiPath】,点击控件内【指明在屏幕上】,页面跳转后,选中【已开发票查询】按钮,如图 6-92 所示。

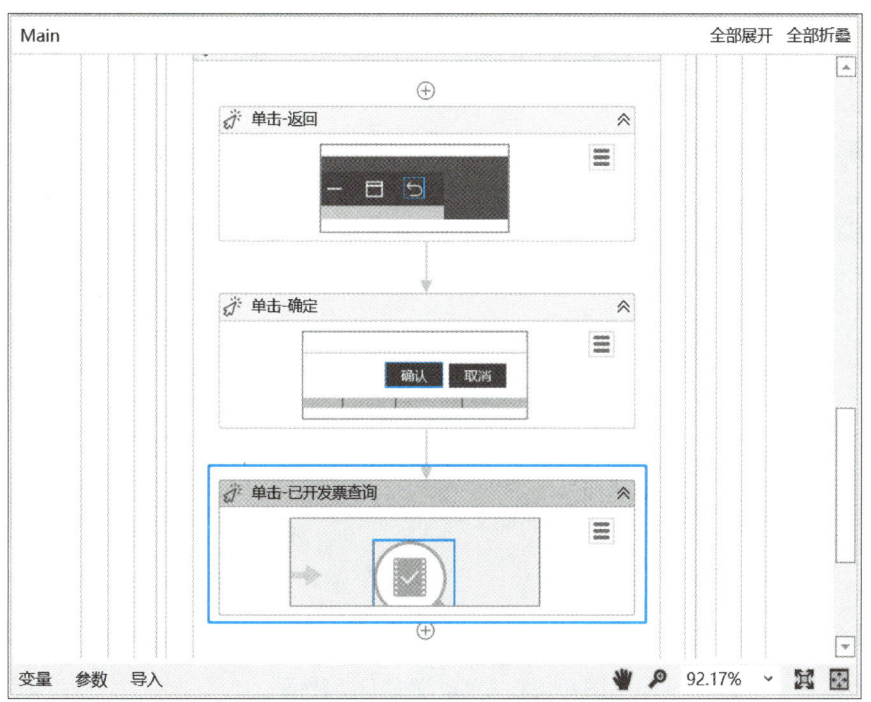

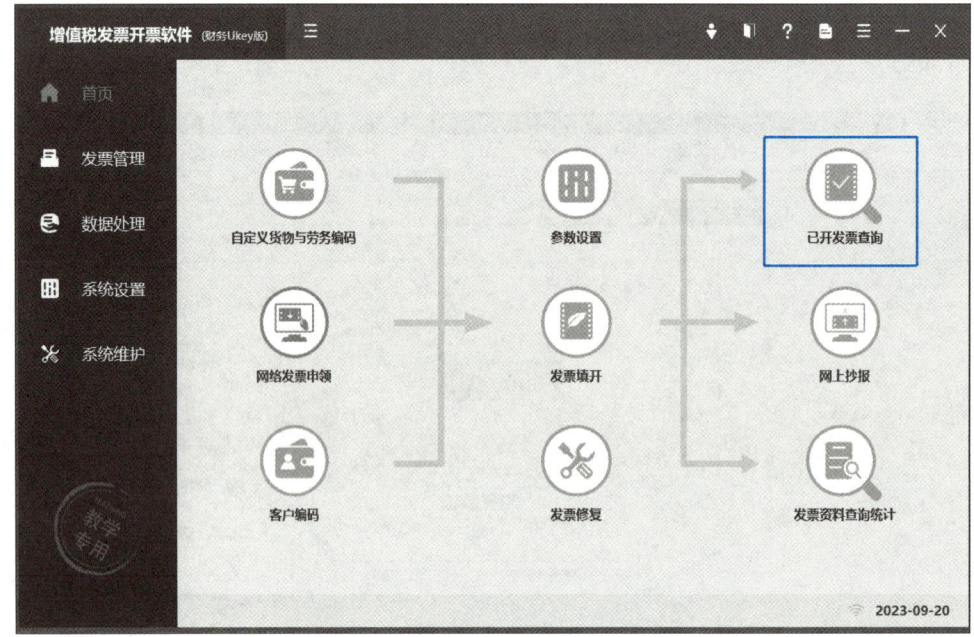

图 6-92 选中【已开发票查询】按钮

五、【单击】-查询日期

（1）在【活动面板】中，搜索并选中【单击】，拖拽至设计面板【（7）序列-查询已开发票】中的【单击-已开发票查询】活动下。在【属性面板】中，将【显示名称】修改为【单击-开始日期】，如图 6-93 所示。

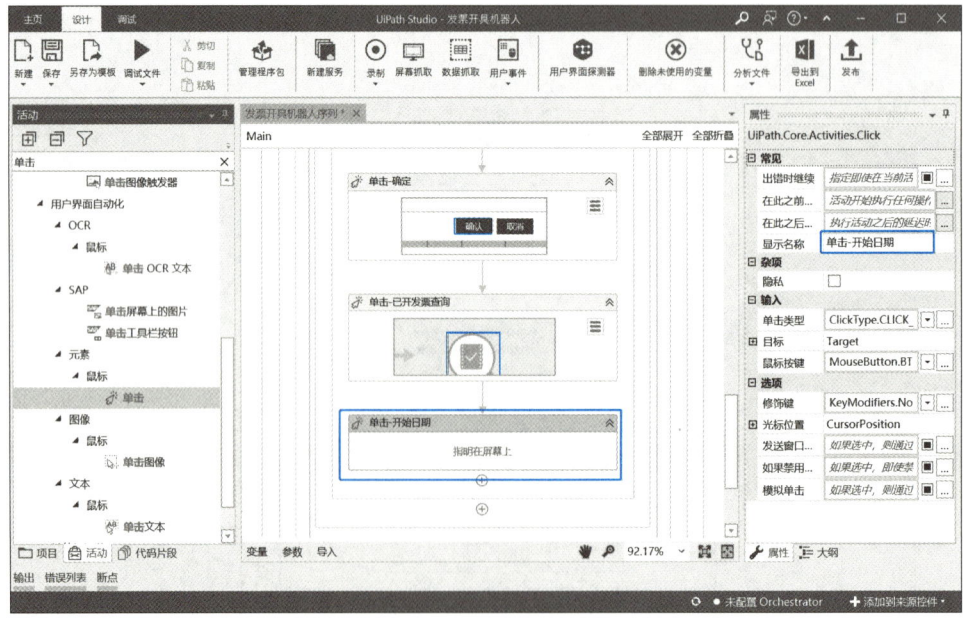

图 6-93 【单击-开始日期】界面

（2）将【发票开具系统】置顶，返回【UiPath】，点击控件内【指明在屏幕上】，页面跳转后，选中【选择开始日期】输入框，如图 6-94 所示。

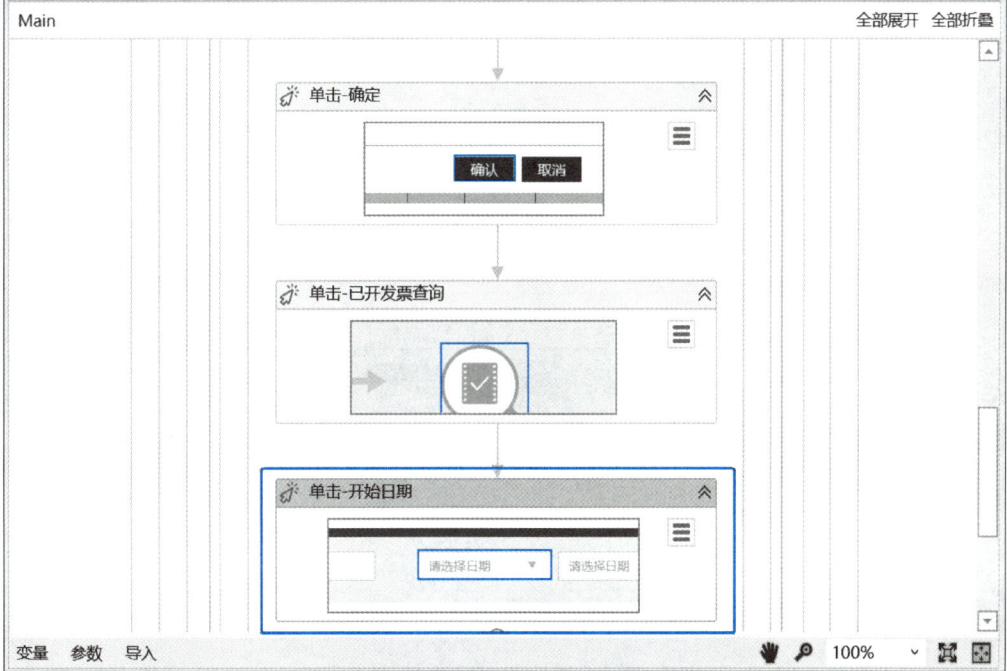

图 6-94 选中【选择开始日期】输入框

（3）在【活动面板】中，搜索并选中【单击】，拖拽至设计面板【（7）序列-查询已开发票】中的【单击-开始日期】活动下。在【属性面板】中，将【显示名称】修改为【单击-今天】,如图 6 - 95 所示。

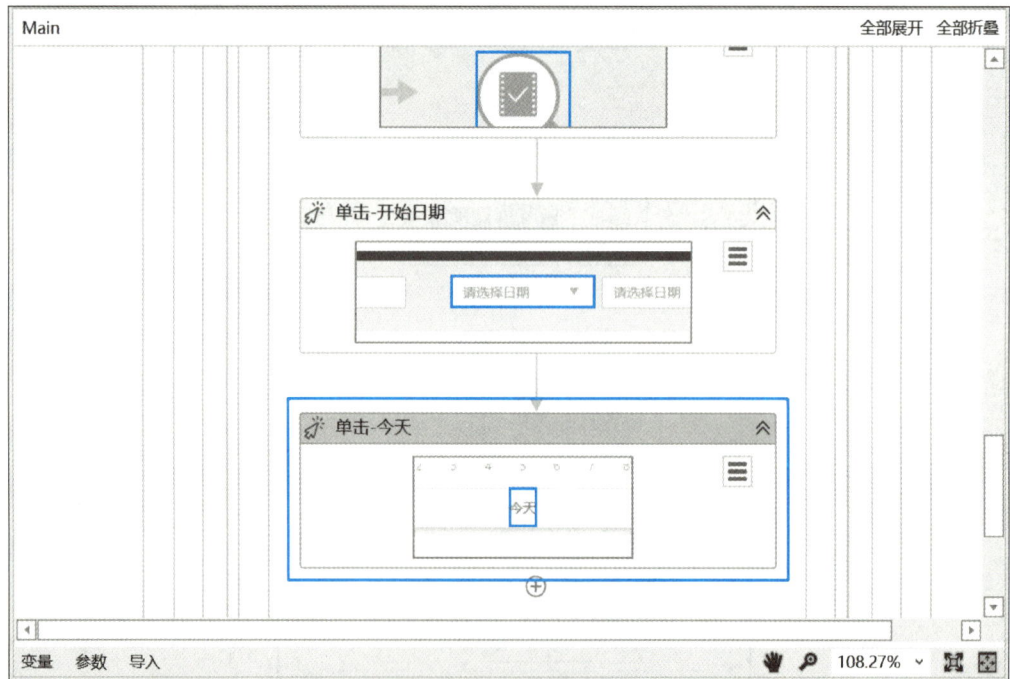

图 6 - 95　选中【今天】按钮

（4）在【活动面板】中，搜索并选中【单击】，拖拽至设计面板【(7)序列-查询已开发票】中的【单击-今天】活动下。在【属性面板】中，将【显示名称】修改为【单击-结束日期】,如图 6 - 96 所示。

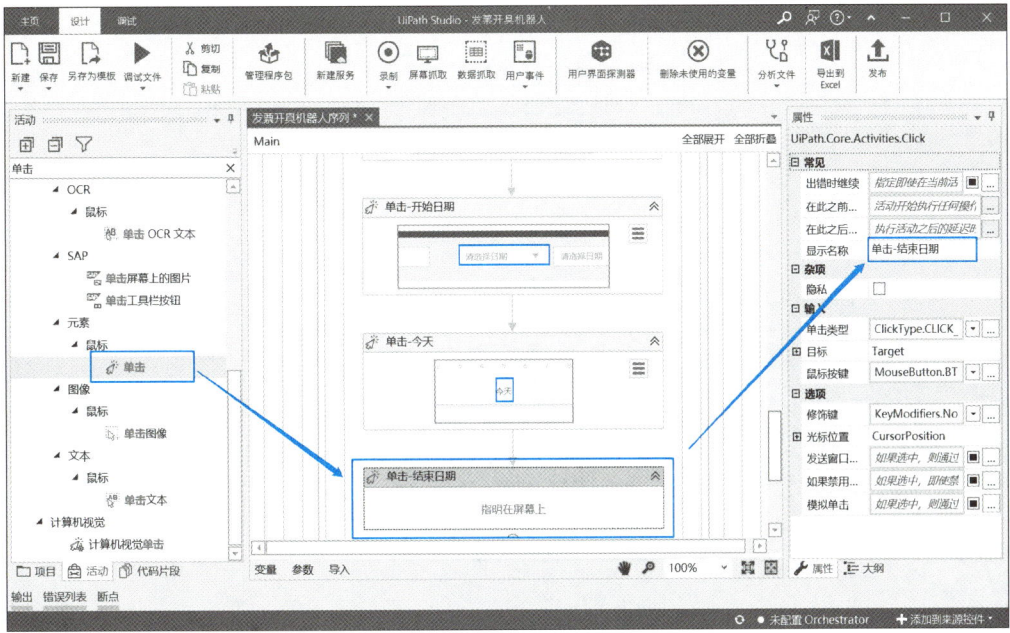

图 6 - 96 【单击-结束日期】界面

（5）将【发票开具系统】置顶，返回【UiPath】，点击控件内【指明在屏幕上】，页面跳转后，选中【选择开始日期】输入框，如图 6 - 97 所示。

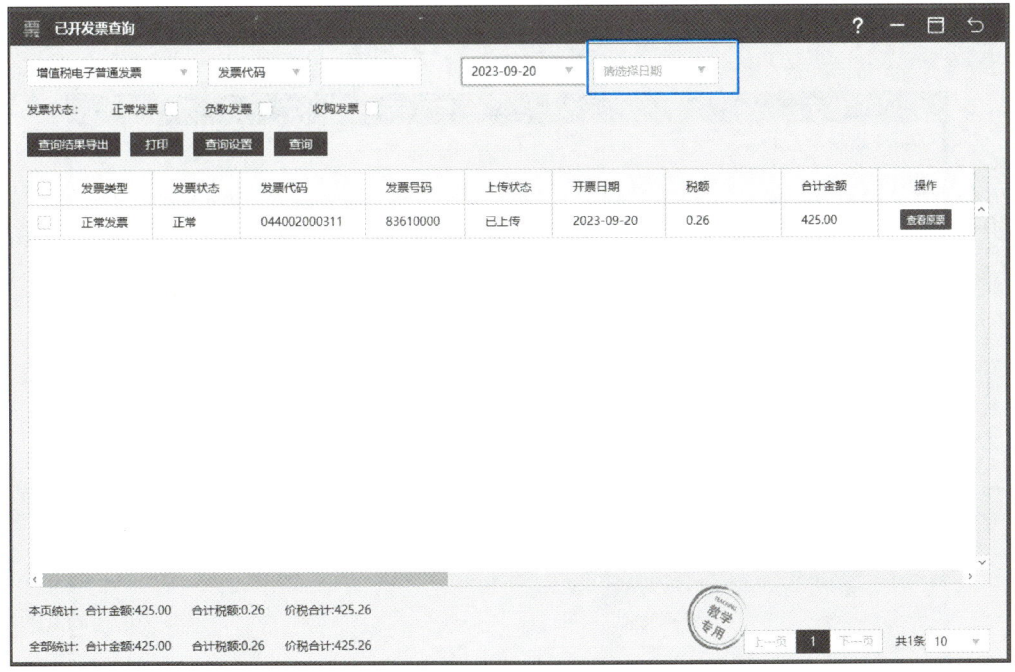

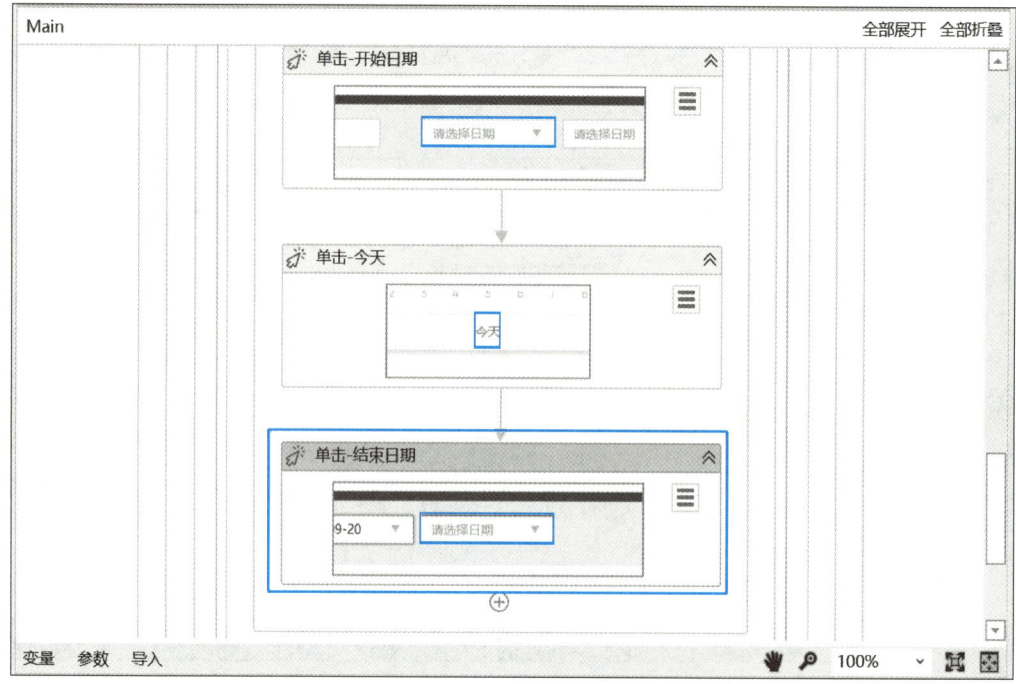

图 6‑97　选中【选择开始日期】输入框

（6）在【活动面板】中，搜索并选中【单击】，拖拽至设计面板【(7)序列‑查询已开发票】中的【单击‑结束日期】活动下。在【属性面板】中，将【显示名称】修改为【单击‑今天】，如图 6‑98 所示。

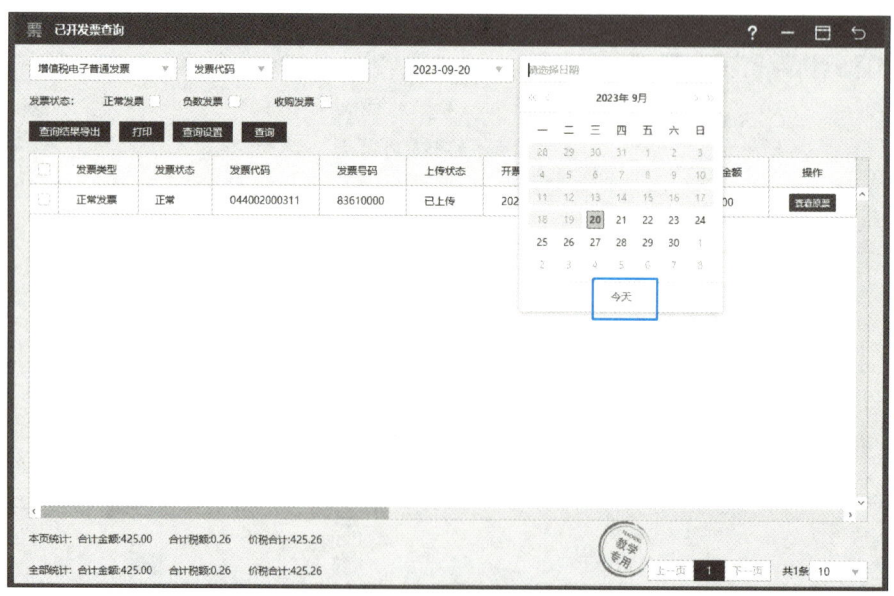

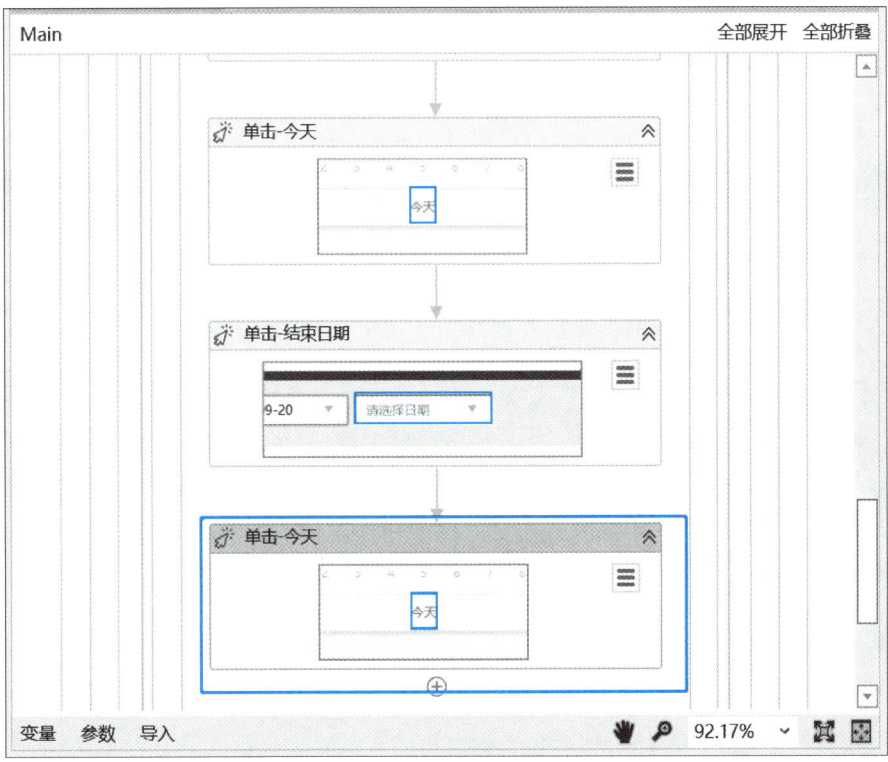

图 6-98　选中【今天】按钮

六、【单击】-查询

（1）在【活动面板】中，搜索并选中【单击】，拖拽至设计面板【(7)序列-查询已开发票】中的【单击-今天】活动下。在【属性面板】中，将【显示名称】修改为【单击-查询】，如图 6-99 所示。

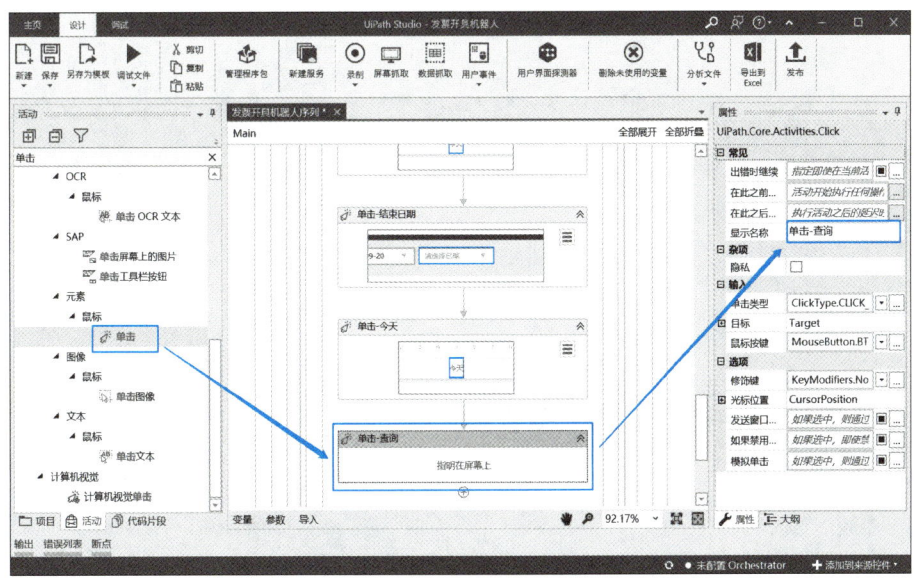

图 6-99　【单击-查询】界面

（2）将【发票开具系统】置顶，返回【UiPath】，点击控件内【指明在屏幕上】，页面跳转后，选中【查询】按钮，如图6－100所示。

图6－100　选中【查询】按钮

【任务6-12】关闭发票开具系统

要点提示：

关闭发票开具系统步骤如下：

(1) 添加【序列】—关闭浏览器。

(2)【关闭应用程序】—发票开具系统。

 任务实施

一、添加【序列】-关闭浏览器

(1) 将【(7)序列-查询已开发票】控件进行折叠。

(2) 在【活动面板】中，搜索并选中【序列】，拖拽至设计面板【发票开具机器人序列】中的【(7)序列-查询已开发票】活动下。在【属性面板】中，将【显示名称】修改为【(8)序列-关闭浏览器】，如图6-101所示。

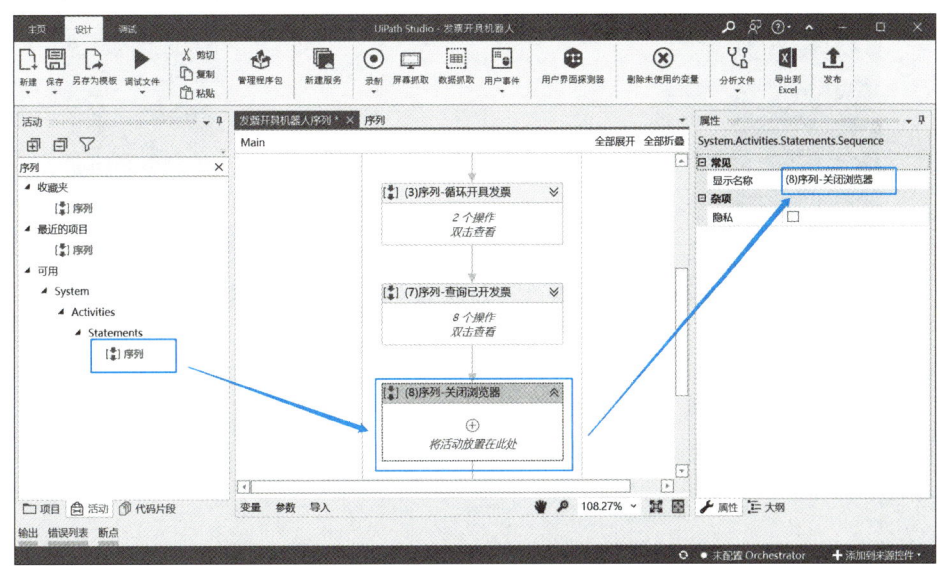

图6-101　【(8)序列-关闭浏览器】界面

二、【关闭应用程序】-发票开具系统

(1) 在【活动面板】中，搜索并选中【关闭应用程序】，拖拽至设计面板【发票开具机器人序列】中的【(8)序列-关闭浏览器】活动内。在【属性面板】中，将【显示名称】修改为【关闭应用程序-关闭发票开具系统】，如图6-102所示。

(2) 将【发票开具系统】置顶，返回【UiPath】，点击控件内【指明在屏幕上】，页面跳转后，选中【浏览器】整页面，如图6-103所示。发票开具机器人设计完毕。

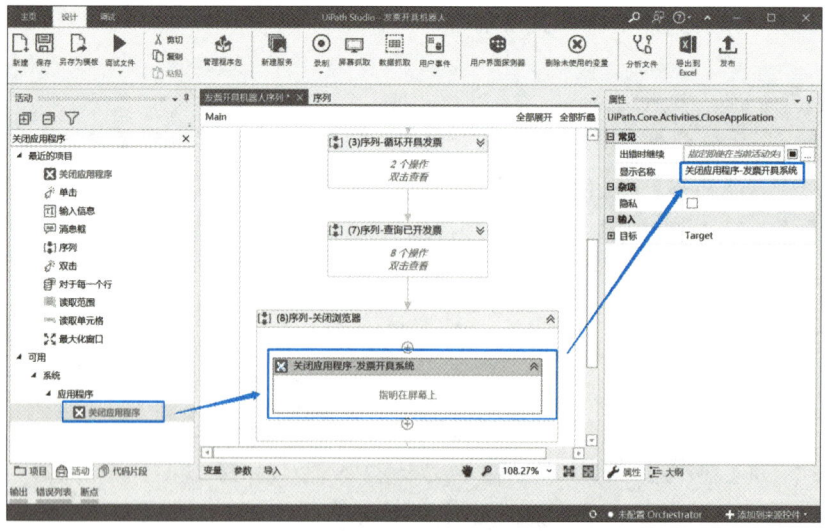

图 6-102 【关闭应用程序-关闭发票开具系统】界面

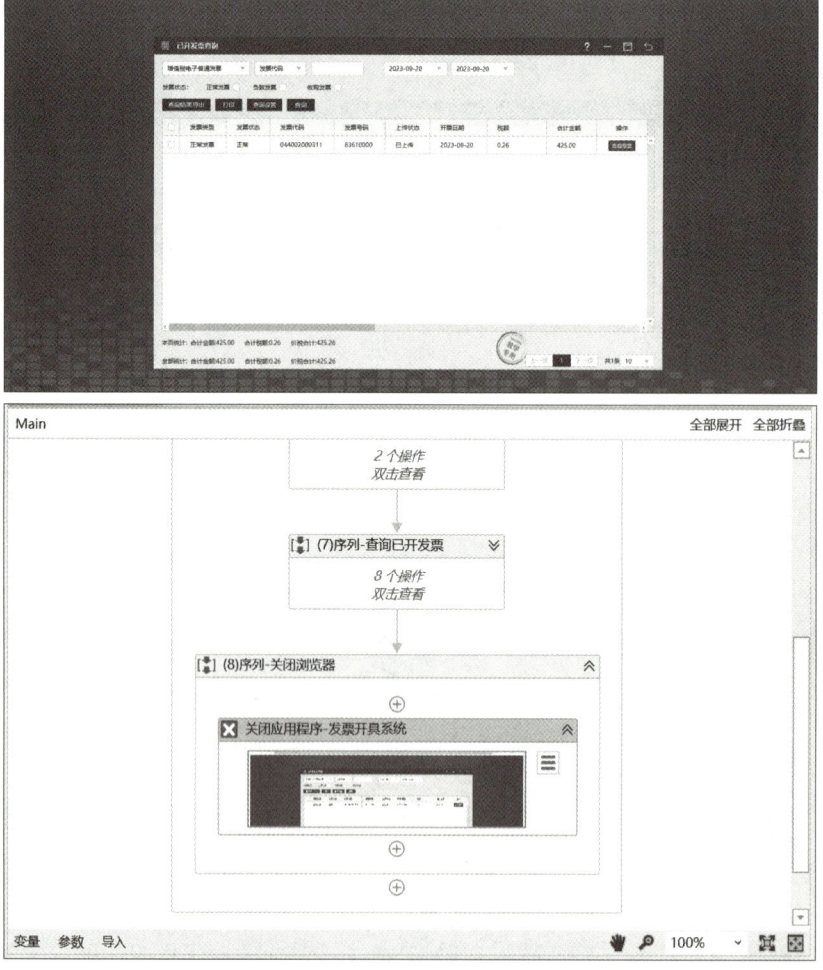

图 6-103 选中【浏览器】整页面

【税惠为民】

前瞻布局，助推未来产业向阳而生

1. 举措1

作为国家"东数西算"工程京津冀大数据枢纽集群的一员，中国联通（怀来）大数据创新产业园也是京津冀区域目前在建面积最大、建设等级最高、机架规模最大的核心级数据中心，于2023年7月正式运营。

走进该大数据创新产业园，在智能城域网、泛在接入网、光传送网等算力承载网络的支持下，即可体验"一跳到北京"的2毫秒内超低网络时延，区域间、区域内各城市间数据极速全光互通互访。

该大数据创新产业园负责人说："税务部门为我们提供了及时周到的服务。在项目建设初期，税务干部第一时间到产业园走访，带来了包括电子税务局操作手册、税费申报缴纳流程、税源管理部门联系方式的'开业礼包'，帮助我们安心落户、平稳起步。"

2. 举措2

为助力张家口加速建设京津冀"算力之都"，当地税务部门成立数据产业助企团和大数据管理服务专班，为企业在开办期、建设期、投产期、达产期分别提供不同的涉税服务，同时跟踪解决企业涉税疑难问题，提供个性化政策辅导，以陪伴成长式服务伴随企业发展壮大全周期。

依托雄厚的产业基础，唐山市机器人产业实现了集群式发展。唐山市高新区是该市机器人产业发展的主阵地，当地税务部门持续巩固研发费用加计扣除政策效果，"一企一策"做优全流程服务，助力机器人产业发展提速突破。

3. 举措3

日前，中信重工开诚智能装备有限公司（以下简称开诚智能）的生产车间内，其自主研发生产的数十台消防灭火机器人、矿用巡检机器人、防爆轨道巡检机器人组成的机器人"兵团"正整装待发。经过技术人员检测合格后，它们将被发往国内多个城市，参与生产作业。

作为国内特种机器人领域的领军企业，开诚智能加大自主研发力度，拥有280余项关键技术专利和全国唯一的国家级特种机器人工程研究中心，特种机器人产品在国内市场占有率达70％。

各种支持创新的税收优惠政策成为企业加快智能化转型的动力。2023年，开诚智能预计可享受研发费用加计扣除4 596万元，这将为企业研发创新提供更多资金保障。

河北省税务系统将以税费优惠政策的精准落实继续为科创企业赋能，持续优化税收营商环境，助力新质生产力的培育和发展。

资料来源：国家税务总局。